FERDINAND DE SAUSSURE

COURS
DE
LINGUISTIQUE GÉNÉRALE

© 2024, Ferdinand De Saussure (domaine public)
Édition : BoD · Books on Demand, 31 avenue Saint-Rémy,
57600 Forbach, bod@bod.fr
Impression : Libri Plureos GmbH, Friedensallee 273,
22763 Hamburg (Allemagne)
ISBN : 978-2-3224-9633-4
Dépôt légal : Décembre 2024

CHAPITRE I. —
Coup d'œil sur l'histoire de la linguistique

CHAPITRE II. —
Matière et tâche de la linguistique ; ses rapports avec les sciences connexes

CHAPITRE III. —
Objet de la linguistique.

§ 1.
La langue ; sa définition

§ 2.
Place de la langue dans les faits de langage

§ 3.
Place de la langue dans les faits humains. La sémiologie

CHAPITRE IV. —
Linguistique de la langue et linguistique de la parole.

CHAPITRE V. —
Éléments internes et éléments externes de la langue.

CHAPITRE VI. —
Représentation de la langue par l'écriture.

§ 1.
Nécessité d'étudier ce sujet

§ 2.
Prestige de l'écriture ; causes de son ascendant sur la forme parlée

§ 3. Les systèmes d'écriture

§ 4. Causes du désaccord entre la graphie et la prononciation

§ 5. Effets de ce désaccord

CHAPITRE VII. — *La phonologie.*

§ 1. Définition

§ 2. L'écriture phonologique

§ 3. Critique du témoignage de l'écriture

APPENDICE

PRINCIPES DE PHONOLOGIE

CHAPITRE I. — *Les espèces phonologiques.*

§ 1. Définition du phonème

§ 2. L'appareil vocal et son fonctionnement

§ 3. CHAPITRE II. —

Classification des sons d'après leur articulation buccale.

Le phonème dans la chaîne parlée.

§ 1.
Nécessité d'étudier les sons dans la chaîne parlée.

§ 2.
L'implosion et l'explosion.

§ 3.
Combinaisons diverses des explosions et des implosions dans la chaîne.

§ 4.
Frontière de syllabe et point vocalique.

§ 5.
Critique des théories de la syllabation.

§ 6.
Durée de l'implosion et de l'explosion.

§ 7.
Les phonèmes de quatrième aperture. La diphtongue. Questions de graphie.

Note des éditeurs.

<u>PREMIÈRE PARTIE</u>

<u>**PRINCIPES GÉNÉRAUX**</u>

Chapitre I. —
Nature du signe linguistique.

§ 1. Signe, signifié, signifiant.

§ 2. Premier principe : l'arbitraire du signe.

§ 3. Second principe : caractère linéaire du signifiant.

CHAPITRE II. — *Immutabilité et mutabilité du signe.*

§ 1. Immutabilité.

§ 2. Mutabilité

CHAPITRE III. — *La linguistique statique et la linguistique évolutive.*

§ 1. Dualité interne de toutes les sciences opérant sur des valeurs.

§ 2. La dualité interne et l'histoire de la linguistique.

§ 3. La dualité interne illustrée par des exemples.

§ 4. La différence des deux ordres illustrée par des comparaisons.

§ 5.

Les deux linguistiques opposées dans leurs méthodes et leurs principes.

§ 6.
Loi synchronique et loi diachronique.

§ 7.
Y a-t-il un point de vue panchronique ?

§ 8.
Conséquences de la confusion du synchronique et du diachronique.

§ 9.
Conclusions.

DEUXIÈME PARTIE

LINGUISTIQUE SYNCHRONIQUE

CHAPITRE I. — *Généralités.*
CHAPITRE II. — *Les entités concrètes de la langue.*

§ 1.
Entité et unité. Définitions.

§ 2.
Méthode et délimitation.

§ 3.
Difficultés pratiques de la délimitation.

§ 4.
Conclusion.

CHAPITRE III. — *Identités, réalités, valeurs.*

CHAPITRE IV. — *La valeur linguistique.*

§ 1. La langue comme pensée organisée dans la matière phonique.

§ 2. La valeur linguistique considérée dans son aspect conceptuel.

§ 3. La valeur linguistique considérée dans son aspect matériel.

§ 4. Le signe considéré dans sa totalité.

CHAPITRE V. — *Rapports syntagmatiques et rapports associatifs.*

§ 1. Définitions.

§ 2. Les rapports syntagmatiques.

§ 3. Les rapports associatifs.

CHAPITRE VI. — *Mécanisme de la langue.*

§ 1. Les solidarités syntagmatiques.

§ 2. Fonctionnement simultané des deux ordres de groupements.

§ 3. L'arbitraire absolu et l'arbitraire relatif.

CHAPITRE VII. — *La grammaire et ses subdivisions.*

§ 1. Définition ; divisions traditionnelles.

§ 2. Divisions rationnelles.

CHAPITRE VIII. — *Rôle des entités abstraites en grammaire.*

TROISIÈME PARTIE
LINGUISTIQUE DIACHRONIQUE

CHAPITRE I. — *Généralités*

CHAPITRE II. — *Les changements phonétiques.*

§ 1. Leur régularité absolue.

§ 2. Conditions des changements phonétiques.

§ 3. Points de méthode.

§ 4. Causes des changements phonétiques.

§ 5. L'action des changements phonétiques est illimitée.

Chapitre III. — *Conséquences grammaticales de l'évolution phonétique.*

§ 1. Rupture du lien grammatical.

§ 2. Effacement de la composition des mots.

§ 3. Il n'y a pas de doublets phonétiques.

§ 4. L'alternance.

§ 5. Les lois d'alternance.

§ 6. Alternance et lien grammatical.

Chapitre IV. — *L'analogie.*

§ 1. Définition et exemples.

§ 2. Les phénomènes analogiques ne sont pas des changements.

§ 3. L'analogie principe des créations de la langue.

Chapitre V. — *Analogie et évolution.*

§ 1. Comment une innovation analogique entre dans la langue.

§ 2.

Les innovations analogiques symptômes des changements d'interprétation.

§ 3. L'analogie principe de rénovation et de conservation.

CHAPITRE VI. — *L'étymologie populaire.*

CHAPITRE VII. — *L'agglutination.*

§ 1. Définition.

§ 2. Agglutination et analogie.

CHAPITRE VIII. — *Unités, identités et réalités diachroniques.*

APPENDICES.

A. *Analyse subjective et analyse objective.*

B. *L'analyse subjective et la détermination des sous-unités.*

C. *L'étymologie.*

QUATRIÈME PARTIE

LINGUISTIQUE GÉOGRAPHIQUE

CHAPITRE I. — *De la diversité des langues.*
CHAPITRE II. — *Complication de la diversité géographique.*

§ 1. Coexistence de plusieurs langues sur un même point.

§ 2. Langue littéraire et idiome local.

CHAPITRE III. — *Causes de la diversité géographique.*

§ 1. Le temps, cause essentielle.

§ 2. Action du temps sur un territoire continu.

§ 3. Les dialectes n'ont pas de limites naturelles.

§ 4. Les langues n'ont pas de limites naturelles.

CHAPITRE IV. — *Propagation des ondes linguistiques.*

§ 1. La force d'intercourse et l'esprit de clocher.

§ 2. Les deux forces ramenées à un principe unique.

§ 3. La différenciation linguistique sur des territoires séparés.

CINQUIÈME PARTIE

QUESTIONS DE LINGUISTIQUE RÉTROSPECTIVE

CONCLUSION

CHAPITRE I. — *Les deux perspectives de la linguistique diachronique.*

CHAPITRE II. — *La langue la plus ancienne et le prototype.*

CHAPITRE III. — *Les reconstructions.*

§ 1. Leur nature et leur but.

§ 2. Degré de certitude des reconstructions.

CHAPITRE IV. — *Le témoignage de la langue en anthropologie et en préhistoire.*

§ 1. Langue et race.

§ 2. Ethnisme.

§ 3. Paléontologie linguistique.

§ 4. Type linguistique et mentalité du groupe social.

CHAPITRE V. — *Familles de langues et types linguistiques.*

INDEX

Le Cours de linguistique générale professé par F. de Saussure a été si fécond en ce sens, qu'il n'a pas fini d'exercer son influence ; chaque linguiste y trouve encore de quoi nourrir sa curiosité et enrichir ses vues. Du point de vue qui est ici le nôtre, son caractère éminent est d'avoir rapproché la langue de l'homme et d'avoir tenu compte — sans rien céder pour autant sur le principe d'autonomie de la linguistique — de la fonction humaine du langage.

Les langues, par le fait, enregistrent quelques-uns des caractères sociaux des peuples qui les parlent. On a mis depuis longtemps en valeur l'importance des tabous de vocabulaire, de la hiérarchie des mots et des tours correspondant à celle des classes ; la langue, d'autre part, peut maintenir fort longtemps dans sa structure les traces d'un état de civilisation ancien et dépassé.

Mais ce n'est pas sur ce caractère historique qu'a insisté F. de Saussure. Son cours traite de la langue, et dès les premières pages il est établi, justement, que la linguistique ne saurait être la somme des études menées sur des langues, sous peine de perdre toute réalité. Il y a, par le fait, une linguistique « externe » d'où relèvent, avec la phonétique générale, l'étymologie, l'histoire et la géographie des idiomes. Mais de la linguistique « interne » ne relève que la langue, c'est-à-dire *un produit social de la faculté du langage et un ensemble de conditions nécessaires adoptées par le corps social pour permettre l'exercice de cette faculté chez les individus.*

De la langue, Saussure a senti très fortement la rigueur. Il la représente sous l'image d'un *système* d'éléments si étroitement liés que tout accident qui altère une de ses parties modifie par voie de conséquence le tout du système

; une autre comparaison, avec le jeu d'échecs, est aussi révélatrice : « *là*, disait-il, *il est relativement facile de distinguer ce qui est externe de ce qui est interne : le fait que* (le jeu d'échec) *a passé de Perse en Europe est d'ordre externe ; interne, au contraire, tout ce qui concerne le système et les règles. Si je remplace des pièces de bois par des pièces d'ivoire, le changement est indifférent pour le système ; mais si je diminue ou augmente le nombre des pièces, ce changement là atteint profondément la grammaire du jeu.* »

R. L. WAGNER.
LES TEMPS MODERNES (Mars 1948)

PRÉFACE DE LA PREMIÈRE ÉDITION

Nous avons bien souvent entendu Ferdinand de Saussure déplorer l'insuffisance des principes et des méthodes qui caractérisaient la linguistique au milieu de laquelle son génie a grandi, et toute sa vie il a recherché opiniâtrement les lois directrices qui pourraient orienter sa pensée à travers ce chaos. Ce n'est qu'en 1906 que, recueillant la succession de Joseph Wertheimer à l'Université de Genève, il put faire connaître les idées personnelles qu'il avait mûries pendant tant d'années. Il fit trois cours sur la linguistique générale, en 1906-1907, 1908-1909 et 1910-1911 ; il est vrai que les nécessités du programme l'obligèrent à consacrer la moitié de chacun d'eux à un exposé relatif aux langues indo-européennes, leur histoire et leur description ; la partie essentielle de son sujet s'en trouva singulièrement amoindrie.

Tous ceux qui eurent le privilège de suivre cet enseignement si fécond regrettèrent qu'un livre n'en fût pas sorti. Après la mort du maître, nous espérions trouver dans ses manuscrits, mis obligeamment à notre disposition par Mme de Saussure, l'image fidèle ou du moins suffisante de ces géniales leçons ; nous entrevoyions la possibilité d'une publication fondée sur une simple mise au point des notes personnelles de Ferdinand de Saussure, combinées avec les notes d'étudiants. Grande fut notre déception : nous ne trouvâmes rien ou presque rien qui correspondît aux cahiers de ses disciples ; F. de Saussure détruisait à mesure les brouillons hâtifs où il traçait au jour le jour l'esquisse de son exposé ! Les tiroirs de son secrétaire ne nous livrèrent que des ébauches assez anciennes, non certes sans valeur, mais impossibles à utiliser et à combiner avec la matière des trois cours.

Cette constatation nous déçut d'autant plus que des obligations professionnelles nous avaient empêchés presque complètement de profiter nous-mêmes de ces derniers enseignements, qui marquent dans la carrière de Ferdinand de Saussure une étape aussi brillante que celle, déjà lointaine, où avait paru le Mémoire sur les voyelles.

Il fallait donc recourir aux notes consignées par les étudiants au cours de ces trois séries de conférences. Des cahiers très complets nous furent remis, pour les deux premiers cours par MM. Louis Caille, Léopold Gautier, Paul Regard et Albert Riedlinger ; pour le troisième, le plus important, par Mme Albert Sechehaye, MM. George Dégallier et Francis Joseph. Nous devons à M. Louis Brütsch des notes sur un point spécial ; tous ont droit à notre sincère reconnaissance. Nous exprimons aussi nos plus vifs remerciements à M. Jules Ronjat, l'éminent romaniste, qui a bien voulu revoir le manuscrit avant l'impression, et dont les avis nous ont été précieux.

Qu'allions-nous faire de ces matériaux ? Un premier travail critique s'imposait : pour chaque cours, et pour chaque détail du cours, il fallait, en comparant toutes les versions, arriver jusqu'à la pensée dont nous n'avions que des échos, parfois discordants. Pour les deux premiers cours nous avons recouru à la collaboration de M. A. Riedlinger, un des disciples qui ont suivi la pensée du maitre avec le plus d'intérêt ; son travail sur ce point nous a été très utile. Pour le troisième cours, l'un de nous, A. Sechehaye, a fait le même travail minutieux de collation et de mise au point.

Mais ensuite ? La forme de l'enseignement oral, souvent contradictoire avec celle du livre, nous réservait les plus grandes difficultés. Et puis F. de Saussure était de ces hommes qui se renouvellent sans cesse ; sa pensée évoluait dans toutes les directions sans pour cela se mettre en contradiction avec elle-même. Tout publier dans la forme originelle était impossible ; les redites, inévitables dans un exposé libre, les chevauchements, les formulations variables auraient donné à une telle publication un aspect hétéroclite. Se borner à un seul cours — et lequel ? — c'était appauvrir le livre de toutes les richesses répandues abondamment dans les deux autres ; le troisième même, le plus définitif, n'aurait pu à lui seul donner une idée complète des théories et des méthodes de F. de Saussure.

On nous suggéra de donner tels quels certains morceaux particulièrement originaux ; cette idée nous sourit d'abord, mais il apparut bientôt qu'elle ferait tort à la pensée de notre maître, en ne présentant que des fragments d'une construction dont la valeur n'apparaît que dans son ensemble.

Nous nous sommes arrêtés à une solution plus hardie, mais aussi, croyons-nous, plus rationnelle : tenter une reconstitution, une synthèse, sur la base du troisième cours, en utilisant tous les matériaux dont nous disposions, y compris les notes personnelles de F. de Saussure. Il s'agissait donc d'une recréation, d'autant plus malaisée qu'elle devait être entièrement objective ; sur chaque point, en pénétrant jusqu'au fond de chaque pensée particulière, il fallait, à la lumière du système tout entier, essayer de la voir sous sa forme définitive en la dégageant des variations, des flottements inhérents à la leçon parlée, puis l'enchâsser dans son milieu naturel, toutes les parties étant présentées dans un ordre conforme à l'intention de l'auteur, même lorsque cette intention se devinait plutôt qu'elle n'apparaissait.

De ce travail d'assimilation et de reconstitution est né le livre que nous présentons, non sans appréhension, au public savant et à tous les amis de la linguistique.

Notre idée maîtresse a été de dresser un tout organique en ne négligeant rien qui pût contribuer à l'impression d'ensemble. Mais c'est par là précisément que nous encourons peut-être une double critique.

D'abord on peut nous dire que cet « ensemble » est incomplet : l'enseignement du maître n'a jamais eu la prétention d'aborder toutes les parties de la linguistique, ni de projeter sur toutes une lumière également vive ; matériellement, il ne le pouvait pas. Sa préoccupation était d'ailleurs tout autre. Guidé par quelques principes fondamentaux, personnels, qu'on retrouve partout dans son œuvre et qui forment la trame de ce tissu solide autant que varié, il travaille en profondeur et ne s'étend en surface que là où ces principes trouvent des applications particulièrement frappantes, là aussi où ils se heurtent à quelque théorie qui pourrait les compromettre.

Ainsi s'explique que certaines disciplines soient à peine effleurées, la sémantique par exemple. Nous n'avons pas l'impression que ces lacunes nuisent à l'architecture générale. L'absence d'une « linguistique de la parole » est plus sensible. Promise aux auditeurs du troisième cours, cette étude aurait eu sans doute une place d'honneur dans les suivants ; on sait trop pourquoi cette promesse n'a pu être tenue. Nous nous sommes bornés à recueillir et à mettre en leur place naturelle les indications fugitives de ce programme à peine esquissé ; nous ne pouvions aller au delà.

Inversement, on nous blâmera peut-être d'avoir reproduit des développements touchant à des points déjà acquis avant F. de Saussure. Tout ne peut être nouveau dans un exposé si vaste ; mais si des principes déjà connus sont nécessaires à l'intelligence de l'ensemble, nous en voudra-t-on de ne pas les avoir retranchés ? Ainsi le chapitre des changements phonétiques renferme des choses déjà dites, et peut-être de façon plus définitive ; mais outre que cette partie cache bien des détails originaux et précieux, une lecture même superficielle montrera ce que sa suppression entraînerait par contraste pour la compréhension des principes sur lesquels F. de Saussure assoit son système de linguistique statique.

Nous sentons toute la responsabilité que nous assumons vis-à-vis de la critique, vis-à-vis de l'auteur lui-même, qui n'aurait peut-être pas autorisé la publication de ces pages.

Cette responsabilité, nous l'acceptons tout entière, et nous voudrions être seuls à la porter. La critique saura-t-elle distinguer entre le maître et ses interprètes ? Nous lui saurions gré de porter sur nous les coups dont il serait injuste d'accabler une mémoire qui nous est chère.

Genève, juillet 1915.

Ch. BALLY, Alb. SECHEHAYE.

Préface de la seconde édition

Cette seconde édition n'apporte aucun changement essentiel au texte de la première. Les éditeurs se sont bornés à des modifications de détail destinées à rendre, sur certains points, la rédaction plus claire et plus précise.

Ch. B. Alb. S.

Préface de la troisième edition

À part quelques corrections de détail, cette édition est conforme à la précédente.

Ch. B. Alb. S.

Introduction

Chapitre premier

Coup d'œil sur l'histoire de la linguistique

La science qui s'est constituée autour des faits de langue a passé par trois phases successives avant de reconnaître quel est son véritable et unique objet.

On a commencé par faire ce qu'on appelait de la « grammaire ». Cette étude, inaugurée par les Grecs, continuée principalement par les Français, est fondée sur la logique et dépourvue de toute vue scientifique et désintéressée sur la langue elle-même ; elle vise uniquement à donner des règles pour distinguer les formes correctes des formes incorrectes ; c'est une discipline normative, fort éloignée de la pure observation et dont le point de vue est forcément étroit.

Ensuite parut la philologie. Il existait déjà à Alexandrie une école « philologique », mais ce terme est surtout attaché au mouvement scientifique créé par Friedrich August Wolf à partir de 1777 et qui se poursuit sous nos yeux. La langue n'est pas l'unique objet de la philologie, qui veut avant tout fixer, interpréter, commenter les textes ;

cette première étude l'amène à s'occuper aussi de l'histoire littéraire, des mœurs, des institutions, etc. ; partout elle use de sa méthode propre, qui est la critique. Si elle aborde les questions linguistiques, c'est surtout pour comparer des textes de différentes époques, déterminer la langue particulière à chaque auteur, déchiffrer et expliquer des inscriptions rédigées dans une langue archaïque ou obscure. Sans doute ces recherches ont préparé la linguistique historique : les travaux de Ritschl sur Plaute peuvent être appelés linguistiques ; mais dans ce domaine, la critique philologique est en défaut sur un point : elle s'attache trop servilement à la langue écrite et oublie la langue vivante ; d'ailleurs c'est l'antiquité grecque et latine qui l'absorbe presque complètement.

La troisième période commença lorsqu'on découvrit qu'on pouvait comparer les langues entre elles. Ce fut l'origine de la philologie comparative ou « grammaire comparée ». En 1816, dans un ouvrage intitulé *Système de la conjugaison du sanscrit*, Franz Bopp étudie les rapports qui unissent le sanscrit avec le germanique, le grec, le latin, etc. Bopp n'était pas le premier à constater ces affinités et à admettre que toutes ces langues appartiennent à une même famille ; cela avait été fait avant lui, notamment par l'orientaliste anglais W. Jones († 1794) ; mais quelques affirmations isolées ne prouvent pas qu'en 1816 on eût compris d'une manière générale la signification et l'importance de cette vérité. Bopp n'a donc pas le mérite d'avoir découvert que le sanscrit est parent de certains idiomes d'Europe et d'Asie, mais il a compris que les relations entre langues parentes pouvaient devenir la matière d'une science autonome. Eclairer une langue par une autre, expliquer les formes de l'une par les formes de l'autre, voilà ce qui n'avait pas encore été fait.

Il est douteux que Bopp eût pu créer sa science, — du moins aussi vite, — sans la découverte du sanscrit. Celui-ci, arrivant comme troisième témoin à côté du grec et du latin, lui fournit une base d'étude plus large et plus solide ; cet avantage se trouvait accru du fait que, par une chance inespérée, le sanscrit est dans des conditions exceptionnellement favorables pour éclairer cette comparaison.

Voici un exemple. Si l'on considère le paradigme du latin *genus* (*genus, generis, genere, genera, generum*, etc), et celui du grec *génos* (*génos, géneos, géneï, génea, genéōn*, etc.), ces séries ne disent rien, qu'on les prenne isolément ou qu'on les compare entre elles. Mais il en va autrement dès qu'on y joint la série correspondante du sanscrit (*ġanas, ġanasas, ġanasi, ġanassu, ġanasām*, etc.). Il suffit d'y jeter un coup d'œil pour apercevoir la relation qui existe entre les paradigmes grec et latin. En admettant provisoirement que *ġanas* représente l'état primitif, puisque cela aide à l'explication, on conclut qu'un *s* a dû tomber dans les formes grecques *géne(s)os*, etc., chaque fois qu'il se trouvait placé entre deux voyelles. On conclut ensuite que, dans les mêmes conditions, *s* aboutit à *r* en latin. Puis, au point de vue grammatical, le paradigme sanscrit précise la notion de radical, cet élément correspondant à une unité (*ġanas-*) parfaitement déterminable et fixe. Le latin et le grec n'ont connu que dans leurs origines l'état représenté par le sanscrit. C'est donc par la conservation de tous les *s* indo-européens que le sanscrit est ici instructif. Il est vrai que dans d'autres parties il a moins bien gardé les caractères du prototype : ainsi il a complètement bouleversé le vocalisme. Mais d'une manière générale, les éléments originaires conservés par lui aident à la recherche d'une façon merveilleuse — et le hasard en a fait une langue très propre à éclairer les autres dans une foule de cas.

Dès le commencement on voit surgir à côté de Bopp des linguistes de marque : Jacob Grimm, le fondateur des études germaniques (sa *Grammaire allemande* a été publiée de 1822 à 1836) ; Pott, dont les recherches étymologiques ont mis une somme considérable de matériaux entre les mains des linguistes ; Kuhn, dont les travaux portèrent à la fois sur la linguistique et la mythologie comparée, les indianistes Benfey et Aufrecht, etc.

Enfin, parmi les derniers représentants de cette école, il faut signaler tout particulièrement Max Müller, G. Curtius et Aug. Schleicher. Tous trois, de façons diverses, ont beaucoup fait pour les études comparatives. Max Müller les a popularisées par ses brillantes causeries (*Leçons sur la science du langage*, 1861, en anglais) ; mais ce n'est pas par excès de conscience qu'il a péché. Curtius, philologue distingué, connu surtout par ses *Principes d'étymologie grecque* (1879), a été un des premiers à réconcilier la grammaire comparée avec la philologie classique. Celle-ci avait suivi avec méfiance les progrès de la nouvelle science, et cette méfiance était devenue réciproque. Enfin Schleicher est le premier qui ait essayé de codifier les résultats des recherches de détail. Son *Abrégé de grammaire comparée des langues indo-germaniques* (1861) est une sorte de systématisation de la science fondée par Bopp. Ce livre, qui a pendant longtemps rendu de grands services, évoque mieux qu'aucun autre la physionomie de cette école comparatiste, qui constitue la première période de la linguistique indo-européenne.

Mais cette école, qui a eu le mérite incontestable d'ouvrir un champ nouveau et fécond, n'est pas parvenue à constituer la véritable science linguistique. Elle ne s'est jamais préoccupée de dégager la nature de son objet d'étude. Or, sans cette opération élémentaire, une science est incapable de se faire une méthode.

La première erreur, qui contient en germe toutes les autres, c'est que dans ses investigations, limitées d'ailleurs aux langues indo-européennes, la grammaire comparée ne s'est jamais demandé à quoi rimaient les rapprochements qu'elle faisait, ce que signifiaient les rapports qu'elle découvrait. Elle fut exclusivement comparative au lieu d'être historique. Sans doute la comparaison est la condition nécessaire de toute reconstitution historique. Mais à elle seule, elle ne permet pas de conclure. Et la conclusion échappait d'autant plus à ces comparatistes, qu'ils considéraient le développement de deux langues comme un naturaliste ferait de la croissance de deux végétaux. Schleicher, par exemple, qui nous invite toujours à partir de l'indo-européen, qui semble donc dans un sens très historien, n'hésite pas à dire qu'en grec *e* et *o* sont deux « degrés » (Stufen) du vocalisme. C'est que le sanscrit présente un système d'alternances vocaliques qui suggère cette idée de degrés. Supposant donc que ces derniers doivent être parcourus séparément et parallèlement dans chaque langue, comme des végétaux de même espèce parcourent indépendamment les uns des autres les mêmes phases de développement, Schleicher voit dans le *o* du grec un degré renforcé du *e*, comme il voit dans le *ā* du sanscrit un renforcement de *ã*. En fait, il s'agit d'une alternance indo-européenne qui se reflète de façon différente en grec et en sanscrit, sans qu'il y ait aucune parité nécessaire entre les effets grammaticaux qu'elle développe dans l'une et dans l'autre langue (voir p. 217 sv.).

Cette méthode exclusivement comparative entraîne tout un ensemble de conceptions erronées qui ne correspondent à rien dans la réalité, et qui sont étrangères aux véritables conditions de tout langage. On considérait la langue comme une sphère particulière, un quatrième règne de la nature ; de là des manières de raisonner qui auraient étonné dans une autre science. Aujourd'hui on ne peut pas lire huit à dix lignes écrites à cette époque sans être frappé des bizarreries de la pensée et des termes qu'on employait pour les justifier.

Mais au point de vue méthodologique, il n'est pas sans intérêt de connaître ces erreurs : les fautes d'une science à ses débuts sont l'image agrandie de celles que commettent les individus engagés dans les premières recherches scientifiques, et nous aurons l'occasion d'en signaler plusieurs au cours de notre exposé.

Ce n'est que vers 1870 qu'on en vint à se demander quelles sont les conditions de la vie des langues. On s'aperçut alors que les correspondances qui les unissent ne sont qu'un des aspects du phénomène linguistique, que la comparaison n'est qu'un moyen, une méthode pour reconstituer les faits.

La linguistique proprement dite, qui fit à la comparaison la place qui lui revient exactement, naquit de l'étude des langues romanes et des langues germaniques. Les études romanes, inaugurées par Diez, — sa *Grammaire des langues romanes* date de 1836-1838, — contribuèrent particulièrement à rapprocher la linguistique de son véritable objet. C'est que les romanistes se trouvaient dans des conditions privilégiées, inconnues des indo-européanistes ; on connaissait le latin, prototype des langues romanes ; puis l'abondance des documents permettait de suivre dans le détail l'évolution des idiomes. Ces deux circonstances limitaient le champ des conjectures et donnaient à toute cette recherche une physionomie particulièrement concrète. Les germanistes étaient dans une situation analogue ; sans doute le protogermanique n'est pas connu directement, mais l'histoire des langues qui en dérivent peut se poursuivre, à l'aide de nombreux documents, à travers une longue série de siècles. Aussi les germanistes, plus près de la réalité, ont-ils abouti, à des conceptions différentes de celles des premiers indo-européanistes.

Une première impulsion fut donnée par l'Américain Whitney, l'auteur de la *Vie du langage* (1875). Bientôt après se forma une école nouvelle, celle des néogrammairiens (Junggrammatiker), dont les chefs étaient tous des Allemands : K. Brugmann, H. Osthoff, les germanistes W. Braune, E. Sievers, H. Paul, le slaviste Leskien, etc. Leur mérite fut de placer dans la perspective historique tous les résultats de la comparaison, et par là d'enchaîner les faits dans leur ordre naturel. Grâce à eux, on ne vit plus dans la langue un organisme qui se développe par lui-même, mais un produit de l'esprit collectif des groupes linguistiques. Du même coup on comprit combien étaient erronées et insuffisantes les idées de la philologie et de la grammaire comparée[1]. Cependant, si grands que soient les services rendus par cette école, on ne peut pas dire qu'elle ait fait la lumière sur l'ensemble de la question, et aujourd'hui encore les problèmes fondamentaux de la linguistique générale attendent une solution.

Chapitre II

Matière et tâche de la linguistique ; ses rapports avec les sciences connexes

La matière de la linguistique est constituée d'abord par toutes les manifestations du langage humain, qu'il s'agisse des peuples sauvages ou des nations civilisées, des époques archaïques, classiques ou de décadence, en tenant compte, dans chaque période, non seulement du langage correct et du « beau langage », mais de toutes les formes d'expression. Ce n'est pas tout : le langage échappant le plus souvent à l'observation, le linguiste devra tenir compte des textes écrits, puisque seuls ils lui font connaître les idiomes passés ou distants :

La tâche de la linguistique sera :

a) de faire la description et l'histoire de toutes les langues qu'elle pourra atteindre, ce qui revient à faire l'histoire des familles de langues et à reconstituer dans la mesure du possible les langues mères de chaque famille ;

b) de chercher les forces qui sont en jeu d'une manière permanente et universelle dans toutes les langues, et de dégager les lois générales auxquelles on peut ramener tous les phénomènes particuliers de l'histoire ;

c) de se délimiter et de se définir elle-même.

La linguistique a des rapports très étroits avec d'autres sciences qui tantôt lui empruntent des données, tantôt lui en fournissent. Les limites qui l'en séparent n'apparaissent pas toujours nettement. Par exemple, la linguistique doit être soigneusement distinguée de l'ethnographie et de la préhistoire, où la langue n'intervient qu'à titre de document ; distinguée aussi de l'anthropologie, qui n'étudie l'homme qu'au point de vue de l'espèce, tandis que le langage est un fait social. Mais faudrait-il alors l'incorporer à la sociologie ? Quelles relations existent entre la linguistique et la psychologie sociale ? Au fond, tout est psychologique dans la langue, y compris ses manifestations matérielles et mécaniques, comme les changements de sons ; et puisque la linguistique fournit à la psychologie sociale de si précieuses données, ne fait-elle pas corps avec elle ? Autant de questions que nous ne faisons qu'effleurer ici pour les reprendre plus loin.

Les rapports de la linguistique avec la physiologie ne sont pas aussi difficiles à débrouiller : la relation est unilatérale, en ce sens que l'étude des langues demande des éclaircissements à la physiologie des sons, mais ne lui en fournit aucun. En tout cas la confusion entre les deux disciplines est impossible : l'essentiel de la langue, nous le verrons, est étranger au caractère phonique du signe linguistique.

Quant à la philologie, nous sommes déjà fixés : elle est nettement distincte de la linguistique, malgré les points de contact des deux sciences et les services mutuels qu'elles se rendent.

Quelle est enfin l'utilité de la linguistique ? Bien peu de gens ont là-dessus des idées claires ; ce n'est pas le lieu de les fixer. Mais il est évident, par exemple, que les questions linguistiques intéressent tous ceux, historiens, philologues, etc., qui ont à manier des textes. Plus évidente encore est son importance pour la culture générale : dans la vie des individus et des sociétés, le langage est un facteur plus important qu'aucun autre. Il serait inadmissible que son étude restât l'affaire de quelques spécialistes ; en fait, tout le monde s'en occupe peu ou prou ; mais —

conséquence paradoxale de l'intérêt qui s'y attache — il n'y a pas de domaine où aient germé plus d'idées absurdes, de préjugés, de mirages, de fictions. Au point de vue psychologique, ces erreurs ne sont pas négligeables ; mais la tâche du linguiste est avant tout de les dénoncer, et de les dissiper aussi complètement que possible.

Chapitre III

Objet de la linguistique

§ 1.

La langue ; sa définition.

Quel est l'objet à la fois intégral et concret de la linguistique ? La question est particulièrement difficile ; nous verrons plus tard pourquoi ; bornons-nous ici à faire saisir cette difficulté.

D'autres sciences opèrent sur des objets donnés d'avance et qu'on peut considérer ensuite à différents points de vue ; dans notre domaine, rien de semblable. Quelqu'un prononce le mot français *nu* : un observateur superficiel sera tenté d'y voir un objet linguistique concret ; mais un examen plus attentif y fera trouver successivement trois ou quatre choses parfaitement différentes, selon la manière dont on le considère : comme son, comme expression d'une idée, comme correspondant du latin *nūdum*, etc.

Bien loin que l'objet précède le point de vue, on dirait que c'est le point de vue qui crée l'objet, et d'ailleurs rien ne nous dit d'avance que l'une de ces manières de considérer le fait en question soit antérieure ou supérieure aux autres.

En outre, quelle que soit celle qu'on adopte, le phénomène linguistique présente perpétuellement deux faces qui se correspondent et dont l'une ne vaut que par l'autre. Par exemple :

1° Les syllabes qu'on articule sont des impressions acoustiques perçues par l'oreille, mais les sons n'existeraient pas sans les organes vocaux ; ainsi un *n* n'existe que par la correspondance de ces deux aspects. On ne peut donc réduire la langue au son, ni détacher le son de l'articulation buccale ; réciproquement on ne peut pas définir les mouvements des organes vocaux si l'on fait abstraction de l'impression acoustique (voir p. 63 sv.).

2° Mais admettons que le son soit une chose simple : est-ce lui qui fait le langage ? Non, il n'est que l'instrument de la pensée et n'existe pas pour lui-même. Là surgit une nouvelle et redoutable correspondance : le son, unité complexe acoustico-vocale, forme à son tour avec l'idée une unité complexe, physiologique et mentale. Et ce n'est pas tout encore :

3° Le langage a un côté individuel et un côté social, et l'on ne peut concevoir l'un sans l'autre. En outre :

4° A chaque instant il implique à la fois un système établi et une évolution ; à chaque moment, il est une institution actuelle et un produit du passé. Il semble à première vue très simple de distinguer entre ce système et son histoire, entre ce qu'il est et ce qu'il a été ; en réalité, le rapport qui unit ces deux choses est si étroit qu'on a peine à les séparer. La question serait-elle plus simple si l'on considérait le phénomène linguistique dans ses origines, si par exemple on commençait par étudier le langage des enfants ? Non, car c'est une idée très fausse de croire qu'en matière de langage le problème des origines diffère de celui des conditions permanentes ; on ne sort donc pas du cercle.

Ainsi, de quelque côté que l'on aborde la question, nulle part l'objet intégral de la linguistique ne s'offre à nous ; partout nous rencontrons ce dilemme : ou bien nous nous attachons à un seul côté de chaque problème, et nous risquons de ne pas percevoir les dualités signalées plus haut ; ou bien, si nous étudions le langage par plusieurs côtés à la fois, l'objet de la linguistique nous apparaît un amas confus de choses hétéroclites sans lien entre elles. C'est quand on procède ainsi qu'on ouvre la porte à plusieurs sciences — psychologie, anthropologie, grammaire normative, philologie, etc., — que nous séparons nettement de la linguistique, mais qui, à la faveur d'une méthode incorrecte, pourraient revendiquer le langage comme un de leurs objets.

Il n'y a, selon nous, qu'une solution à toutes ces difficultés : *il faut se placer de prime abord sur le terrain de la langue et la prendre pour norme de toutes les autres manifestations du langage.* En effet, parmi tant de dualités, la langue seule paraît être susceptible d'une définition autonome et fournit un point d'appui satisfaisant pour l'esprit.

Mais qu'est-ce que la langue ? Pour nous elle ne se confond pas avec le langage ; elle n'en est qu'une partie déterminée, essentielle, il est vrai. C'est à la fois un produit social de la faculté du langage et un ensemble de conventions nécessaires, adoptées par le corps social pour permettre l'exercice de cette faculté chez les individus. Pris dans son tout, le langage est multiforme et hétéroclite ; à cheval sur plusieurs domaines, à la fois physique, physiologique et psychique, il appartient encore au domaine individuel et au domaine social ; il ne se laisse classer dans aucune catégorie des faits humains, parce qu'on ne sait comment dégager son unité.

La langue, au contraire, est un tout en soi et un principe de classification. Dès que nous lui donnons la première place parmi les faits de langage, nous introduisons un ordre naturel dans un ensemble qui ne se prête à aucune autre classification.

À ce principe de classification on pourrait objecter que l'exercice du langage repose sur une faculté que nous tenons de la nature, tandis que la langue est une chose acquise et conventionnelle, qui devrait être subordonnée à l'instinct naturel au lieu d'avoir le pas sur lui.

Voici ce qu'on peut répondre.

D'abord, il n'est pas prouvé que la fonction du langage, telle qu'elle se manifeste quand nous parlons, soit entièrement naturelle, c'est-à-dire que notre appareil vocal soit fait pour parler comme nos jambes pour marcher. Les linguistes sont loin d'être d'accord sur ce point. Ainsi pour Whitney, qui assimile la langue à une institution sociale au même titre que toutes les autres, c'est par hasard, pour de simples raisons de commodité, que nous nous servons de l'appareil vocal comme instrument de la langue : les hommes auraient pu aussi bien choisir le geste et employer des images visuelles au lieu d'images acoustiques. Sans doute cette thèse est trop absolue ; la langue n'est pas une institution sociale en tous points semblables aux autres (v. p. 107 sv. et p. 110) ; de plus, Whitney va trop loin quand il dit que notre choix est tombé par hasard sur les organes vocaux ; il nous étaient bien en quelque sorte imposés par la nature. Mais sur le point essentiel, le linguiste américain nous semble avoir raison : la langue est une convention, et la nature du signe dont on est convenu est indifférente. La question de l'appareil vocal est donc secondaire dans le problème du langage.

Une certaine définition de ce qu'on appelle *langage articulé* pourrait confirmer cette idée. En latin *articulus* signifie « membre, partie, subdivision dans une suite de choses » ; en matière de langage, l'articulation peut désigner ou bien la subdivision de la chaîne parlée en syllabes, ou bien la subdivision de la chaîne des significations en unités significatives ; c'est dans ce sens qu'on dit en allemand *gegliederte Sprache*. En s'attachant à cette seconde définition, on pourrait dire que ce n'est pas le langage parlé qui est naturel à l'homme, mais la faculté de constituer une langue, c'est-à-dire un système de signes distincts correspondant à des idées distinctes.

Broca a découvert que la faculté de parler est localisée dans la troisième circonvolution frontale gauche ; on s'est aussi appuyé là-dessus pour attribuer au langage un caractère naturel. Mais on sait que cette localisation a été constatée pour *tout* ce qui se rapporte au langage, y compris l'écriture, et ces constatations, jointes aux observations faites sur les diverses formes d'aphasie par lésion de ces centres de localisation, semblent indiquer : 1° que les troubles divers du langage oral sont enchevêtrés de cent façons avec ceux du langage écrit ; 2° que dans tous les cas d'aphasie ou d'agraphie, ce qui est atteint, c'est moins la faculté de proférer tels ou tels sons ou de tracer tels ou tels signes que celle d'évoquer par un instrument, quel qu'il soit, les signes d'un langage régulier. Tout cela nous amène à croire qu'au-dessus du fonctionnement des divers organes il existe une faculté plus générale, celle qui commande aux signes, et qui serait la faculté linguistique par excellence. Et par là nous sommes conduits à la même conclusion que plus haut.

Pour attribuer à la langue la première place dans l'étude du langage, on peut enfin faire valoir cet argument, que la faculté — naturelle ou non — d'articuler des paroles ne s'exerce qu'à l'aide de l'instrument créé et fourni par la collectivité ; il n'est donc pas chimérique de dire que c'est la langue qui fait l'unité du langage.

§ 2.

Place de la langue dans les faits de langage.

Pour trouver dans l'ensemble du langage la sphère qui correspond à la langue, il faut se placer devant l'acte individuel qui permet de reconstituer le circuit de la parole. Cet acte suppose au moins deux individus ; c'est le minimum exigible pour que le circuit soit complet. Soient donc deux personnes, *A* et *B*, qui s'entretiennent :

Le point de départ du circuit est dans le cerveau de l'une, par exemple *A*, où les faits de conscience, que nous appellerons concepts, se trouvent associés aux représentations des signes linguistiques ou images acoustiques servant à leur expression. Supposons qu'un concept donné déclanche dans le cerveau une image acoustique correspondante : c'est un phénomène entièrement *psychique*, suivi à son tour d'un procès *physiologique* : le cerveau transmet aux organes de la phonation une impulsion corrélative à l'image ; puis les ondes sonores se propagent de la bouche de *A* à l'oreille de *B* : procès purement *physique*. Ensuite, le circuit se prolonge en *B* dans un ordre inverse : de l'oreille au cerveau, transmission physiologique de l'image acoustique ; dans le cerveau, association psychique de cette image avec le concept correspondant. Si *B* parle à son tour, ce nouvel acte suivra — de son cerveau à celui de *A* — exactement la même marche que le premier et passera par les mêmes phases successives, que nous figurerons comme suit :

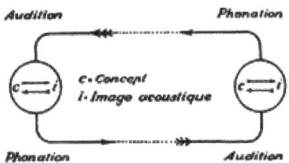

Cette analyse ne prétend pas être complète ; on pourrait distinguer encore : la sensation acoustique pure, l'identification de cette sensation avec l'image acoustique latente, l'image musculaire de la phonation, etc. Nous n'avons tenu compte que des éléments jugés essentiels ; mais notre figure permet de distinguer d'emblée les parties physiques (ondes sonores) des physiologiques (phonation et audition) et psychiques (images verbales et concepts). Il est en effet capital de remarquer que l'image verbale ne se confond pas avec le son lui-même et qu'elle est psychique au même titre que le concept qui lui est associé.

Le circuit, tel que nous l'avons représenté, peut se diviser encore :

a) en une partie extérieure (vibration des sons allant de la bouche à l'oreille) et une partie intérieure, comprenant tout le reste :

b) en une partie psychique et une partie non-psychique, la seconde comprenant aussi bien les faits physiologiques dont les organes sont le siège, que les faits physiques extérieurs à l'individu ;

c) en une partie active et une partie passive : est actif tout ce qui va du centre d'association d'un des sujets à l'oreille de l'autre sujet, et passif tout ce qui va de l'oreille de celui-ci à son centre d'association ;

enfin dans la partie psychique localisée dans le cerveau, on peut appeler exécutif tout ce qui est actif ($c \rightarrow i$) et réceptif tout ce qui est passif ($i \rightarrow c$).

Il faut ajouter une faculté d'association et de coordination, qui se manifeste dès qu'il ne s'agit plus de signes isolés ; c'est cette faculté qui joue le plus grand rôle dans l'organisation de la langue en tant que système (voir p. 170 sv.).

Mais pour bien comprendre ce rôle, il faut sortir de l'acte individuel, qui n'est que l'embryon du langage, et aborder le fait social.

Entre tous les individus ainsi reliés par le langage, il s'établira une sorte de moyenne : tous reproduiront, — non exactement sans doute, mais approximativement — les mêmes signes unis aux mêmes concepts.

Quelle est l'origine de cette cristallisation sociale ? Laquelle des parties du circuit peut être ici en cause ? Car il est bien probable que toutes n'y participent pas également.

La partie physique peut être écartée d'emblée. Quand nous entendons parler une langue que nous ignorons, nous percevons bien les sons, mais, par notre incompréhension, nous restons en dehors du fait social.

La partie psychique n'est pas non plus tout entière en jeu : le côté exécutif reste hors de cause, car l'exécution n'est jamais faite par la masse ; elle est toujours individuelle, et l'individu en est toujours le maître ; nous l'appellerons la *parole*.

C'est par le fonctionnement des facultés réceptive et coordinative que se forment chez les sujets parlants des empreintes qui arrivent à être sensiblement les mêmes chez tous. Comment faut-il se représenter ce produit social pour que la langue apparaisse parfaitement dégagée du reste ? Si nous pouvions embrasser la somme des images verbales emmagasinées chez tous les individus, nous toucherions le lien social qui constitue la langue. C'est un trésor déposé par la pratique de la parole dans les sujets appartenant à une même communauté, un système grammatical existant virtuellement dans chaque cerveau, ou plus exactement dans les cerveaux d'un ensemble d'individus ; car la langue n'est complète dans aucun, elle n'existe parfaitement que dans la masse.

En séparant la langue de la parole, on sépare du même coup : 1º ce qui est social de ce qui est individuel ; 2º ce qui est essentiel de ce qui est accessoire et plus ou moins accidentel.

La langue n'est pas une fonction du sujet parlant, elle est le produit que l'individu enregistre passivement ; elle ne suppose jamais de préméditation, et la réflexion n'y intervient que pour l'activité de classement dont il sera question p. 170 sv.

La parole est au contraire un acte individuel de volonté et d'intelligence, dans lequel il convient de distinguer : 1º les combinaisons par lesquelles le sujet parlant utilise le code de la langue en vue d'exprimer sa pensée personnelle ; 2° le mécanisme psycho-physique qui lui permet d'extérioriser ces combinaisons.

Il est à remarquer que nous avons défini des choses et non des mots ; les distinctions établies n'ont donc rien à redouter de certains termes ambigus qui ne se recouvrent pas d'une langue à l'autre. Ainsi en allemand *Sprache* veut dire « langue » et « langage » ; *Rede* correspond à peu près à « parole », mais y ajoute le sens spécial de « discours ». En latin *sermo* signifie plutôt « langage » et « parole », tandis que *lingua* désigne la langue, et ainsi de suite. Aucun mot ne correspond exactement à l'une des notions précisées plus haut ; c'est pourquoi toute définition faite à propos d'un mot est vaine ; c'est une mauvaise méthode que de partir des mots pour définir les choses.

Récapitulons les caractères de la langue :

1° Elle est un objet bien défini dans l'ensemble hétéroclite des faits de langage. On peut la localiser dans la portion déterminée du circuit où une image auditive vient s'associer à un concept. Elle est la partie sociale du langage, extérieure à l'individu, qui à lui seul ne peut ni la créer ni la modifier ; elle n'existe qu'en vertu d'une sorte de contrat passé entre les membres de la communauté. D'autre part, l'individu a besoin d'un apprentissage pour en connaître le jeu ; l'enfant ne se l'assimile que peu à peu. Elle est si bien une chose distincte qu'un homme privé de l'usage de la parole conserve la langue, pourvu qu'il comprenne les signes vocaux qu'il entend.

2° La langue, distincte de la parole, est un objet qu'on peut étudier séparément. Nous ne parlons plus les langues mortes, mais nous pouvons fort bien nous assimiler leur organisme linguistique. Non seulement la science de la langue peut se passer des autres éléments du langage, mais elle n'est possible que si ces autres éléments n'y sont pas mêlés.

3° Tandis que le langage est hétérogène, la langue ainsi délimitée est de nature homogène : c'est un système de signes où il n'y a d'essentiel que l'union du sens et de l'image acoustique, et où les deux parties du signe sont également psychiques.

4° La langue n'est pas moins que la parole un objet de nature concrète, et c'est un grand avantage pour l'étude. Les signes linguistiques, pour être essentiellement psychiques, ne sont pas des abstractions ; les associations ratifiées par le consentement collectif, et dont l'ensemble constitue la langue, sont des réalités qui ont leur siège dans le cerveau. En outre, les signes de la langue sont pour ainsi dire tangibles ; l'écriture peut les fixer dans des images conventionnelles, tandis qu'il serait impossible de photographier dans tous leurs détails les actes de la parole ; la phonation d'un mot, si petit soit-il, représente une infinité de mouvements musculaires extrêmement difficiles à connaître et à figurer. Dans la langue, au contraire, il n'y a plus que l'image acoustique, et celle-ci peut se traduire en une image visuelle constante. Car si l'on fait abstraction de cette multitude de mouvements nécessaires pour la réaliser dans la parole, chaque image acoustique n'est, comme nous le verrons, que la somme d'un nombre limité d'éléments ou phonèmes, susceptibles à leur tour d'être évoqués par un nombre correspondant de signes dans l'écriture. C'est cette possibilité de fixer les choses relatives à la langue qui fait qu'un dictionnaire et une grammaire peuvent en être une représentation fidèle, la langue étant le dépôt des images acoustiques, et l'écriture la forme tangible de ces images.

§ 3.

Place de la langue dans les faits humains. La sémiologie.

Ces caractères nous en font découvrir un autre plus important. La langue, ainsi délimitée dans l'ensemble des faits de langage, est classable parmi les faits humains, tandis que le langage ne l'est pas.

Nous venons de voir que la langue est une institution sociale ; mais elle se distingue par plusieurs traits des autres institutions politiques, juridiques, etc. Pour comprendre sa nature spéciale, il faut faire intervenir un nouvel ordre de faits.

La langue est un système de signes exprimant des idées, et par là, comparable à l'écriture, à l'alphabet des sourds-muets, aux rites symboliques, aux formes de politesse, aux signaux militaires, etc., etc. Elle est seulement le plus important de ces systèmes.

On peut donc concevoir *une science qui étudie la vie des signes au sein de la vie sociale* ; elle formerait une partie de la psychologie sociale, et par conséquent de la psychologie générale ; nous la nommerons *sémiologie*[2] (du grec *sēmeîon*, « signe »). Elle nous apprendrait en quoi consistent les signes, quelles lois les régissent. Puisqu'elle n'existe pas encore, on ne peut dire ce qu'elle sera ; mais elle a droit à l'existence, sa place est déterminée d'avance. La linguistique n'est qu'une partie de cette science générale, les lois que découvrira la sémiologie seront applicables à la linguistique, et celle-ci se trouvera ainsi rattachée à un domaine bien défini dans l'ensemble des faits humains.

C'est au psychologue à déterminer la place exacte de la sémiologie[3] ; la tâche du linguiste est de définir ce qui fait de la langue un système spécial dans l'ensemble des faits sémiologiques. La question sera reprise plus bas ; nous ne retenons ici qu'une chose : si pour la première fois nous avons pu assigner à la linguistique une place parmi les sciences, c'est parce que nous l'avons rattachée à la sémiologie.

Pourquoi celle-ci n'est-elle pas encore reconnue comme science autonome, ayant comme toute autre son objet propre ? C'est qu'on tourne dans un cercle : d'une part, rien n'est plus propre que la langue à faire comprendre la nature du problème sémiologique ; mais, pour le poser convenablement, il faudrait étudier la langue en elle-même ; or, jusqu'ici, on l'a presque toujours abordée en fonction d'autre chose, à d'autres points de vue.

Il y a d'abord la conception superficielle du grand public : il ne voit dans la langue qu'une nomenclature (voir p. 97), ce qui supprime toute recherche sur sa nature véritable.

Puis il y a le point de vue du psychologue, qui étudie le mécanisme du signe chez l'individu ; c'est la méthode la plus facile, mais elle ne conduit pas au delà de l'exécution individuelle et n'atteint pas le signe, qui est social par nature.

Ou bien encore, quand on s'aperçoit que le signe doit être étudié socialement, on ne retient que les traits de la langue qui la rattachent aux autres institutions, celles qui dépendent plus ou moins de notre volonté ; et de la sorte on passe à côté du but, en négligeant les caractères qui n'appartiennent qu'aux systèmes sémiologiques en général et à la langue en particulier. Car le signe échappe toujours en une certaine mesure à la volonté individuelle ou sociale, c'est là son caractère essentiel ; mais c'est celui qui apparaît le moins à première vue.

Ainsi ce caractère n'apparaît bien que dans la langue, mais il se manifeste dans les choses qu'on étudie le moins, et par contre-coup on ne voit pas bien la nécessité ou l'utilité particulière d'une science sémiologique. Pour nous, au contraire, le problème linguistique est avant tout sémiologique, et tous nos développements empruntent leur signification à ce fait important. Si l'on veut découvrir la véritable nature de la langue, il faut la prendre d'abord dans ce qu'elle a de commun avec tous les autres systèmes du même ordre ; et des facteurs linguistiques qui apparaissent comme très importants au premier abord (par exemple le jeu de l'appareil vocal), ne doivent être considérés qu'en seconde ligne, s'ils ne servent qu'à distinguer la langue des autres systèmes. Par là, non seulement on éclairera le problème linguistique, mais nous pensons qu'en considérant les rites, les coutumes, etc… comme des signes, ces faits apparaîtront sous un autre jour, et on sentira le besoin de les grouper dans la sémiologie et de les expliquer par les lois de cette science.

Chapitre IV

Linguistique de la langue et linguistique de la parole

En accordant à la science de la langue sa vraie place dans l'ensemble de l'étude du langage, nous avons du même coup situé la linguistique tout entière. Tous les autres éléments du langage, qui constituent la parole, viennent d'eux-mêmes se subordonner à cette première science, et c'est grâce à cette subordination que toutes les parties de la linguistique trouvent leur place naturelle.

Considérons, par exemple, la production des sons nécessaires à la parole : les organes vocaux sont aussi extérieurs à la langue que les appareils électriques qui servent à transcrire l'alphabet Morse sont étrangers à cet alphabet ; et la phonation, c'est-à-dire l'exécution des images acoustiques, n'affecte en rien le système lui-même. Sous ce rapport, on peut comparer la langue à une symphonie, dont la réalité est indépendante de la manière dont on l'exécute ; les fautes que peuvent commettre les musiciens qui la jouent ne compromettent nullement cette réalité.

À cette séparation de la phonation et de la langue on opposera peut-être les transformations phonétiques, les altérations de sons qui se produisent dans la parole et qui exercent une influence si profonde sur les destinées de la langue elle-même. Sommes-nous vraiment en droit de prétendre que celle-ci existe indépendamment de ces phénomènes ? Oui, car ils n'atteignent que la substance matérielle des mots. S'ils attaquent la langue en tant que système de signes, ce n'est qu'indirectement, par le changement d'interprétation qui en résulte ; or ce phénomène n'a rien de phonétique (voir p. 121). Il peut être intéressant de rechercher les causes de ces changements, et l'étude des sons nous y aidera ; mais cela n'est pas essentiel : pour la science de la langue, il suffira toujours de constater les transformations de sons et de calculer leurs effets.

Et ce que nous disons de la phonation sera vrai de toutes les autres parties de la parole. L'activité du sujet parlant doit être étudiée dans un ensemble de disciplines qui n'ont de place dans la linguistique que par leur relation avec la langue.

L'étude du langage comporte donc deux parties : l'une, essentielle, a pour objet la langue, qui est sociale dans son essence et indépendante de l'individu ; cette étude est uniquement psychique ; l'autre, secondaire, a pour objet la partie individuelle du langage, c'est-à-dire la parole y compris la phonation : elle est psycho-physique.

Sans doute, ces deux objets sont étroitement liés et se supposent l'un l'autre : la langue est nécessaire pour que la parole soit intelligible et produise tous ses effets ; mais celle-ci est nécessaire pour que la langue s'établisse ; historiquement, le fait de parole précède toujours. Comment s'aviserait-on d'associer une idée à une image verbale, si l'on ne surprenait pas d'abord cette association dans un acte de parole ? D'autre part, c'est en entendant les autres que nous apprenons notre langue maternelle ; elle n'arrive à se déposer dans notre cerveau qu'à la suite d'innombrables expériences. Enfin, c'est la parole qui fait évoluer la langue : ce sont les impressions reçues en entendant les autres qui modifient nos habitudes linguistiques. Il y a donc interdépendance de la langue et de la parole ; celle-là est à la fois l'instrument et le produit de celle-ci. Mais tout cela ne les empêche pas d'être deux choses absolument distinctes.

La langue existe dans la collectivité sous la forme d'une somme d'empreintes déposées dans chaque cerveau, à peu près comme un dictionnaire dont tous les exemplaires, identiques, seraient répartis entre les individus (voir p. 30). C'est donc quelque chose qui est dans chacun d'eux, tout en étant commun à tous et placé en dehors de la volonté des dépositaires. Ce mode d'existence de la langue peut être représenté par la formule :

$$1 + 1 + 1 + 1\ldots = 1 \text{ (modèle collectif)}.$$

De quelle manière la parole est-elle présente dans cette même collectivité ? Elle est la somme de ce que les gens disent, et elle comprend : *a*) des combinaisons individuelles, dépendant de la volonté de ceux qui parlent, *b*) des actes de phonation également volontaires, nécessaires pour l'exécution de ces combinaisons.

Il n'y a donc rien de collectif dans la parole ; les manifestations en sont individuelles et momentanées. Ici il n'y a rien de plus que la somme des cas particuliers selon la formule :

$$(1 + 1' + 1'' + 1'''\ldots).$$

Pour toutes ces raisons, il serait chimérique de réunir sous un même point de vue la langue et la parole. Le tout global du langage est inconnaissable, parce qu'il n'est pas homogène, tandis que la distinction et la subordination proposées éclairent tout.

Telle est la première bifurcation qu'on rencontre dès qu'on cherche à faire la théorie du langage. Il faut choisir entre deux routes qu'il est impossible de prendre en même temps ; elles doivent être suivies séparément.

On peut à la rigueur conserver le nom de linguistique à chacune de ces deux disciplines et parler d'une linguistique de la parole. Mais il ne faudra pas la confondre avec la linguistique proprement dite, celle dont la langue est l'unique objet.

Nous nous attacherons uniquement à cette dernière, et si, au cours de nos démonstrations, nous empruntons des lumières à l'étude de la parole, nous nous efforcerons de ne jamais effacer les limites qui séparent les deux domaines.

Chapitre V

Éléments internes et éléments externes de la langue

Notre définition de la langue suppose que nous en écartons tout ce qui est étranger à son organisme, à son système, en un mot tout ce qu'on désigne par le terme de « linguistique externe ». Cette linguistique-là s'occupe pourtant de choses importantes, et c'est surtout à elles que l'on pense quand on aborde l'étude du langage.

Ce sont d'abord tous les points par lesquels la linguistique touche à l'ethnologie, toutes les relations qui peuvent exister entre l'histoire d'une langue et celle d'une race ou d'une civilisation. Ces deux histoires se mêlent et entretiennent des rapports réciproques. Cela rappelle un peu les correspondances constatées entre les phénomènes linguistiques proprement dits (voir p. 23 sv.), Les mœurs d'une nation ont un contre-coup sur sa langue, et, d'autre part, c'est dans une large mesure la langue qui fait la nation.

En second lieu, il faut mentionner les relations existant entre la langue et l'histoire politique. De grands faits historiques comme la conquête romaine, ont eu une portée incalculable pour une foule de faits linguistiques. La colonisation, qui n'est qu'une forme de la conquête, transporte un idiome dans des milieux différents, ce qui entraîne des changements dans cet idiome. On pourrait citer à l'appui toute espèce de faits : ainsi la Norvège a adopté le danois en s'unissant politiquement au Danemark ; il est vrai qu'aujourd'hui les Norvégiens essaient de s'affranchir de cette influence linguistique. La politique intérieure des États n'est pas moins importante pour la vie des langues : certains gouvernements, comme la Suisse, admettent la coexistence de plusieurs idiomes ; d'autres, comme la France, aspirent à l'unité linguistique. Un degré de civilisation avancé favorise le développement de certaines langues spéciales (langue juridique, terminologie scientifique, etc).

Ceci nous amène à un troisième point : les rapports de la langue avec des institutions de toute sorte, l'Église, l'école, etc. Celles-ci, à leur tour, sont intimement liées avec le développement littéraire d'une langue, phénomène d'autant plus général qu'il est lui-même inséparable de l'histoire politique. La langue littéraire dépasse de toutes parts les limites que semble lui tracer la littérature ; qu'on pense à l'influence des salons, de la cour, des académies. D'autre part elle pose la grosse question du conflit qui s'élève entre elle et les dialectes locaux (voir p. 267 sv.) ; le linguiste doit aussi examiner les rapports réciproques de la langue du livre et de la langue courante ; car toute langue littéraire, produit de la culture, arrive à détacher sa sphère d'existence de la sphère naturelle, celle de la langue parlée.

Enfin tout ce qui se rapporte à l'extension géographique des langues et au fractionnement dialectal relève de la linguistique externe. Sans doute, c'est sur ce point que la distinction entre elle et la linguistique interne paraît le plus paradoxale, tant le phénomène géographique est étroitement associé à l'existence de toute langue ; et cependant, en réalité, il ne touche pas à l'organisme intérieur de l'idiome.

On a prétendu qu'il est absolument impossible de séparer toutes ces questions de l'étude de la langue proprement dite. C'est un point de vue qui a prévalu surtout depuis qu'on a tant insisté sur ces « Realia ». De même que la plante est modifiée dans son organisme interne par des facteurs étrangers : terrain, climat, etc., de même l'organisme grammatical ne dépend-il pas constamment des facteurs externes du changement linguistique ? Il semble qu'on explique mal les termes techniques, les emprunts dont la langue fourmille, si on n'en considère pas la provenance. Est-il possible de distinguer le développement naturel, organique d'un idiome, de ses formes artificielles, telles que la langue littéraire, qui sont dues à des facteurs externes, par conséquent inorganiques ? Ne voit-on pas constamment se développer une langue commune à côté des dialectes locaux ?

Nous pensons que l'étude des phénomènes linguistiques externes est très fructueuse ; mais il est faux de dire que sans eux on ne puisse connaître l'organisme linguistique interne. Prenons comme exemple l'emprunt des mots étrangers ; on peut constater d'abord que ce n'est nullement un élément constant dans la vie d'une langue. Il y a dans certaines vallées retirées des patois qui n'ont pour ainsi dire jamais admis un seul terme artificiel venu du dehors. Dira-t-on que ces idiomes sont hors des conditions régulières du langage, incapables d'en donner une idée, que ce sont eux qui demandent une étude « tératologique » comme n'ayant pas subi de mélange ? Mais surtout le mot emprunté ne compte plus comme tel, dès qu'il est étudié au sein du système ; il n'existe que par sa relation et son opposition avec les mots qui lui sont associés, au même titre que n'importe quel signe autochtone. D'une façon générale, il n'est jamais indispensable de connaître les circonstances au milieu desquelles une langue s'est développée. Pour certains idiomes, tels que le zend et le paléo-slave, on ne sait même pas exactement quels peuples les ont parlés ; mais cette ignorance ne nous gêne nullement pour les étudier intérieurement et pour nous rendre compte des transformations qu'ils ont subies. En tout cas, la séparation des deux points de vue s'impose, et plus on l'observera rigoureusement mieux cela vaudra.

La meilleure preuve en est que chacun d'eux crée une méthode distincte. La linguistique externe peut accumuler détail sur détail sans se sentir serrée dans l'étau d'un système. Par exemple, chaque auteur groupera comme il l'entend les faits relatifs à l'expansion d'une langue en dehors de son territoire ; si l'on cherche les facteurs qui ont créé une langue littéraire en face des dialectes, on pourra toujours user de la simple énumération ; si l'on ordonne les faits d'une façon plus ou moins systématique, ce sera uniquement pour les besoins de la clarté.

Pour la linguistique interne, il en va tout autrement : elle n'admet pas une disposition quelconque ; la langue est un système qui ne connaît que son ordre propre. Une comparaison avec le jeu d'échecs le fera mieux sentir. Là, il est relativement facile de distinguer ce qui est externe de ce qui est interne : le fait qu'il a passé de Perse en Europe est d'ordre externe ; interne, au contraire, tout ce qui concerne le système et les règles. Si je remplace des pièces de bois par des pièces d'ivoire, le changement est indifférent pour le système : mais si je diminue ou augmente le nombre des pièces, ce changement-là atteint profondément la « grammaire » du jeu. Il n'en est pas moins vrai qu'une certaine attention est nécessaire pour faire des distinctions de ce genre. Ainsi dans chaque cas on posera la question de la nature du phénomène, et pour la résoudre on observera cette règle : est interne tout ce qui change le système à un degré quelconque.

Chapitre VI

Représentation de la langue par l'écriture

§ 1.

Nécessité d'étudier ce sujet.

L'objet concret de notre étude est donc le produit social déposé dans le cerveau de chacun, c'est-à-dire la langue. Mais ce produit diffère suivant les groupes linguistiques : ce qui nous est donné, ce sont les langues. Le linguiste est obligé d'en connaître le plus grand nombre possible, pour tirer de leur observation et de leur comparaison ce qu'il y a d'universel en elles.

Or nous ne les connaissons généralement que par l'écriture. Pour notre langue maternelle elle-même, le document intervient à tout instant. Quand il s'agit d'un idiome parlé à quelque distance, il est encore plus nécessaire de recourir au témoignage écrit ; à plus forte raison pour ceux qui n'existent plus. Pour disposer dans tous les cas de documents directs, il faudrait qu'on eût fait de tout temps ce qui se fait actuellement à Vienne et à Paris : une collection d'échantillons phonographiques de toutes les langues. Encore faudrait-il recourir à l'écriture pour faire connaître aux autres les textes consignés de cette manière.

Ainsi, bien que l'écriture soit en elle-même étrangère au système interne, il est impossible de faire abstraction d'un procédé par lequel la langue est sans cesse figurée ; il est nécessaire d'en connaître l'utilité, les défauts et les dangers.

§ 2.

Prestige de l'écriture ; causes de son ascendant sur la forme parlée.

Langue et écriture sont deux systèmes de signes distincts ; l'unique raison d'être du second est de représenter le premier ; l'objet linguistique n'est pas défini par la combinaison du mot écrit et du mot parlé ; ce dernier constitue à lui seul cet objet. Mais le mot écrit se mêle si intimement au mot parlé dont il est l'image, qu'il finit par usurper le rôle principal ; on en vient à donner autant et plus d'importance à la représentation du signe vocal qu'à ce signe lui-même. C'est comme si l'on croyait que, pour connaître quelqu'un, il vaut mieux regarder sa photographie que son visage.

Cette illusion a existé de tout temps, et les opinions courantes qu'on colporte sur la langue en sont entachées. Ainsi l'on croit communément qu'un idiome s'altère plus rapidement quand l'écriture n'existe pas : rien de plus faux. L'écriture peut bien, dans certaines conditions, ralentir les changements de la langue, mais inversement, sa conservation n'est nullement compromise par l'absence d'écriture. Le lituanien, qui se parle encore aujourd'hui dans la Prusse orientale et une partie de la Russie, n'est connu par des documents écrits que depuis 1540 ; mais à cette époque tardive, il offre, dans l'ensemble, une image aussi fidèle de l'indo-européen que le latin du IIIe siècle avant Jésus-Christ. Cela seul suffit pour montrer combien la langue est indépendante de l'écriture.

Certains faits linguistiques très ténus se sont conservés sans le secours d'aucune notation. Dans toute la période du vieux haut allemand on a écrit *tōten*, *fuolen* et *stōzen*, tandis qu'à la fin du XIIe siècle apparaissent les graphies *töten*, *füelen*, contre *stōzen* qui subsiste. D'où provient cette différence ? Partout où elle s'est produite, il y avait un *y* dans la syllabe suivante ; le protogermanique offrait **daupyan*, **fōlyan*, mais **stautan*. Au seuil de la période littéraire, vers 800, ce *y* s'affaiblit à tel point que l'écriture n'en conserve aucun souvenir pendant trois siècles ; pourtant il avait laissé une trace légère dans la prononciation ; et voici que vers 1180, comme on l'a vu plus haut, il reparaît miraculeusement sous forme d' « umlaut » ! Ainsi sans le secours de l'écriture, cette nuance de prononciation s'était exactement transmise.

La langue a donc une tradition orale indépendante de l'écriture, et bien autrement fixe ; mais le prestige de la forme écrite nous empêche de le voir. Les premiers linguistes s'y sont trompés, comme avant eux les humanistes. Bopp lui-même ne fait pas de distinction nette entre la lettre et le son ; à le lire, on croirait qu'une langue est inséparable de son alphabet. Ses successeurs immédiats sont tombés dans le même piège ; la graphie *th* de la fricative *þ* a fait croire à Grimm, non seulement que ce son est double, mais encore que c'est une occlusive aspirée ; de là la place qu'il lui assigne dans sa loi de mutation consonantique ou « Lautverschiebung » (voir p. 199). Aujourd'hui encore des hommes éclairés confondent la langue avec son orthographe ; Gaston Deschamps ne disait-il pas de Berthelot « qu'il avait préservé le français de la ruine » parce qu'il s'était opposé à la réforme orthographique ?

Mais comment s'explique ce prestige de l'écriture ?

1° D'abord l'image graphique des mots nous frappe comme un objet permanent et solide, plus propre que le son à constituer l'unité de la langue à travers le temps. Ce lien a beau être superficiel et créer une unité purement factice : il est beaucoup plus facile à saisir que le lien naturel, le seul véritable, celui du son.

2° Chez la plupart des individus les impressions visuelles sont plus nettes et plus durables que les impressions acoustiques ; aussi s'attachent-ils de préférence aux premières. L'image graphique finit par s'imposer aux dépens du son.

3° La langue littéraire accroît encore l'importance imméritée de l'écriture. Elle a ses dictionnaires, ses grammaires ; c'est d'après le livre et par le livre qu'on enseigne à l'école ; la langue apparaît réglée par un code ; or ce code est lui-même une règle écrite, soumise à un usage rigoureux : l'orthographe, et voilà ce qui confère à l'écriture une importance primordiale. On finit par oublier qu'on apprend à parler avant d'apprendre à écrire, et le rapport naturel est renversé.

4° Enfin, quand il y a désaccord entre la langue et l'orthographe, le débat est toujours difficile à trancher pour tout autre que le linguiste ; mais comme celui-ci n'a pas voix au chapitre, la forme écrite a presque fatalement le dessus, parce que toute solution qui se réclame d'elle est plus aisée ; l'écriture s'arroge de ce chef une importance à laquelle elle n'a pas droit.

§ 3.

Les systèmes d'écriture

Il n'y a que deux systèmes d'écriture :

1° Le système idéographique, dans lequel le mot est représenté par un signe unique et étranger aux sons dont il se compose. Ce signe se rapporte à l'ensemble du mot, et par là, indirectement, à l'idée qu'il exprime. L'exemple classique de ce système est l'écriture chinoise.

2° Le système dit communément « phonétique », qui vise à reproduire la suite des sons se succédant dans le mot. Les écritures phonétiques sont tantôt syllabiques, tantôt alphabétiques, c'est-à-dire basées sur les éléments irréductibles de la parole.

D'ailleurs les écritures idéographiques deviennent volontiers mixtes : certains idéogrammes, détournés de leur valeur première, finissent par représenter des sons isolés.

Nous avons dit que le mot écrit tend à se substituer dans notre esprit au mot parlé : cela est vrai pour les deux systèmes d'écriture, mais cette tendance est plus forte dans le premier. Pour le Chinois, l'idéogramme et le mot parlé sont au même titre des signes de l'idée ; pour lui l'écriture est une seconde langue, et dans la conversation, quand deux mots parlés ont le même son, il lui arrive de recourir au mot écrit pour expliquer sa pensée. Mais cette substitution, par le fait qu'elle peut être absolue, n'a pas les mêmes conséquences fâcheuses que dans notre écriture ; les mots chinois des différents dialectes qui correspondent à une même idée s'incorporent également bien au même signe graphique.

Nous bornerons notre étude au système phonétique, et tout spécialement à celui qui est en usage aujourd'hui et dont le prototype est l'alphabet grec.

Au moment où un alphabet de ce genre s'établit, il reflète la langue d'une façon assez rationnelle, à moins qu'il ne s'agisse d'un alphabet emprunté et déjà entaché d'inconséquences. Au regard de la logique, l'alphabet grec est particulièrement remarquable, comme nous le verrons p. 64. Mais cette harmonie entre la graphie et la prononciation ne dure pas. Pourquoi ? C'est ce qu'il faut examiner.

§ 4.

Causes du désaccord entre la graphie et la prononciation.

Ces causes sont nombreuses ; nous ne retiendrons que les plus importantes.

D'abord la langue évolue sans cesse, tandis que l'écriture tend à rester immobile. Il s'ensuit que la graphie finit par ne plus correspondre à ce qu'elle doit représenter. Une notation, conséquente à un moment donné, sera absurde un siècle plus tard. Pendant un temps, on modifie le signe graphique pour le conformer aux changements de prononciation, ensuite on y renonce. C'est ce qui est arrivé en français pour *oi*.

	On prononçait :	On écrivait :
au XIe siècle	1 *rei, lei*	*rei, lei.*
au XIIe siècle	2 *roi, loi*	*roi, loi.*
au XIVe siècle	3 *roè, loè*	*roi, loi.*
au XIXe siècle	4 *rwa, lwa*	*roi, loi.*

Ainsi, jusqu'à la deuxième époque on a tenu compte des changements survenus dans la prononciation ; à une étape de l'histoire de la langue correspond une étape dans celle de la graphie. Mais à partir du XIVe siècle l'écriture est restée stationnaire, tandis que la langue poursuivait son évolution, et dès ce moment il y a eu un désaccord toujours plus grave entre elle et l'orthographe. Enfin, comme on continuait à joindre des termes discordants, ce fait a eu sa répercussion sur le système même de l'écriture : l'expression graphique *oi* a pris une valeur étrangère aux éléments dont elle est formée.

On pourrait multiplier indéfiniment les exemples. Ainsi pourquoi écrit-on *mais* et *fait* ce que nous prononçons *mè* et *fè* ? Pourquoi *c* a-t-il souvent en français la valeur de *s* ? C'est que nous avons conservé des graphiques qui n'ont plus de raison d'être.

Cette cause agit dans tous les temps : actuellement notre *l* mouillée se change en jod ; nous disons *éveyer, mouyer,* comme *essuyer, nettoyer* ; mais nous continuons à écrire *éveiller, mouiller.*

Autre cause du désaccord entre la graphie et la prononciation : quand un peuple emprunte à un autre son alphabet, il arrive souvent que les ressources de ce système graphique sont mal appropriées à sa nouvelle fonction ; on est obligé de recourir à des expédients ; par exemple, on se servira de deux lettres pour désigner un seul son. C'est le cas pour le *þ* (fricative dentale sourde) des langues germaniques : l'alphabet latin n'offrant aucun signe pour le représenter, on le rendit par *th*. Le roi mérovingien Chilpéric essaya d'ajouter aux lettres latines un signe spécial pour ce son ; mais il n'y réussit pas, et l'usage a consacré *th*. L'anglais du moyen âge avait un *e* fermé (par exemple dans *sed* « semence ») et un *e* ouvert (par exemple dans *led* « conduire ») ; l'alphabet n'offrant pas de signes distincts pour ces deux sons, on imagina d'écrire *seed* et *lead*. En français, pour représenter la chuintante *š*, on recourut au signe double *ch*, etc., etc.

Il y a encore la préoccupation étymologique ; elle a été prépondérante à certaines époques, par exemple à la

Renaissance. Souvent même c'est une fausse étymologie qui impose une graphie ; ainsi, on a introduit un *d* dans notre mot *poids*, comme s'il venait du latin *pondus*, alors qu'en réalité il vient de *pensum*. Mais il importe peu que l'application du principe soit correcte ou non : c'est le principe même de l'écriture étymologique qui est erroné.

Ailleurs, la cause échappe ; certaines chinoiseries n'ont pas même l'excuse de l'étymologie. Pourquoi a-t-on écrit en allemand *thun* au lieu de *tun* ? On a dit que le *h* représente l'aspirée qui suit la consonne ; mais alors il fallait l'introduire partout où la même aspiration se présente, et une foule de mots ne l'ont jamais reçu (*Tugend*, *Tisch*, etc.).

§ 5.

Effets de ce désaccord.

Il serait trop long de classer les inconséquences de l'écriture. Une des plus malheureuses est la multiplicité des signes pour le même son. Ainsi pour *ž* nous avons en français : *j*, *g*, *ge* (*joli*, *geler*, *geai*) ; pour *z* : *z* et *s* ; pour *s*, *c*, *ç* et *t* (*nation*) ; *ss* (*chasser*), *sc* (*acquiescer*), *sç* (*acquiesçant*), *x* (*dix*) ; pour *k* : *c*, *qu*, *k*, *ch*, *cc*, *cqu* (*acquérir*). Inversement plusieurs valeurs sont figurées par le même signe : ainsi *t* représente *t* ou *s*, *g* représente *g* ou *ž*, etc.

Signalons encore les « graphies indirectes ». En allemand, bien qu'il n'y ait point de consonnes doubles dans *Zettel*, *Teller*, etc., on écrit *tt*, *ll* à seule fin d'indiquer que la voyelle précédente est brève et ouverte. C'est par une aberration du même genre que l'anglais ajoute un *e* muet final pour allonger la voyelle qui précède ; comparez *made* (prononcez *mēd*) et *mad* (prononcez *mād*). Cet *e*, qui intéresse en réalité l'unique syllabe, en crée une seconde pour l'œil.

Ces graphies irrationnelles correspondent encore à quelque chose dans la langue ; mais d'autres ne riment à rien. Le français actuel n'a pas de consonnes doubles, sauf dans les futurs anciens *mourrai*, *courrai* : néanmoins, notre orthographe fourmille de consonnes doubles illégitimes (*bourru*, *sottise*, *souffrir*, etc.).

Il arrive aussi que, n'étant pas fixée et cherchant sa règle, l'écriture hésite ; de là ces orthographes fluctuantes qui représentent les essais faits à diverses époques pour figurer les sons. Ainsi dans *ertha*, *erdha*, *erda*, ou bien *thrī*, *dhrī*, *drī*, du vieux haut allemand, *th*, *dh*, *d* figurent bien le même élément phonique ; mais lequel ? Impossible de le savoir par l'écriture. Il en résulte cette complication que, en face de deux graphies pour une même forme, on ne peut pas toujours décider s'il s'agit réellement de deux prononciations. Les documents de dialectes voisins notent le même mot les uns *asca*, les autres *ascha* ; si ce sont les mêmes sons, c'est un cas d'orthographe fluctuante ; sinon, la différence est phonologique et dialectale, comme dans les formes grecques *paízō*, *paízdō*, *paíddō*. Ou bien encore il s'agit de deux époques successives ; on rencontre en anglais d'abord *hwat*, *hweel*, etc., puis *what*, *wheel*, etc., sommes-nous en présence d'un changement de graphie ou d'un changement phonétique ?

Le résultat évident de tout cela, c'est que l'écriture voile la vue de la langue : elle n'est pas un vêtement, mais un travestissement. On le voit bien par l'orthographe du mot français *oiseau*, où pas un des sons du mot parlé (*wazo*) n'est représenté par son signe propre ; il ne reste rien de l'image de la langue.

Un autre résultat, c'est que moins l'écriture représente ce qu'elle doit représenter, plus se renforce la tendance à la prendre pour base ; les grammairiens s'acharnent à attirer l'attention sur la forme écrite. Psychologiquement, la chose s'explique très bien, mais elle a des conséquences fâcheuses. L'emploi qu'on fait des mots « prononcer » et « prononciation » est une consécration de cet abus et renverse le rapport légitime et réel existant entre l'écriture et la langue. Quand on dit qu'il faut prononcer une lettre de telle ou telle façon, on prend l'image pour le modèle. Pour que *oi* puisse se prononcer *wa*, il faudrait qu'il existât pour lui-même. En réalité, c'est *wa* qui s'écrit *oi*. Pour expliquer cette bizarrerie, on ajoute que dans ce cas il s'agit d'une prononciation exceptionnelle de *o* et de *i* ; encore une expression fausse, puisqu'elle implique une dépendance de la langue à l'égard de la forme écrite. On dirait qu'on se permet quelque chose contre l'écriture, comme si le signe graphique était la norme.

Ces fictions se manifestent jusque dans les règles grammaticales, par exemple celle de l'*h* en français. Nous avons des mots à initiale vocalique sans aspiration, mais qui ont reçu *h* par souvenir de leur forme latine ; ainsi *homme* (anciennement *ome*), à cause de *homo*. Mais nous en avons d'autres, venus du germanique, dont l'*h* a été réellement prononcé : *hache*, *hareng*, *honte*, etc. Tant que l'aspiration subsista, ces mots se plièrent aux lois relatives aux consonnes initiales ; on disait : *deu haches*, *le hareng*, tandis que, selon la loi des mots commençant par une voyelle, on disait *deu-z-hommes*, *l'omme*. A cette époque, la règle : « devant *h* aspiré la liaison et l'élision ne se font pas » était correcte. Mais actuellement cette formule est vide de sens ; l'*h* aspiré n'existe plus, à moins qu'on n'appelle de ce nom cette chose qui n'est pas un son, mais devant laquelle ou ne fait ni liaison ni élision. C'est donc un cercle vicieux, et l'*h* n'est qu'un être fictif issu de l'écriture.

Ce qui fixe la prononciation d'un mot, ce n'est pas son orthographe, c'est son histoire. Sa forme, à un moment donné, représente un moment de l'évolution qu'il est forcé de suivre et qui est réglée par des lois précises. Chaque étape peut être fixée par celle qui précède. La seule chose à considérer, celle qu'on oublie le plus, c'est l'ascendance du mot, son étymologie.

Le nom de la ville d'Auch est *oš* en transcription phonétique. C'est le seul cas où le *ch* de notre orthographe représente *š* à la fin du mot. Ce n'est pas une explication que de dire : *ch* final ne se prononce *š* que dans ce mot. La seule question est de savoir comment le latin *Auscii* a pu en se transformant devenir *oš* ; l'orthographe n'importe pas.

Doit-on prononcer *gageure* avec *ö* ou avec *ü* ? Les uns répondent : *gažör*, puisque *heure* se prononce *ör*. D'autres disent : non, mais *gažür*, car *ge* équivaut à *ž*. dans *geôle* par exemple. Vain débat ! La vraie question est étymologique : *gageure* a été formé sur *gager* comme *tournure* sur *tourner* ; ils appartiennent au même type de dérivation : *gažür* est seul justifié ; *gažör* est une prononciation due uniquement à l'équivoque de l'écriture.

Mais la tyrannie de la lettre va plus loin encore : à force de s'imposer à la masse, elle influe sur la langue et la modifie. Cela n'arrive que dans les idiomes très littéraires, où le document écrit joue un rôle considérable. Alors l'image visuelle arrive à créer des prononciations vicieuses ; c'est là proprement un fait pathologique. Cela se voit souvent en français. Ainsi pour le nom de famille *Lefèvre* (du latin *faber*), il y avait deux graphies, l'une populaire et simple, *Lefèvre*, l'autre savante et étymologique, *Lefèbvre*. Grâce à la confusion de *v* et *u* dans l'ancienne écriture,

Lefèbvre a été lu *Lefébure*, avec un *b* qui n'a jamais existé réellement dans le mot, et un *u* provenant d'une équivoque. Or maintenant cette forme est réellement prononcée.

Il est probable que ces déformations deviendront toujours plus fréquentes, et que l'on prononcera de plus en plus les lettres inutiles. A Paris, on dit déjà : *sept femmes* en faisant sonner le *t* ; Darmesteter prévoit le jour où l'on prononcera même les deux lettres finales de *vingt*, véritable monstruosité orthographique.

Ces déformations phoniques appartiennent bien à la langue, seulement elles ne résultent pas de son jeu naturel ; elles sont dues à un facteur qui lui est étranger. La linguistique doit les mettre en observation dans un compartiment spécial : ce sont des cas tératologiques.

Chapitre VII

La phonologie

§ 1.

Définition.

Quand on supprime l'écriture par la pensée, celui qu'on prive de cette image sensible risque de ne plus apercevoir qu'une masse informe dont il ne sait que faire. C'est comme si l'on retirait à l'apprenti nageur sa ceinture de liège.

Il faudrait substituer tout de suite le naturel à l'artificiel ; mais cela est impossible tant qu'on n'a pas étudié les sons de la langue ; car détachés de leurs signes graphiques, ils ne représentent plus que des notions vagues, et l'on préfère encore l'appui, même trompeur, de l'écriture. Aussi les premiers linguistes, qui ignoraient tout de la physiologie des sons articulés, sont-ils tombés à tout instant dans ces pièges ; lâcher la lettre, c'était pour eux perdre pied ; pour nous, c'est un premier pas vers la vérité ; car c'est l'étude des sons eux-mêmes qui nous fournit le secours que nous cherchons. Les linguistes de l'époque moderne l'ont enfin compris ; reprenant pour leur compte des recherches inaugurées par d'autres (physiologistes, théoriciens du chant, etc.), ils ont doté la linguistique d'une science auxiliaire qui l'a affranchie du mot écrit.

La physiologie des sons (all. *Laut-* ou *Sprachphysiologie*) est souvent appelée « phonétique » (all. *Phonetik*, angl. *phonetics*). Ce terme nous semble impropre ; nous le remplaçons par celui de *phonologie*. Car *phonétique* a d'abord désigné et doit continuer à désigner l'étude des évolutions des sons ; l'on ne saurait confondre sous un même nom deux études absolument distinctes. La phonétique est une science historique ; elle analyse des événements, des transformations et se meut dans le temps. La phonologie est en dehors du temps, puisque le mécanisme de l'articulation reste toujours semblable à lui-même.

Mais non seulement ces deux études ne se confondent pas, elles ne peuvent même pas s'opposer. La première est une des parties essentielles de la science de la langue ; la phonologie, elle, — il faut le répéter, — n'en est qu'une discipline auxiliaire et ne relève que de la parole (voir p. 36). Sans doute on ne voit pas bien à quoi serviraient les mouvements phonatoires si la langue n'existait pas ; mais ils ne la constituent pas, et quand on a expliqué tous les mouvements de l'appareil vocal nécessaires pour produire chaque impression acoustique, on n'a éclairé en rien le problème de la langue. Celle-ci est un système basé sur l'opposition psychique de ces impressions acoustiques, de même qu'une tapisserie est une œuvre d'art produite par l'opposition visuelle entre des fils de couleurs diverses ; or, ce qui importe pour l'analyse, c'est le jeu de ces oppositions, non les procédés par lesquels les couleurs ont été obtenues.

Pour l'esquisse d'un système de phonologie nous renvoyons à l'Appendice, p. 63 ; ici, nous rechercherons seulement quel secours la linguistique peut attendre de cette science pour échapper aux illusions de l'écriture.

§ 2.

L'écriture phonologique.

Le linguiste demande avant tout qu'on lui fournisse un moyen de représenter les sons articulés qui supprime toute équivoque. De fait, d'innombrables systèmes graphiques ont été proposés.

Quels sont les principes d'une véritable écriture phonologique ? Elle doit viser à représenter par un signe chaque élément de la chaîne parlée. On ne tient pas toujours compte de cette exigence : ainsi les phonologistes anglais, préoccupés de classification plutôt que d'analyse, ont pour certains sons des signes de deux et même trois lettres. En outre la distinction entre sons explosifs et sons implosifs (voir p. 77 sv.) devrait, comme nous le dirons, être faite rigoureusement.

Y a-t-il lieu de substituer un alphabet phonologique à l'orthographe usuelle ? Cette question intéressante ne peut être qu'effleurée ici ; selon nous récriture phonologique doit rester au service des seuls linguistes. D'abord, comment faire adopter un système uniforme aux Anglais, aux Allemands, aux Français, etc. ! En outre un alphabet applicable à toutes les langues risquerait d'être encombré de signes diacritiques ; et sans parler de l'aspect désolant que présenterait une page d'un texte pareil, il est évident qu'à force de préciser, cette écriture obscurcirait ce qu'elle veut éclaircir, et embrouillerait le lecteur. Ces inconvénients ne seraient pas compensés par des avantages suffisants. En dehors de la science, l'exactitude phonologique n'est pas très désirable.

Il y a aussi la question de la lecture. Nous lisons de deux manières : le mot nouveau ou inconnu est épelé lettre après lettre ; mais le mot usuel et familier s'embrasse d'un seul coup d'œil, indépendamment des lettres qui le composent ; l'image de ce mot acquiert pour nous une valeur idéographique. Ici l'orthographe traditionnelle peut revendiquer ses droits : il est utile de distinguer *tant* et *temps*, — *et*, *est* et *ait*, — *du* et *dû*, — *il devait* et *ils devaient*, etc. Souhaitons seulement de voir l'écriture usuelle débarrassée de ses plus grosses absurdités ; si dans l'enseignement des langues un alphabet phonologique peut rendre des services, on ne saurait en généraliser l'emploi.

§ 3.

Critique du témoignage de l'écriture.

C'est donc une erreur de croire qu'après avoir reconnu le caractère trompeur de l'écriture, la première chose à faire soit de réformer l'orthographe. Le véritable service que nous rend la phonologie est de nous permettre de prendre certaines précautions vis-à-vis de cette forme écrite, par laquelle nous devons passer pour arriver à la langue. Le témoignage de l'écriture n'a de valeur qu'à la condition d'être interprété. Devant chaque cas il faut dresser le *système phonologique* de l'idiome étudié, c'est-à-dire le tableau des sons qu'il met en œuvre ; chaque langue, en effet, opère sur un nombre déterminé de phonèmes bien différenciés. Ce système est la seule réalité qui intéresse le linguiste. Les signes graphiques n'en sont qu'une image dont l'exactitude est à déterminer. La difficulté de cette détermination varie selon les idiomes et les circonstances.

Quand il s'agit d'une langue appartenant au passé, nous en sommes réduits à des données indirectes ; quelles sont alors les ressources à utiliser pour établir le système phonologique ?

1° D'abord des *indices externes*, et avant tout le témoignage des contemporains qui ont décrit les sons et la prononciation de leur époque. Ainsi les grammairiens français des XVIe et XVIIe siècles, surtout ceux qui voulaient renseigner les étrangers, nous ont laissé beaucoup de remarques intéressantes. Mais cette source d'information est très peu sûre, parce que ces auteurs n'ont aucune méthode phonologique. Leurs descriptions sont faites avec des termes de fortune, sans rigueur scientifique. Leur témoignage doit donc être à son tour interprété. Ainsi les noms donnés aux sons fournissent des indices trop souvent ambigus : les grammairiens grecs désignaient les sonores (comme *b*, *d*, *g*) par le terme de consonnes « moyennes » (*mésai*), et les sourdes (comme *p*, *t*, *k*) par celui de *psīlai*, que les Latins traduisaient par *tenuēs*.

2º On peut trouver des renseignements plus sûrs en combinant ces premières données avec les *indices internes*, que nous classerons sous deux rubriques.

a) Indices tirés de la régularité des évolutions phonétiques.

Quand il s'agit de déterminer la valeur d'une lettre, il est très important de savoir ce qu'a été à une époque antérieure le son qu'elle représente. Sa valeur actuelle est le résultat d'une évolution qui permet d'écarter d'emblée certaines hypothèses. Ainsi nous ne savons pas exactement quelle était la valeur du *ç* sanscrit, mais comme il continue le *k* palatal indo-européen, cette donnée limite nettement le champ des suppositions.

Si, outre le point de départ, on connaît encore l'évolution parallèle de sons analogues de la même langue à la même époque, on peut raisonner par analogie et tirer une proportion.

Le problème est naturellement plus facile s'il s'agit de déterminer une prononciation intermédiaire dont on connaît à la fois le point de départ et le point d'arrivée. Le *au* français (par exemple dans *sauter*) était nécessairement une diphtongue au moyen âge, puisqu'il se trouve placé entre un plus ancien *al* et le *o* du français moderne ; et si l'on apprend par une autre voie qu'à un moment donné la diphtongue *au* existait encore, il est bien certain qu'elle existait aussi dans la période précédente. Nous ne savons pas exactement ce que figure le *z* d'un mot comme le vieux haut allemand *wazer* ; mais les points de repère sont, d'une part, le plus ancien *water*, et de l'autre, la forme moderne *wasser*. Ce *z* doit donc être un son intermédiaire entre *t* et *s* ; nous pouvons rejeter toute hypothèse qui ne serait conciliable qu'avec le *t* ou avec le *s* ; il est par exemple impossible de croire qu'il ait représenté une palatale, car entre deux articulations dentales on ne peut supposer qu'une dentale.

b) Indices contemporains. Ils sont de plusieurs espèces.

Ainsi la diversité des graphies : on trouve écrit, à une certaine époque du vieux haut allemand : *wazer*, *zehan*, *ezan*, mais jamais *wacer*, *cehan*, etc. Si d'autre part on trouve aussi *esan* et *essan*, *waser* et *wasser*, etc., on en conclura que ce *z* avait un son très voisin de *s*, mais assez différent de ce qui est représenté par *c* à la même époque. Quand plus tard on rencontrera des formes comme *wacer*, etc., cela prouvera que ces deux phonèmes, jadis nettement distincts, se sont plus ou moins confondus.

Les textes poétiques sont des documents précieux pour la connaissance de la prononciation : selon que le système de versification est fondé sur le nombre des syllabes, sur la quantité ou sur la conformité des sons (allitération, assonance, rime), ces monuments nous fourniront des renseignements sur ces divers points. Si le grec distingue certaines longues par la graphie (par exemple $\bar{o}$, noté ω), pour d'autres il néglige cette précision ; c'est aux poètes qu'il faut demander des renseignements sur la quantité de *a*, *i* et *u*. En vieux français la rime permet de connaître, par exemple, jusqu'à quelle époque les consonnes finales de *gras* et *faz* (latin, *faciō* « je fais ») ont été différentes, à partir de quel moment elles se sont rapprochées et confondues. La rime et l'assonance nous apprennent encore qu'en vieux français les *e* provenant d'un *a* latin (par exemple *père* de *patrem*, *tel* de *talem*, *mer* de *mare*) avaient un son tout différent des autres *e*. Jamais ces mots ne riment ou n'assonent avec *elle* (de *illa*), *vert* (de *viridem*), *belle* (de *bella*), etc., etc.

Mentionnons pour terminer la graphie des mots empruntés à une langue étrangère, les jeux de mots, les coq-à-l'âne, etc. Ainsi en gotique, *kawtsjo* renseigne sur la prononciation de *cautio* en bas latin. La prononciation *rwè* pour *roi* est attestée pour la fin du XVIIIe siècle par l'anecdote suivante, citée par Nyrop, *Grammaire historique de la langue française*, I^3, p. 178 : au tribunal révolutionnaire on demande à une femme si elle n'a pas dit devant témoins qu'il fallait un roi ; elle répond « qu'elle n'a point parlé d'un *roi* tel qu'était Capet ou tout autre, mais d'un *rouet maître*, instrument à filer. »

Tous ces procédés d'information nous aident à connaître dans une certaine mesure le système phonologique d'une époque et à rectifier le témoignage de l'écriture tout en le mettant à profit.

Quand il s'agit d'une langue vivante, la seule méthode rationnelle consiste : *a*) à établir le système des sons tel qu'il est reconnu par l'observation directe ; *b*) à mettre en regard le système des signes qui servent à représenter — imparfaitement — les sons. Beaucoup de grammairiens s'en tiennent encore à l'ancienne méthode, critiquée plus haut, qui consiste à dire comment chaque lettre se prononce dans la langue qu'ils veulent décrire. Par ce moyen il est impossible de présenter clairement le système phonologique d'un idiome.

Cependant, il est certain qu'on a déjà fait de grands progrès dans ce domaine, et que les phonologistes ont beaucoup contribué à réformer nos idées sur l'écriture et l'orthographe.

1. ↑. La nouvelle école, serrant de plus près la réalité, fit la guerre à la terminologie des comparatistes, et notamment aux métaphores illogiques dont elle se servait. Dés lors, on n'ose plus dire : « la langue fait ceci ou cela », ni parler de la « vie de la langue », etc., puisque la langue n'est past une

entité, et n'existe que dans les sujets parlants. Il ne faudrait pourtant pas aller trop loin, et il suffit de s'entendre. Il y a certaines images dont on ne peut se passser. Exiger qu'on ne se serve que de termes répondant aux réalités du langage, c'est prétendre que ces réalités n'ont plus de mystères pour nous. Or il s'en faut de beaucoup ; aussi n'hésiterons-nous pas à employer à l'occasion telle des expressions qui ont été blâmées à l'époque.

2. ↑ On se gardera de confondre la *sémiologie* avec la *sémantique*, qui étudie les changements de *signification*, et dont F. de S. n'a pas fait un exposé méthodique ; mais on en trouvera le principe fondamental formulé à la page 109.

3. ↑ Cf. Ad. NAVILLE, *Classification des sciences*, 2e éd., p. 104.

Appendice

Principes de phonologie

Chapitre premier

Les espèces phonologiques

§ 1.

Définition du phonème.

[Pour cette partie nous avons pu utiliser la reproduction sténographique de trois conférences faites par F. de S. en 1897 sur la *Théorie de la syllabe*, où il touche aussi aux principes généraux du premier chapitre ; en outre une bonne partie de ses notes personnelles ont trait à la phonologie ; sur bien des points elles éclairent et complètent les données fournies par les cours I et III. (*Ed.*)]

Beaucoup de phonologistes s'attachent presque exclusivement à l'acte de phonation, c'est-à-dire à la production des sons par les organes (larynx, bouche, etc.), et négligent le côté acoustique. Cette méthode n'est pas correcte : non seulement l'impression produite sur l'oreille nous est donnée aussi directement que l'image motrice des organes, mais encore c'est elle qui est la base naturelle de toute théorie.

La donnée acoustique existe déjà inconsciemment lorsqu'on aborde les unités phonologiques ; c'est par l'oreille que nous savons ce que c'est qu'un *b*, un *t*, etc. Si l'on pouvait reproduire au moyen d'un cinématographe tous les mouvements de la bouche et du larynx exécutant une chaîne de sons, il serait impossible de découvrir des subdivisions dans cette suite de mouvements articulatoires ; on ne sait où un son commence, où l'autre finit. Comment affirmer, sans l'impression acoustique, que dans *fāl*, par exemple, il y a trois unités, et non deux ou quatre ? C'est dans la chaîne de la parole entendue que l'on peut percevoir immédiatement si un son reste ou non semblable à lui-même ; tant qu'on a l'impression de quelque chose d'homogène, ce son est unique. Ce qui importe, ce n'est pas non plus sa durée en croches ou doubles croches (cf. *fāl* et *făl*), mais la qualité de l'impression. La chaîne acoustique ne se divise pas en temps égaux, mais en temps homogènes, caractérisés par l'unité d'impression, et c'est là le point de départ naturel pour l'étude phonologique.

A cet égard l'alphabet grec primitif mérite notre admiration. Chaque son simple y est représenté par un seul signe graphique, et réciproquement chaque signe correspond à un son simple, toujours le même. C'est une découverte de génie, dont les Latins ont hérité. Dans la notation du mot *bárbaros* « barbare », ΒΑΡΒΑΡΟΣ, chaque lettre correspond à un temps homogène ; dans la figure ci-dessus la ligne horizontale représente la chaîne phonique, les petites barres verticales les passages d'un son à un autre. Dans l'alphabet grec primitif, on ne trouve pas de graphies complexes comme notre « *ch* » pour *š*, ni de représentations doubles d'un son unique comme « *c* » et « *s* » pour *s*, pas non plus de signe simple pour un son double, comme « *x* » pour *ks*. Ce principe, nécessaire et suffisant pour une bonne écriture phonologique, les Grecs l'ont réalisé presque intégralement[1].

Les autres peuples n'ont pas aperçu ce principe, et leurs alphabets n'analysent pas la chaîne parlée en ses phases acoustiques homogènes. Les Cypriotes, par exemple, se sont arrêtés à des unités plus complexes, du type *pa*, *ti*, *ko*, etc. ; on appelle cette notation syllabique ; désignation quelque peu inexacte, puisqu'une syllabe peut être formée sur d'autres types encore, par exemple *pak*, *tra*, etc. Les Sémites, eux, n'ont marqué que les consonnes ; un mot comme *bárbaros* aurait été noté par eux BRBRS.

La délimitation des sons de la chaîne parlée ne peut donc reposer que sur l'impression acoustique ; mais pour leur description, il en va autrement. Elle ne saurait être faite que sur la base de l'acte articulatoire, car les unités acoustiques prises dans leur propre chaîne sont inanalysables. Il faut recourir à la chaîne des mouvements de phonation ; on remarque alors qu'au même son correspond le même acte : *b* (temps acoustique) = *b'* (temps articulatoire). Les premières unités qu'on obtient en découpant la chaîne parlée seront composées de *b* et *b'* ; on les appelle *phonèmes* ; le phonème est la somme des impressions acoustiques et des mouvements articulatoires, de l'unité entendue et de l'unité parlée, l'une conditionnant l'autre : ainsi c'est déjà une unité complexe, qui a un pied dans chaque chaîne.

Les éléments que l'on obtient d'abord par l'analyse de la chaîne parlée sont comme les anneaux de cette chaîne, des moments irréductibles qu'on ne peut pas considérer

en dehors du temps qu'ils occupent. Ainsi un ensemble comme *ta* sera toujours un moment plus un moment, un fragment d'une certaine étendue plus un autre fragment. En revanche le fragment irréductible *t*, pris à part, peut être considéré *in abstracto*, en dehors du temps. On peut parler de *t* en général, comme de l'espèce *T* (nous désignerons les espèces par des majuscules), de *i* comme de l'espèce *I*, en ne s'attachant qu'au caractère distinctif, sans se préoccuper de tout ce qui dépend de la succession dans le temps. De la même façon un ensemble musical, *do, ré, mi* ne peut être traité que comme une série concrète dans le temps ; mais si je prends un de ses éléments irréductibles, je puis le considérer *in abstracto*.

Après avoir analysé un nombre suffisant de chaînes parlées appartenant à diverses langues, on arrive à connaître et à classer les éléments avec lesquels elles opèrent ; on constate alors que, si l'on néglige des nuances acoustiquement indifférentes, le nombre des espèces données n'est pas indéfini. On en trouvera la liste et la description détaillée dans les ouvrages spéciaux[2] ; ici nous voudrions montrer sur quels principes constants et très simples toute classification de ce genre est fondée.

Mais disons tout d'abord quelques mots de l'appareil vocal, du jeu possible des organes et du rôle de ces mêmes organes comme producteurs du son.

§ 2.

L'appareil vocal et son fonctionnement[3].

1. Pour la description de l'appareil, nous nous bornons à une figure schématique, où *A* désigne la cavité nasale, *B* la cavité buccale, *C* le larynx, contenant la glotte з entre les deux cordes vocales.

Dans la bouche il est essentiel de distinguer les lèvres α et *a*, la langue β — γ (β désignant la pointe et γ tout le reste), les dents supérieures *d*, le palais, comprenant une partie antérieure, osseuse et inerte *f-h*, et une partie postérieure, molle et mobile ou voile du palais *i*, enfin la luette δ.

Les lettres grecques désignent les organes actifs dans l'articulation, les lettres latines les parties passives.

La glotte ε, formée de deux muscles parallèles ou cordes vocales, s'ouvre par leur

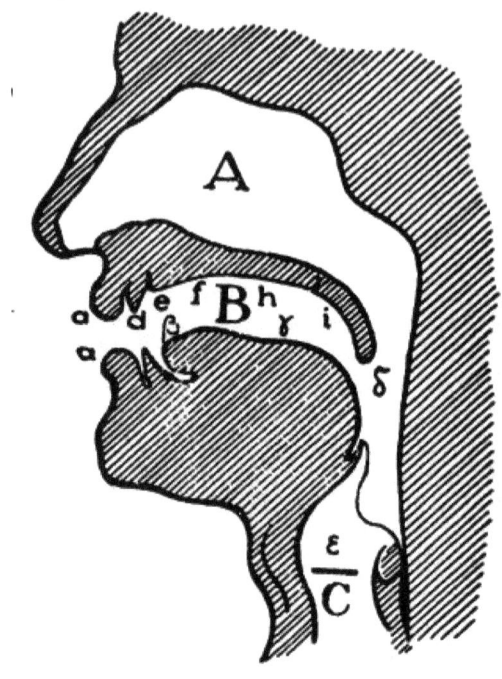

écartement ou se ferme par leur resserrement. La fermeture complète n'entre pour ainsi dire pas en ligne de compte ; quant à l'ouverture, elle est tantôt large, tantôt étroite. Dans le premier cas, l'air passant librement, les cordes vocales ne vibrent pas ; dans le second, le passage de l'air détermine des vibrations sonores. Il n'y a pas d'autre alternative dans l'émission normale des sons.

La cavité nasale est un organe tout à fait immobile ; le passage de l'air peut être arrêté par le relèvement de la luette δ, rien de plus ; c'est une porte ouverte ou fermée.

Quant à la cavité buccale, elle offre un jeu possible très varié : on peut augmenter la longueur du canal par les lèvres, enfler ou desserrer les joues, rétrécir et même fermer la cavité par les mouvements infiniment divers des lèvres et de la langue.

Le rôle de ces mêmes organes comme producteurs du son est en raison directe de leur mobilité : même uniformité dans la fonction du larynx et de la cavité nasale, même diversité dans celle de la cavité buccale.

L'air chassé des poumons traverse d'abord la glotte, il y a production possible d'un son laryngé par rapprochement des cordes vocales. Mais ce n'est pas le jeu du larynx qui peut produire les variétés phonologiques permettant de distinguer et de classer les sons de la langue ; sous ce rapport le son laryngé est uniforme. Perçu directement, tel qu'il est émis par la glotte, il nous apparaîtrait à peu près invariable dans sa qualité.

Le canal nasal sert uniquement de résonateur aux vibrations vocales qui le traversent ; il n'a donc pas non plus le rôle de producteur de son.

Au contraire, la cavité buccale cumule les fonctions de générateur de son et de résonateur. Si la glotte est largement ouverte, aucune vibration laryngienne ne se produit, et le son qu'on percevra n'est parti que de la cavité buccale (nous laissons au physicien le soin de décider si c'est un son ou simplement un bruit). Si au contraire le rapprochement des cordes vocales fait vibrer la glotte, la bouche intervient principalement comme modificateur du son laryngé.

Ainsi, dans la production du son, les facteurs qui peuvent entrer en jeu sont l'expiration, l'articulation buccale, la vibration du larynx et la résonance nasale.

Mais énumérer ces facteurs de production du son, ce n'est pas encore déterminer les éléments différentiels des phonèmes. Pour classer ces derniers, il importe bien moins de savoir en quoi ils consistent que ce qui les distingue les uns des autres. Or un facteur négatif peut avoir plus d'importance pour la classification qu'un facteur positif. Par exemple l'expiration, élément positif, mais qui intervient dans tout acte phonatoire, n'a pas de valeur différenciatrice ; tandis que l'absence de résonance nasale, facteur négatif, servira, aussi bien que sa présence, à caractériser des phonèmes. L'essentiel est donc que deux des facteurs énumérés plus haut, sont constants, nécessaires et suffisants pour la production du son :

    a) l'expiration,
    b) l'articulation buccale,

tandis que les deux autres peuvent manquer ou se surajouter aux premiers :

    c) la vibration du larynx,
    d) la résonance nasale.

D'autre part, nous savons déjà que a, c et d sont uniformes, tandis que b comporte des variétés infinies.

En outre il faut se souvenir qu'un phonème est identifié quand on a déterminé l'acte phonatoire, et que réciproquement on aura déterminé toutes les espèces de phonèmes en identifiant tous les actes phonatoires. Or ceux-ci, comme le montre notre classification des facteurs en jeu dans la production du son, ne se trouvent différenciés que par les trois derniers. Il faudra donc établir pour chaque phonème : quelle est son articulation buccale, s'il comporte un son laryngé (∾) ou non ([ ]), s'il comporte une résonance nasale (....) ou non ([ ]). Quand l'un de ces trois éléments n'est pas déterminé, l'identification du son est incomplète ; mais dès qu'ils sont connus tous les trois, leurs combinaisons diverses déterminent toutes les espèces essentielles d'actes phonatoires.

On obtient ainsi le schéma des variations possibles :

	I	II	III	IV
a	Expiration	Expiration	Expiration	Expiration
b	Art. bucc.	Art. bucc.	Art. bucc.	Art. bucc.
c	[ ]	∾	[ ]	∾
d	[ ]	[ ]	.....	.....

La colonne I désigne les sons *sourds*, II les sons *sonores*, III les sons sourds nasalisés, IV les sons sonores nasalisés.

Mais une inconnue subsiste : la nature de l'articulation buccale ; il importe donc d'en déterminer les variétés possibles.

§ 3.

Classification des sons d'après leur articulation buccale.

On classe généralement les sons d'après le lieu de leur articulation. Notre point de départ sera différent. Quelle que soit la place de l'articulation, elle présente toujours une certaine *aperture*, c'est-à-dire un certain degré d'ouverture entre deux limites extrêmes qui sont : l'occlusion complète et l'ouverture maximale. Sur cette base, et en allant de l'aperture minimale à l'aperture maximale, les sons seront classés en sept catégories désignées par les chiffres 0, 1, 2, 3, 4, 5, 6. C'est seulement à l'intérieur de chacune d'elles que nous répartirons les phonèmes en divers types d'après le lieu de leur articulation propre.

Nous nous conformerons à la terminologie courante, bien qu'elle soit imparfaite ou incorrecte sur plusieurs points : des termes tels que gutturales, palatales, dentales, liquides, etc. sont tous plus ou moins illogiques. Il serait plus rationnel de diviser le palais en un certain nombre d'aires ; de la sorte, et en tenant compte de l'articulation linguale, on pourrait toujours dire vis-à-vis de quel point se trouve dans chaque cas le resserrement principal. Nous nous inspirerons de cette idée, et, utilisant les lettres de la figure p. 67, nous symboliserons chaque articulation par une formule où le chiffre d'aperture se trouve placé entre la lettre grecque marquant l'organe actif (à gauche) et la lettre latine désignant l'organe passif (à droite). Ainsi β 0 e veut dire qu'avec le degré d'aperture correspondant à l'occlusion complète, la pointe de la langue β s'applique contre les alvéoles des dents supérieures e.

Enfin, dans l'intérieur de chaque articulation, les diverses espèces de phonèmes se distinguent par les concomitances — son laryngé et résonance nasale — dont l'absence aussi bien que la présence sera un élément de différenciation.

C'est d'après ce principe que nous allons classer les sons. Il s'agit d'un simple schéma de classification rationnelle ; on ne doit donc pas s'attendre à y trouver des phonèmes d'un caractère complexe ou spécial, quelle que soit leur importance pratique, par exemple les aspirées (*ph*, *dh*, etc.), les affriquées (*ts*, *dž*, *pf*, etc.), les consonnes mouillées, les voyelles faibles (*ǝ* ou *e* muet, etc.), ni inversement des phonèmes simples qui sont dépourvus d'importance pratique et n'entrent pas en ligne de compte comme sons différenciés.

A. — APERTURE ZÉRO : OCCLUSIVES. Cette classe renferme tous les phonèmes obtenus par la fermeture complète, l'occlusion hermétique mais momentanée de la cavité buccale. Il n'y a pas lieu d'examiner si le son est produit au moment de la fermeture ou à celui de l'ouverture ; en réalité il peut se produire des deux manières (voir p. 79 sv.).

D'après le lieu d'articulation on distingue trois types principaux d'occlusives : le type labial (*p*, *b*, *m*), le type dental (*t*, *d*, *n*), le type dit guttural (*k*, *g*, *ṅ*).

Le premier s'articule avec les deux lèvres ; dans le second l'extrémité de la langue s'applique sur l'avant du palais ; dans le troisième le dos de la langue est en contact avec l'arrière du palais.

Dans beaucoup de langues, notamment en indo-européen, on distingue nettement deux articulations gutturales, l'une, palatale, sur *f-h*, l'autre, vélaire, sur *i*. Mais ailleurs, en français par exemple, on néglige cette différence, et l'oreille assimile un *k* d'arrière, comme celui de *court*, à un *k* d'avant, comme celui de *qui*.

Le tableau suivant montre les formules de ces divers phonèmes :

LABIALES			DENTALES			GUTTURALES		
p	*b*	*(m)*	*t*	*d*	*(n)*	*k*	*g*	*(ṅ)*
α 0 a	α 0 a	α 0 a	β 0 e	β 0 e	β 0 e	γ 0 h	γ 0 h	γ 0 h

[]	~~	~~	[]	~~	~~	[]	~~	~~
[[	[]	.....	[]	[]	.....	[]	[]	.....

Les nasales *m, n, ṅ* sont proprement des occlusives sonores nasalisées ; quand on prononce *amba*, la luette se relève pour fermer les fosses nasales au moment où l'on passe de *m* à *b*.

En théorie chaque type possède une nasale sans vibration glottale, ou sourde ; c'est ainsi que dans les langues scandinaves *m* sourd existe après une sourde ; on en trouverait aussi des exemples en français, mais les sujets parlants n'y voient pas un élément différentiel.

Les nasales figurent entre parenthèses dans le tableau ; en effet si leur articulation comporte une fermeture complète de la bouche, l'ouverture du canal nasal leur confère un caractère d'aperture supérieur (voir classe C).

B. — APERTURE 1 ; FRICATIVES OU SPIRANTES, caractérisées par une fermeture incomplète de la cavité buccale, permettant le passage de l'air. Le terme de spirante est tout à fait général ; celui de fricative, sans rien dire sur le degré de fermeture, rappelle l'impression de frottement produite par le passage de l'air (lat. *fricāre*).

Dans cette classe on ne peut plus s'en tenir à trois types, comme dans la première catégorie. D'abord les labiales proprement dites (correspondant aux occlusives *p* et *b*), sont d'un emploi très rare ; nous en faisons abstraction ; elles sont ordinairement remplacées par les labio-dentales, produites par le rapprochement de la lèvre inférieure et des dents (*f* et *v* français) ; les dentales se divisent en plusieurs variétés, suivant la forme que prend l'extrémité de la langue dans le resserrement ; sans les détailler, nous désignerons par β, β' et β″ les diverses formes de la pointe de la langue. Dans les sons qui intéressent le palais, l'oreille distingue généralement une articulation d'avant (palatales) et une articulation d'arrière (vélaires)[4].

LABIO-DENT.		**DENTALES**					
f	v	þ	đ	s	z	š	ž
α l *d*	α l *d*	β l *d*	β l *d*	β' l *d*	β' l *d*	β″ l *d*	β″ l *d*
[]	~~	[]	~~	[]	~~	[]	~~
[]	[]	[]	[]	[]	[]	[]	[]

PALATALES		**GUTURALES**	
χ'	γ'	χ	γ

ɣ 1 *f*	ɣ 1 *f*	ɣ 1 *i*	ɣ 1 *i*		
[]	∼∼	[]	∼∼		
		[]	[]	[]	
þ	=	anglais	*th*	dans	*thing*
ð	=	"	*th*	"	*then*
s	=	français	*s*	"	*si*
z	=	"	*s*	"	*rose*
š	=	"	*ch*	"	*chant*
ž	=	"	*g*	"	*génie*
χ'	=	allemand	*ch*	"	*ich*
γ'	=	all. Nord	*g*	"	*liegen*
χ	=	allemand	*ch*	"	*Bach*
γ	=	all. Nord	*g*	"	*Tage*

Y a-t-il dans les fricatives ce qui correspondrait à *n*, *m*, *ṅ*, etc. dans les occlusives, c'est-à-dire un *v* nasal, un *z* nasal, etc. ? Il est facile de le supposer ; ainsi on entend un *v* nasal dans le français *inventer* ; mais en général la fricative nasale n'est pas un son dont la langue ait conscience.

C. — APERTURE 2 : NASALES (voir plus haut, p. 72).

D. — APERTURE 3 : LIQUIDES.

Deux sortes d'articulations relèvent de cette classe :

1) L'articulation *latérale* : la langue appuie contre la partie antérieure du palais, mais en laissant une ouverture à droite et à gauche, position figurée par un *l* dans nos formules. D'après le lieu d'articulation, on distingue *l* dental, *l'* palatal ou « mouillé » et *l* guttural ou vélaire. Dans presque toutes les langues ces phonèmes sont des sonores, au même titre que *b*, *z*, etc. Cependant la sourde n'est pas impossible ; elle existe même en français, où un *l* suivant une sourde sera prononcé sans le son laryngé (par exemple dans *pluie*, par opposition à *bleu*) ; mais nous n'avons pas conscience de cette différence.

Inutile de parler de *l* nasal, très rare et non différencié, bien qu'il existe, surtout après un son nasal (par exemple dans le français *branlant*).

2) L'articulation *vibrante* : la langue est moins rapprochée du palais que pour *l*, mais elle vibre, avec un nombre d'ailleurs variable de battements (signe *ỵ* dans les formules), et par là on obtient un degré d'aperture équivalent à celui des latérales. Cette vibration peut être

produite de deux façons : avec la pointe de la langue appliquée en avant sur les alvéoles (*r* dit « roulé » du français), ou en arrière, avec la partie postérieure de la langue (*r* grasseyé). On peut répéter à propos des vibrantes sourdes ou nasales ce qui a été dit des latérales.

l	*l'*	*ł*		r
$β^l$ 3 *e*	$γ^l$ 3 *f-h*	$γ^l$ 3 *i*	$β^v$ 3 *e*	$γ$ 3 $δ^v$
~~	~~~	~~~	~~~	~~~
[]	[]	[]	[]	[]

Au delà du degré 3, nous entrons dans un autre domaine : des *consonnes* nous passons aux *voyelles*. Jusqu'ici, nous n'avons pas fait prévoir cette distinction ; c'est que le mécanisme de la phonation reste le même. La formule d'une voyelle est exactement comparable à celle de n'importe quelle consonne sonore. Au point de vue de l'articulation buccale, il n'y a pas de distinction à faire. Seul l'effet acoustique est différent. Passé un certain degré d'aperture, la bouche fonctionne principalement comme résonateur. Le timbre du son laryngé apparaît pleinement et le bruit buccal s'efface. Plus la bouche se ferme, plus le son laryngé est intercepté ; plus on l'ouvre, plus le bruit diminue ; c'est ainsi que, tout à fait mécaniquement, le son prédomine dans la voyelle.

E. — APERTURE 4 : *i u ü*.

Par rapport aux autres voyelles, ces sons supposent une fermeture encore considérable, assez voisine de celle des consonnes. Il en résulte certaines conséquences qui apparaîtront plus tard, et qui justifient le nom de *semi-voyelles* donné généralement à ces phonèmes.

i se prononce avec lèvres tirées (signe ⁻) et articulation d'avant, *u* avec lèvres arrondies (signe °) et articulation d'arrière, *ü* avec la position des lèvres de *u* et l'articulation de *i*.

Comme toutes les voyelles, *i u ü* ont des formes nasalisées ; mais elles sont rares et nous pouvons en faire abstraction. Il est à remarquer que les sons écrits *in* et *un* dans l'orthographe française correspondent à autre chose (voir plus bas).

Existe-t-il un *i* sourd, c'est-à-dire articulé sans le son laryngé ? La même question se pose pour *u* et *ü* et pour toutes les voyelles ; ces phonèmes, qui correspondraient aux consonnes sourdes, existent, mais ne doivent pas être confondus avec les voyelles chuchotées, c'est-à-dire articulées avec la glotte relâchée. On peut assimiler les voyelles sourdes aux *h* aspirés prononcés devant elles ; ainsi dans *hi* on entend d'abord un *i* sans vibration, puis un *i* normal.

i	*u*	*ü*

⁻ɣ4*f*	°ɣ4*i*	°ɣ4*f*
~~	~~~	~~~
[]	[]	[]

F. — APERTURE 5 : *e o ö*, dont l'articulation correspond respectivement à celle de *i u ü*. Les voyelles nasalisées sont fréquentes (*ẽ õ ö̃*, par exemple en français dans *pin, pont, brun*). Les formes sourdes sont l'*h* aspiré de *he ho hö*.

N. B. — Beaucoup de langues distinguent ici plusieurs degrés d'aperture ; ainsi le français a au moins deux séries, l'une dite fermée *ẹ ọ ọ̈* (p. ex. dans *dé, dos, deux*), l'autre ouverte *ę ǫ ǫ̈* (p. ex. dans *mer, mort, meurt*).

e	*o*	*ö*	*ẽ*	*õ*	*ö̃*
⁻ɣ5*f*	°ɣ5*i*	°ɣ5*f*	⁻ɣ5*f*	°ɣ5*i*	°ɣ5*f*
~~	~~~	~~~	~~~	~~~	~~~
[]	[]	[]	.....	.....	.....

G. — APERTURE 6 : *a*, ouverture maximale, qui a une forme nasalisée, un peu plus resserrée, il est vrai, *ã* (par exemple dans *grand*), et une forme sourde, l'*h* de *ha*.

a	*ā*
ɣ6*h*	ɣ6*h*
~~	~~~
[]	.....

Chapitre II

Le phonème dans la chaine parlée

§1.

Nécessité d'étudier les sons dans la chaîne parlée.

On peut trouver dans les traités spéciaux et surtout dans les ouvrages des phonéticiens anglais de minutieuses analyses des sons du langage.

Suffisent-elles pour que la phonologie réponde à sa destination de science auxiliaire de la linguistique ? Tant de détails accumulés n'ont pas de valeur en eux-mêmes ; la synthèse importe seule. Le linguiste n'a nul besoin d'être un phonologiste consommé ; il demande simplement qu'on lui fournisse un certain nombre de données nécessaires pour l'étude de la langue.

Sur un point la méthode de cette phonologie est particulièrement en défaut ; elle oublie trop qu'il y a dans la langue non seulement des sons, mais des étendues de sons parlés ; elle n'accorde pas encore assez d'attention à leurs rapports réciproques. Or ce n'est pas cela qui nous est donné d'abord ; la syllabe s'offre plus directement que les sons qui la composent. On a vu que certaines écritures primitives ont marqué les unités syllabiques : ce n'est que plus tard qu'on est arrivé au système alphabétique.

En outre, ce n'est jamais une unité simple qui embarrasse en linguistique : si, par exemple, à un moment donné, dans une langue donnée, tout *a* devient *o*, il n'en résulte rien ; on peut se borner à constater le phénomène, sans chercher à l'expliquer phonologiquement. La science des sons ne devient précieuse que lorsque deux ou plusieurs éléments se trouvent impliqués dans un rapport de dépendance interne ; car il y a une limite aux variations de l'un d'après les variations de l'autre ; le fait seul qu'il y a deux éléments entraîne un rapport et une règle, ce qui est très différent d'une constatation. Dans la recherche du principe phonologique, la science travaille donc à contresens en marquant sa prédilection pour les sons isolés. Il suffit de deux phonèmes pour qu'on ne sache plus où on en est. Ainsi en vieux haut allemand *hagl, balg, wagn, lang, donr, dorn,* sont devenus plus tard *hagal, balg, wagan, lang, donnar, dorn* ; ainsi, selon la nature et l'ordre de succession en groupe, le résultat est différent : tantôt une voyelle se développe entre deux consonnes, tantôt le groupe reste compact. Mais comment formuler la loi ? D'où provient la différence ? Sans doute des groupes de consonnes (*gl, lg, gn,* etc.) contenus dans ces mots. Il est bien clair qu'ils se composent d'une occlusive qui dans un des cas est précédée, et dans l'autre suivie d'une liquide ou d'une nasale ; mais qu'en résulte-t-il ? Aussi longtemps que *g* et *n* sont supposés quantités homogènes, on ne comprend pas pourquoi le contact *g-n* produirait d'autres effets que *n-g*.

A côté de la phonologie des espèces, il y a donc place pour une science qui prend pour point de départ les groupes binaires et les consécutions de phonèmes, et c'est tout autre chose. Dans l'étude des sons isolés, il suffit de constater la position des organes ; la qualité acoustique du phonème ne fait pas question ; elle est fixée par l'oreille ; quant à l'articulation, on a toute liberté de la produire à son gré. Mais dès qu'il s'agit de prononcer deux sons combinés, la question est moins simple ; on est obligé de tenir compte de la discordance possible entre l'effet cherché et l'effet produit ; il n'est pas toujours en notre pouvoir de prononcer ce que nous avons voulu. La liberté de lier des espèces phonologiques est limitée par la possibilité de lier les mouvements articulatoires. Pour rendre compte de ce qui se passe dans les groupes, il y a à établir une phonologie où ceux-ci seraient considérés comme des équations algébriques ; un groupe binaire implique un certain nombre d'éléments mécaniques et acoustiques qui se conditionnent réciproquement ; quand l'un varie, cette variation a sur les autres une répercussion nécessaire qu'on pourra calculer.

Si dans le phénomène de la phonation quelque chose offre un caractère universel qui s'annonce comme supérieur à toutes les diversités locales des phonèmes, c'est sans doute cette mécanique réglée dont il vient d'être question. On voit par là l'importance que la phonologie des groupes doit avoir pour la linguistique générale. Tandis qu'on se borne généralement à donner des règles pour articuler tous les sons, éléments variables et accidentels des langues, cette phonologie combinatoire circonscrit les possibilités et fixe les relations constantes des phonèmes interdépendants. Ainsi le cas de *hagl*, *balg*, etc. (voir p. 78), soulève la question si discutée des sonantes indo-européennes ; or c'est le domaine où l'on peut le moins se passer d'une phonologie ainsi conçue, car la syllabation est pour ainsi dire le seul fait qu'elle mette en jeu du commencement à la fin. Ce n'est pas l'unique problème qu'on ait à résoudre par cette méthode ; mais un fait est certain : il devient presque impossible de discuter la question des sonnantes en dehors d'une appréciation exacte des lois qui régissent la combinaison des phonèmes.

§ 2.

L'implosion et l'explosion.

Nous partons d'une observation fondamentale : quand on prononce un groupe *appa*, on perçoit une différence entre les deux *p*, dont l'un correspond à une fermeture, le second à une ouverture. Ces deux impressions sont assez analogues pour qu'on ait représenté la suite *pp* par un seul *p* (voir p. 66, note). Cependant c'est cette différence qui nous permet de distinguer par des signes spéciaux (> <) les deux *p* de *appa* (*ap>p<a*) et de les caractériser quand ils ne se suivent pas dans la chaîne (cf. *ap>ta*, *atp<a*). La même distinction peut se poursuivre au delà des occlusives et s'applique aux fricatives (*af>f<a*), aux nasales *am>m<a*, aux liquides (*al>l<a*), et en général à tous les phonèmes jusqu'aux voyelles (*ao>o<a*) sauf *a*.

On a appelé la fermeture *implosion* et l'ouverture *explosion* ; un *p* est dit implosif (*p>*) ou explosif (*p<*). Dans le même sens on peut parler de sons *fermants* et de sons *ouvrants*.

Sans doute, dans un groupe comme *appa*, on distingue, outre l'implosion et l'explosion, un temps de repos dans lequel l'occlusion se prolonge *ad libitum*, et s'il s'agit d'un phonème d'aperture plus grande, comme dans le groupe *alla*, c'est l'émission du son lui-même qui continue dans l'immobilité des organes. D'une façon générale, il y a dans toute chaîne parlée de ces phases intermédiaires que nous appellerons *tenues* ou *articulations sistantes*. Mais elles peuvent être assimilées aux articulations implosives, parce que leur effet est analogue ; il ne sera tenu compte dans la suite que des implosions ou des explosions[5].

Cette méthode, qui ne serait pas admissible dans un traité complet de phonologie, se justifie dans un exposé qui ramène à un schéma aussi simple que possible le phénomène de la syllabation considéré dans son facteur essentiel ; nous ne prétendons pas résoudre par là toutes les difficultés que soulève la division de la chaîne parlée en syllabes, mais poser seulement une base rationnelle pour l'étude de ce problème.

Encore une remarque. Il ne faut pas confondre les mouvements fermants et ouvrants que nécessite l'émission des sons avec les diverses apertures de ces sons eux-mêmes. N'importe quel phonème peut être aussi bien implosif qu'explosif ; mais il est vrai que l'aperture influe sur l'implosion et l'explosion, en ce sens que la distinction des deux mouvements devient d'autant moins nette que l'aperture du son est plus grande. Ainsi avec *i u ü*, on perçoit encore très bien la différence ; dans *ai>i<a*, il est possible de saisir un *i* fermant et un *i* ouvrant ; de même dans *au>u<a*, *aü>ü<a* on distingue nettement le son implosif du son explosif qui suit, à tel point que, contrairement à son habitude, l'écriture marque parfois cette distinction ; le *w* anglais, le *j* allemand et souvent le *y* français (dans *yeux*, etc.) représentent des sons ouvrants (*u<*, *i<*) par opposition à *u* et *i* qui sont employés pour *u>* et *i>*. Mais à un degré d'aperture plus élevé (*e* et *o*), l'implosion et l'explosion, théoriquement concevables (cf. *ae>e<a, ao>o<a*), sont très malaisées à distinguer en pratique. Enfin, comme on l'a vu plus haut, au degré le plus élevé, *a* ne présente plus ni implosion ni explosion, car pour ce phonème l'aperture efface toute différence de ce genre.

Il faut donc dédoubler le tableau des phonèmes sauf pour a, et établir comme suit la liste des unités irréductibles :

p> p<, etc.
f> f<, etc.
m> m<, etc.
r> r<, etc.
i> y<, etc.
e> e<, etc.
a.

Loin de supprimer les distinctions consacrées par la graphie (*y w*), nous les gardons soigneusement ; la justification de ce point de vue se trouve plus loin, § 7.

Pour la première fois, nous sommes sortis de l'abstraction ; pour la première fois apparaissent des éléments concrets, indécomposables, occupant une place et représentant un temps dans la chaîne parlée ; on peut dire que *P* n'était rien sinon une unité abstraite réunissant les caractères communs de *p>* et de *p<*, qui seuls se rencontrent dans la réalité, exactement de même que *B P M* sont réunis dans une abstraction supérieure, les labiales. On parle de *P* comme on parlerait d'une espèce zoologique ; il y a des exemplaires mâles et femelles, mais pas d'exemplaire idéal de l'espèce. Ce sont ces abstractions que nous avons distinguées et classées jusqu'ici ; mais il était nécessaire d'aller au delà et d'atteindre l'élément concret.

Ce fut une grande erreur de la phonologie de considérer comme des unités réelles ces abstractions, sans examiner de plus près la définition de l'unité. L'alphabet grec était arrivé à distinguer ces éléments abstraits, et l'analyse qu'il suppose était, nous l'avons dit, des plus remarquables ; mais c'était pourtant une analyse incomplète, arrêtée à un certain degré.

En effet qu'est-ce qu'un *p*, sans autre détermination ? Si on le considère dans le temps, comme membre de la chaîne parlée, ce ne peut être ni *p<* spécialement, ni *p>*, encore moins *p>p<*, ce groupe étant nettement décomposable ; et si on le prend en dehors de la chaîne et du temps, ce n'est plus qu'une chose qui n'a pas d'existence propre et dont on ne peut rien faire. Que signifie en soi un groupe tel que *l* + *g* ? Deux abstractions ne peuvent former un moment dans le temps. Autre chose est de parler de *l>k>*, de *l<k<*, de *l>k<*, de *l<k>*, et de réunir ainsi les véritables éléments de la parole. L'on voit pourquoi il suffit de deux éléments pour embarrasser la phonologie traditionnelle, et ainsi se trouve démontrée l'impossibilité de procéder, comme elle le fait, par unités phonologiques abstraites.

On a émis la théorie que dans tout phonème simple considéré dans la chaîne, par exemple *p* dans *pa* ou *apa*, il y a successivement une implosion et une explosion (*a>p<a*). Sans doute toute ouverture doit être précédée d'une fermeture ; pour prendre un autre exemple encore, si je dis *r>p<* je devrai, après avoir opéré la fermeture du *r*, articuler avec la luette un *r* ouvrant pendant que l'occlusion du *p* se forme vers les lèvres. Mais pour répondre à cette objection, il suffit de bien spécifier quel est notre point de vue. Dans l'acte phonatoire que nous allons analyser, nous ne tenons compte que des éléments différentiels, saillants pour l'oreille et capables de servir à une délimitation des unités acoustiques dans la chaîne parlée. Seules ces unités acoustico-motrices doivent être considérées ; ainsi l'articulation du *r* explosif qui accompagne celle du *p* explosif est pour nous inexistante, parce qu'elle ne produit pas un son perceptible, ou du moins qu'elle ne compte pas dans la chaîne des phonèmes. C'est là un point essentiel dont il faut bien se pénétrer pour comprendre les développements qui suivent.

§ 3.

Combinaisons diverses des explosions et des implosions dans la chaîne.

Voyons maintenant ce qui doit résulter de la consécution des explosions et des implosions dans les quatre combinaisons théoriquement possibles : 1° <>, 2° ><, 3° <<, 4° >>.

1° Groupe EXPLOSIVO-IMPLOSIF (<>). On peut toujours, sans rompre la chaîne parlée, joindre deux phonèmes dont l'un est explosif et le second implosif. Ex. : *k<r>*, *k<i>*, *y<m>*, etc. (cf. sanscrit *k<r>ta-*, français *k<i>te* « quitter », indo-europ. *y<m>to-*, etc.). Sans doute, certaines combinaisons, telles que *k>t>*, etc., n'ont pas un effet acoustique susceptible de réalisation pratique, mais il n'en est pas moins vrai qu'après avoir articulé un *k* ouvrant, les organes sont dans la position voulue pour procéder à un resserrement sur un point quelconque. Ces deux phases phonatoires peuvent se succéder sans se gêner mutuellement.

2° Groupe IMPLOSIVO-EXPLOSIF (><). Dans les mêmes conditions, et sous les mêmes réserves, il n'y a aucune impossibilité à joindre deux phonèmes dont l'un est implosif et le second explosif ; ainsi *i*>*m*<, *k*>*t*<, etc. (cf. grec *haîma*, français *actif*, etc.).

Sans doute ces moments articulatoires successifs ne se suivent pas aussi naturellement que dans le cas précédent. Il y a entre une première implosion et une première explosion cette différence que l'explosion, tendant à une attitude neutre de la bouche, n'engage pas le moment suivant, tandis que l'implosion crée une position déterminée qui ne peut pas servir de point de départ à une explosion quelconque. Il faut donc toujours quelque mouvement d'accommodation destiné à obtenir la position des organes nécessaire pour l'articulation du second phonème ; ainsi, pendant qu'on exécute le *s* d'un groupe *s*>*p*<, il faut fermer les lèvres pour préparer le *p* ouvrant. Mais l'expérience montre que ce mouvement d'accommodation ne produit rien d'appréciable, si ce n'est un de ces sons furtifs dont nous n'avons pas à tenir compte, et qui ne gênent en aucun cas la suite de la chaîne.

3° CHAÎNON EXPLOSIF (<<). Deux explosions peuvent se produire consécutivement ; mais si la seconde appartient à un phonème d'aperture moindre ou d'aperture égale, on n'aura pas la sensation acoustique d'unité qu'on trouvera dans le cas contraire et que présentaient les deux cas précédents ; *p*<*k*< peut se prononcer (*p*<*k*<*a*), mais ces sons ne forment pas chaîne, parce que les espèces *P* et *K* sont d'égale aperture. C'est cette prononciation peu naturelle qu'on obtiendrait en s'arrêtant après le premier *a* de *cha-p*<*k*<*a*[6]. Au contraire *p*<*r*< donne une impression de continuité (cf. *prix*) ; *r*<*y*< ne fait pas davantage difficulté (cf. *rien*). Pourquoi ? C'est qu'à l'instant où la première explosion se produit, les organes ont déjà pu se placer dans la position voulue pour exécuter la deuxième explosion sans que l'effet acoustique de la première en ait été gêné ; par exemple dans *prix*, pendant qu'on prononce *p*, les organes se trouvent déjà en *r*. Mais il est impossible de prononcer en chaînon continu la série inverse *r*<*p*< ; non pas qu'il soit mécaniquement impossible de prendre la position de *p*< en même temps qu'on articule un *r*< ouvrant, mais parce que le mouvement de cet *r*<, rencontrant l'aperture moindre de *p*<, ne pourra pas être perçu. Si donc on veut faire entendre *r*<*p*<, il faudra s'y prendre à deux fois et l'émission sera rompue.

Un chaînon explosif continu peut comprendre plus de deux éléments, pourvu qu'on passe toujours d'une ouverture moindre à une ouverture plus grande (par exemple *k<r<w<a*). En faisant abstraction de certains cas particuliers sur lesquels nous ne pouvons insister[7], on peut dire que le nombre possible des explosions trouve sa limite naturelle dans le nombre des degrés d'aperture qu'on peut pratiquement distinguer.

4° Le CHAÎNON IMPLOSIF (>>) est régi par la loi inverse. Tant qu'un phonème est plus ouvert que le suivant, on a l'impression de continuité (par exemple *i>r>*, *r>t>*), si cette condition n'est pas remplie, si le phonème suivant est plus ouvert ou de même aperture que le précédent, la prononciation reste possible, mais l'impression de continuité n'est plus là : ainsi *s>r>* de *a>s>r>ta* a le même caractère que le groupe *p>k>* de *cha-pka* (voir plus haut, p. 84 sv.). Le phénomène est entièrement parallèle à celui que nous avons analysé dans le chaînon explosif : dans *r>t>*, le *t>*, en vertu de son degré d'aperture inférieur, dispense *r>* de l'explosion ; ou, si l'on prend un chaînon dont les deux phonèmes ne s'articulent pas au même point, comme *r>m>*, l'*m>* ne dispense pas l'*r>* d'exploser, mais, ce qui revient au même, il en couvre complètement l'explosion au moyen de son articulation plus fermée. Sinon, comme dans le cas inverse *m>r>*, l'explosion furtive, mécaniquement indispensable, vient rompre la chaîne parlée.

On voit que le chaînon implosif, comme le chaînon explosif, peut comprendre plus de deux éléments, si chacun d'eux a une ouverture supérieure à celui qui suit (cf. *a>r>s>t*).

Laissant de côté les ruptures de chaînons, plaçons-nous maintenant devant la chaîne continue normale, qu'on pourrait appeler « physiologique », telle qu'elle est représentée par le mot français *particulièrement*, soit *p<a>r>t<i>k<ü>l<y<e>r>m<ã>*. Elle est caractérisée par une succession de chaînons explosifs et implosifs gradués, correspondant à une succession d'ouvertures et de fermetures des organes buccaux.

La chaîne normale ainsi définie donne lieu aux constatations suivantes, dont l'importance est capitale.

§ 4.

Frontière de syllabe et point vocalique.

Si dans une chaîne de sons on passe d'une implosion à une explosion (>|<), on obtient un effet particulier qui est l'indice de la *frontière de syllabe*, par exemple dans *i>k<* de *particulièrement*. Cette coïncidence régulière d'une condition mécanique avec un effet acoustique déterminé assure au groupe implosivo-explosif une existence propre dans l'ordre phonologique : son caractère persiste quelles que soient les espèces dont il est composé ; il constitue un genre contenant autant d'espèces qu'il y a de combinaisons possibles.

La frontière syllabique peut être, dans certains cas, placée en deux points différents d'une même série de phonèmes, suivant qu'on passe plus ou moins vite de l'implosion à l'explosion. Ainsi dans un groupe *ardra*, la chaîne n'est pas rompue, qu'on coupe *a>r>d<r<a>* ou *a>r>d>r<a>*, puisque *a>r>d>*, chaînon implosif, est aussi bien gradué que *d<r<*, chaînon explosif. Il en serait de même pour *ülye* de *particulièrement*, (*ü>l<y<e>* ou *ü>l>y<e>*).

En second lieu, nous remarquerons qu'à l'endroit où l'on passe d'un silence à une première implosion (>), par exemple dans *a>rt* de *artiste*, ou d'une explosion à une implosion (<>), comme dans *p<a>rt* de *particulièrement*, le son où se produit cette première implosion se distingue des sons voisins par un effet propre, qui est l'effet vocalique. Celui-ci ne dépend pas du tout du degré d'ouverture plus grand du son *a*, car dans *p<r>t*, *r* le produit aussi bien ; il est inhérent à la première implosion, quelle que soit son espèce phonologique, c'est-à-dire son degré d'aperture ; peu importe aussi qu'elle vienne après un silence ou une explosion. Le son qui donne cette impression par son caractère de première implosive peut être appelé *point vocalique*.

On a donné aussi à cette unité le nom de *sonante*, en appelant *consonantes* tous les sons précédents ou suivants de la même syllabe. Les termes de voyelles et consonnes, désignent comme nous l'avons vu p. 75, des espèces différentes ; sonantes et consonantes désignent au contraire des fonctions dans la syllabe. Cette double terminologie permet d'éviter une confusion qui a longtemps régné. Ainsi l'espèce *I* est la même dans *fidèle* et dans *pied* : c'est une voyelle ; mais elle est sonante dans *fidèle* et consonante dans *pied*. L'analyse montre que les sonantes sont toujours implosives et les consonantes tantôt implosives (par exemple *i>* dans l'anglais *boi>*, écrit « boy ») tantôt explosives (par exemple *y>* dans le français *p<y<e>*, écrit « pied »). Cela ne fait que confirmer la distinction établie entre les deux ordres. Il est vrai qu'en fait, *e o a* sont régulièrement des sonantes ; mais c'est une simple coïncidence : ayant une plus grande aperture que tous les autres sons, ils sont toujours au commencement d'un chaînon implosif. Inversement les occlusives, qui ont l'aperture minimale, sont toujours consonantes. Dans la pratique ce sont les phonèmes d'aperture 2, 3 et 4 (nasales, liquides, semi-voyelles) qui jouent l'un ou l'autre rôle selon leur entourage et la nature de leur articulation.

§ 5.

Critique des théories de la syllabation.

L'oreille perçoit dans toute chaîne parlée la division en syllabes, et dans toute syllabe une sonante. Ces deux faits sont connus, mais on peut se demander quelle est leur raison d'être. On a proposé diverses explications :

1° Remarquant que certains phonèmes sont plus sonores que d'autres, on a cherché à faire reposer la syllabe sur la sonorité des phonèmes. Mais alors pourquoi des phonèmes sonores tels que *i* et *u* ne font-ils pas nécessairement syllabes ? Et puis, où s'arrête la sonorité, puisque des fricatives comme *s* peuvent faire syllabe, par exemple dans *pst* ? S'il s'agit seulement de la sonorité relative de sons en contact, comment expliquer des groupes tels que *w<l>* (ex. : indo-europ. **wlkos* « loup »), où c'est l'élément le moins sonore qui fait syllabe ?

2° M. Sievers a le premier établi qu'un son classé parmi les voyelles peut ne pas donner l'impression de voyelle (nous avons vu que par exemple *y* et *w* ne sont pas autre chose que *i* et *u*) ; mais quand on demande en vertu de quoi se produit la double fonction, ou le double effet acoustique (car le mot « fonction » ne veut pas dire autre chose), on répond : tel son a telle fonction selon qu'il reçoit ou non l' « accent syllabique ».

C'est là un cercle vicieux : ou bien je suis libre en toute circonstance de dispenser à mon gré l'accent syllabique qui crée les sonantes, alors il n'y a aucune raison de l'appeler syllabique plutôt que sonantique ; ou bien, si l'accent syllabique a un sens, c'est apparemment qu'il se réclame des lois de la syllabe. Non seulement on ne fournit pas ces lois, mais on donne à cette qualité sonantique le nom de « silbenbildend », comme si à son tour la formation de la syllabe dépendait de cet accent.

On voit comment notre méthode s'oppose aux deux premières : par l'analyse de la syllabe, telle qu'elle se présente dans la chaîne, nous avons obtenu l'unité irréductible, le son ouvrant ou le son fermant, puis combinant ces unités, nous sommes arrivés à définir la limite de syllabe et le point vocalique. Nous savons dès lors dans quelles conditions physiologiques ces effets acoustiques doivent se produire. Les théories critiquées plus haut suivent la marche inverse : on prend des espèces phonologiques isolées, et de ces sons on prétend déduire la limite de syllabe et la place de la sonante. Or étant donnée une série quelconque de phonèmes, il peut y avoir une manière de les articuler plus naturelle, plus commode qu'une autre ; mais la faculté de choisir entre les articulations ouvrantes et fermantes subsiste dans une large mesure, et c'est de ce choix, non des espèces phonologiques directement, que dépendra la syllabation.

Sans doute cette théorie n'épuise ni ne résout toutes les questions. Ainsi l'hiatus, d'un emploi si fréquent, n'est pas autre chose qu'un *chaînon implosif rompu*, avec ou sans intervention de la volonté : Ex. *i<-a>* (dans *il cria*) ou *a>-i>* (dans *ébahi*). Il se produit plus facilement avec les espèces phonologiques de grande aperture.

Il y a aussi le cas des *chaînons explosifs rompus*, qui sans être gradués, entrent dans la chaîne phonique au même titre que les groupes normaux ; nous avons touché ce cas à propos du grec *kteínō*, p. 85, note. Soit encore, par exemple, le groupe *pzta* : il ne peut se prononcer normalement que *p<z<t<a>* : il doit donc comprendre deux syllabes, et il les a en effet si l'on fait entendre nettement le son laryngé de *z* ; mais si le *z* s'assourdit, comme c'est un des phonèmes qui demandent le moins d'ouverture, l'opposition entre *z* et *a* fait qu'on ne perçoit plus qu'une syllabe et qu'on entend à peu près *p<z<t<a>*.

Dans tous les cas de ce genre, la volonté et l'intention peuvent, en intervenant, donner le change et tourner dans une certaine mesure les nécessités physiologiques ; il est souvent difficile de dire exactement quelle part revient à chacun des deux ordres de facteurs. Mais quoi qu'il en soit, la phonation suppose une succession d'implosions et d'explosions, et c'est là la condition fondamentale de la syllabation.

§ 6.

Durée de l'implosion et de l'explosion.

En expliquant la syllabe par le jeu des explosions et des implosions, on est conduit à une observation importante qui n'est que la généralisation d'un fait de métrique. On distingue dans les mots grecs et latins deux sortes de longues : celles de nature (*māter*) et celles de position (*făctus*). Pourquoi *fac* est-il mesuré long dans *facius* ? On répond : à cause du groupe *ct* ; mais si cela tient au groupe en soi, n'importe quelle syllabe commençant par deux consonnes aura aussi la quantité longue ; pourtant il n'en est rien (cf. *clĭens*, etc.).

La véritable raison est que l'explosion et l'implosion sont essentiellement différentes sous le rapport de la durée. La première est toujours si rapide qu'elle reste une quantité irrationnelle pour l'oreille ; c'est pour cela aussi qu'elle ne donne jamais l'impression vocalique. Seule l'implosion peut être appréciée ; d'où le sentiment qu'on reste plus longtemps sur la voyelle par laquelle elle commence.

On sait d'autre part que les voyelles placées devant un groupe formé d'occlusive ou fricative + liquide sont traitées de deux façons : dans *patrem* l'*a* peut être long ou bref : cela tient au même principe. En effet, *t*>*r*< et *t*>*r*< sont également prononçables ; la première manière d'articuler permet à l'a de rester bref ; la seconde crée une syllabe longue. Le même traitement double de l'*a* n'est pas possible dans un mot comme *factus*, puisque seul *t*< est prononçable à l'exclusion de *c*<*t*.

§ 7.

Les phonèmes de quatrième aperture. La diphtongue. Questions de graphie.

Enfin les phonèmes de quatrième aperture donnent lieu à certaines observations. Nous avons vu p. 81 que, contrairement à ce que l'on constate pour d'autres sons, l'usage a consacré pour ceux-là une double graphie (*w* = *u*<, *u* = *u*> ; *y* = *i*<, *i* = *i*>). C'est que dans des groupes tels que *aiya*, *auwa* on perçoit, mieux que partout ailleurs, la distinction marquée par < et > ; *i*> et *u*> donnent nettement l'impression de voyelles, *i*< et *u*< celle de consonnes[8]. Sans prétendre expliquer ce fait, nous observons que ce *i* consonne n'existe jamais sous l'aspect fermant. Ainsi on ne peut avoir un *ai* dont l'*i*> fasse le même effet que le *y* dans *aiya* (comparez l'anglais *boy* avec le français *pied*) ; c'est donc par position que *y* est consonne et *i* voyelle, puisque ces variétés de l'espèce *I* ne peuvent pas se manifester partout également. Les mêmes remarques s'appliqueraient à *u* et *w*, *ü* et *ẅ*.

Ceci éclaire la question de la diphtongue. Elle n'est qu'un cas spécial du chaînon implosif ; les groupes *a*>*r*>*ta* et *a*>*u*>*ta* sont absolument parallèles ; il n'y a entre eux qu'une différence d'aperture du second élément : une diphtongue est un chaînon implosif de deux phonèmes dont le second est relativement ouvert, d'où une impression acoustique particulière : on dirait que la sonante continue dans le second élément du groupe. Inversement un groupe comme *t<y<a* ne se distingue en rien d'un groupe comme *t<r<a*, sinon par le degré d'aperture de la dernière explosive. Ceci revient à dire que les groupes appelés par les phonologistes diphtongues ascendantes ne sont pas des diphtongues, mais des groupes explosivo-implosifs dont le premier élément est relativement ouvert, mais sans qu'il en résulte rien de particulier au point de vue acoustique *t<y<a>*). Quant aux groupes du type *u>o*, *i>a*, avec l'accent sur *u>* et *i>*, tels qu'on les trouve dans certains dialectes allemands (cf. *buob*, *liab*), ce ne sont également que de fausses diphtongues qui ne donnent pas l'impression d'unité comme *o>u>*, *a>i>*, etc. ; on ne peut pas prononcer *u>o>* comme implos. + implos. sans rompre la chaîne, à moins qu'un artifice n'impose à ce groupe l'unité qu'il n'a pas naturellement.

Cette définition de la diphtongue, qui la ramène au principe général des chaînons implosifs, montre qu'elle n'est pas, comme on pourrait le croire, une chose discordante, inclassée parmi les phénomènes phonologiques. Il est inutile de lui faire une case à part. Son caractère propre n'a en réalité aucun intérêt ni aucune importance : ce n'est pas la fin de la sonante qu'il importe de fixer, mais son commencement.

M. Sievers et beaucoup de linguistes distinguent par l'écriture *i, u, ü, r̥, n̥*, etc. et *i̯, u̯, ü̯, r, n*, etc. (i̯ = « unsilbisches » *i*, i = « silbisches » *i*), et ils écrivent *mirta, mai̯rta, mi̯arta*, tandis que nous écrivons *mirta, mairta, myarta*. Ayant constaté que *i* et *y* sont de même espèce phonologique, on a voulu avoir avant tout le même signe générique (c'est toujours la même idée que la chaîne sonore se compose d'espèces juxtaposées !). Mais cette notation, bien que reposant sur le témoignage de l'oreille, est au rebours du bon sens et efface justement la distinction qu'il importerait de faire. Par là : 1° on confond *i, u* ouvrants (= *y, w*) et *i, u* fermants ; on ne peut, par exemple, faire aucune distinction entre *newo* et *neuo*; 2° inversement, on scinde en deux *i, u* fermants (cf. *mirta* et *mairta*). Voici quelques exemples des inconvénients de cette graphie. Soit l'ancien grec *dwís* et *dusí*, et d'autre part *rhéwō* et *rheûma* : ces deux oppositions se produisent exactement dans les mêmes conditions phonologiques et se traduisent normalement par la même opposition graphique : suivant que le *u* est suivi d'un phonème plus ou moins ouvert, il devient tantôt ouvrant (*w*), tantôt fermant (*u*). Qu'on écrive *du̯is, dusi, rheu̯ō, rheuma*, et tout est effacé. De même en indo-européen les deux séries *māter, mātrai, māteres, mātrsu* et *sūneu, sūnewai, sūnewes, sūnusu*, sont strictement parallèles dans leur double traitement de *r* d'une part, de *u* de l'autre ; dans la seconde au moins l'opposition des implosions et des explosions éclate dans l'écriture, tandis qu'elle est obscurcie par la graphie critiquée ici (*sūnu̯e*, *sūneu̯ai*, *sūneu̯es*, *sūnusu*). Non seulement il faudrait conserver les distinctions faites par l'usage, entre ouvrants et fermants (*u* : *w*, etc.), mais on devrait les étendre à tout le système et écrire, par exemple : *māter*, *mātpai*, *mātepes*, *mātrsu* ; alors le jeu de la syllabation apparaîtrait avec évidence ; les points vocaliques et les limites de syllabes se déduiraient d'eux-mêmes.

Note des éditeurs. — Ces théories éclairent plusieurs problèmes, dont F. de Saussure a touché quelques-uns dans ses leçons. Nous en donnerons quelques spécimens.

1. M. Sievers cite *beritn̥n̥n̥* (allemand *berittenen*) comme exemple typique du fait que le même son peut fonctionner alternativement deux fois comme sonante et deux fois comme consonante (en réalité *n* ne fonctionne ici qu'une fois comme consonante, et il faut écrire *beritn̥nn̥* ; mais peu importe). Aucun exemple n'est plus frappant précisément pour montrer que « son » et « espèce » ne sont pas synonymes. En effet, si l'on restait sur le même *n*, c'est-à-dire sur l'implosion et l'articulation sistante, on n'obtiendrait qu'une seule syllabe longue. Pour créer une alternance de *n* sonants et consonants, il faut faire suivre l'implosion (premier *n*) de l'explosion (second *n*), puis reprendre l'implosion (troisième *n*). Comme les deux implosions ne sont précédées d'aucune autre, elles ont le caractère sonantique.

2. Dans les mots français du type *meurtrier*, *ouvrier*, etc., les finales -*trier*, -*vrier* ne formaient autrefois qu'une syllabe (quelle que fût d'ailleurs leur prononciation, cf. p. 85 note). Plus tard on s'est mis à les prononcer en deux syllabes (*meurtri-er*, avec ou sans hiatus, c'est-à-dire -*t<r<i>e>* ou *t<r<i>y<e>*). Le changement s'est produit, non en plaçant un « accent syllabique » sur l'élément *i*, mais en transformant son articulation explosive et une articulation implosive.

Le peuple dit *ouvérier* pour *ouvrier* : phénomène tout semblable, seulement c'est le second élément au lieu du troisième qui a changé d'articulation et est devenu sonant : *uvr<y<e>* → *uvr>y<e>*. Un *e* a pu se développer après coup devant l'*r* sonant.

3. Citons encore le cas si connu des voyelles prothétiques devant *s* suivi de consonne en français : latin *scūtum* → *iscūtum* → français *escu*, *écu*. Le groupe *s<k<*, nous l'avons vu p. 85, est un chaînon rompu ; *s>k<* est plus naturel. Mais cet *s* implosif doit faire point vocalique quand il est au commencement de la phrase ou que le mot précédent se termine par une consonne d'aperture faible. L'*i* ou l'*e* prothétiques ne font qu'exagérer cette qualité sonantique ; tout caractère phonologique peu sensible tend à se grossir quand on tient à le conserver. C'est le

même phénomène qui se reproduit dans le cas de *esclandre* et dans les prononciations populaires *esquelette, estatue*. C'est encore lui qu'on retrouve dans cette prononciation vulgaire de la préposition *de*, que l'on transcrit par *ed* : *un œil ed tanche*. Par syncope, *de tanche* est devenu *d'tanche* ; mais pour se faire sentir dans cette position, le *d* doit être implosif : *d>t<anche*, et une voyelle se développe devant lui comme dans les cas précédents.

4. Il est à peine nécessaire de revenir sur la question des sonantes indo-européennes, et de se demander par exemple pourquoi le vieux-haut-allemand *hagl* s'est transformé en *hagal*, tandis que *balg* est resté intact. Le *l* de ce dernier mot, second élément d'un chaînon implosif (*ba>l>g>*), joue le rôle de consonante et n'avait aucune raison de changer de fonction. Au contraire le *l*, également implosif, de *hagl* faisait point vocalique. Étant sonantique, il a pu développer devant lui une voyelle plus ouvrante (un *a*, s'il faut en croire le témoignage de la graphie). D'ailleurs, elle s'est assombrie avec le temps, car aujourd'hui *Hagel* se prononce de nouveau *ha>g<l>*. C'est même ce qui fait la différence entre la prononciation de ce mot et celle de français *aigle* ; l'*l* est fermant dans le mot germanique et ouvrant dans le mot français avec *e* muet final (*e>g<l<e*)

---

1. ↑ Il est vrai qu'ils ont écrit Χ, Θ, Φ pour *kh, th, ph* ; ΦΕΡΩ représente *phérō* ; mais c'est une innovation postérieure ; les inscriptions archaïques notent ΚΗΑΡΙΣ et non ΧΑΡΙΣ. Les mêmes inscriptions offrent deux signes pour *k*, le *kappa* et le *koppa*, mais le fait est différent : il s'agissait de noter deux nuances réelles de la prononciation, le *k* étant tantôt palatal, tantôt vélaire ; d'ailleurs le *koppa* a disparu dans la suite. Enfin, point plus délicat, les inscriptions primitives grecques et latines notes souvent une consonne double par une lettre simple ; ainsi le mot latin *fuisse* a été écrit *FUISE* ; donc infraction au principe, puisque ce double *s* dure deux temps qui, nous le verrons, ne sont pas homogènes et donnent des impressions distinctes ; mais erreur excusable, puisque ces deux sons, sans se confondre, présentent un caractère commun (cf. p. 79 sv.).

2. ↑ Cf. Sievers, *Grundzüge der Phonetik*, 5e éd. 1902 ; Jespersen, *Lehrbuch der Phonetik*, 2e éd. 1913 : Roudet, *Eléments de phonétique générale*, 1910

3. ↑ La description un peu sommaire de F. de Saussure a été complétée d'après le *Lehrbuch der Phonetik* de M. Jespersen, auquel nous avons aussi emprunté le principe d'après lequel les formules des phonèmes seront établies ci-dessous. Mais il s'agit là de questions de forme, de mise au point, et le lecteur se convaincra que ces changements n'altèrent nulle part la pensée de F. de S. (*Ed.*).

4. ↑ Fidèle à sa méthode de simplification, F. de Saussure n'a pas cru devoir faire la même distinction à propos de la classe A, malgré l'importance

considérable des deux séries K₁ et K₂ en indo-européen. Il y a là une omission toute volontaire *(Éd.)*.

5. ↑ C'est là un des points de la théorie qui prête le plus à discussion. Pour prévenir certaines objections, on peut faire remarquer que toute articulation sistante, comme celle d'un *f*, est la résultante de deux forces: 1° la pression de l'air contre les parois qui lui sont opposées et 2° la résistance de ces parois, qui se resserrent pour faire équilibre à cette pression. La tenue n'est donc qu'une implosion continuée. C'est pourquoi, si l'on fait suivre une impulsion et une tenue de même espèce, l'effet est continu d'un bout à l'autre. À ce titre, il n'est pas illogique de réunir ces deux genres d'articulation en une unité mécanique et acoustique. L'explosion s'oppose au contraire à l'une et à l'autre réunies : elle est par définition un desserrement ; voir aussi § 6 (Ed.).

6. ↑ Sans doutes certains groupes de cette catégorie sont très usités dans certaines langues (p. ex. *kt* initial en grec : cf. *ktetnō*) ; mais bien que faciles à prononcer, ils n'offrent pas d'unité acoustique (Voir la note suivante).

7. ↑ Ici par une simplification voulue, on ne considère dans le phonème ope sons degré d'aperture, sans tenir compte ni du lieu, ni du caractère particulier de l'articulation (si c'est une sourde ou une sonore, une vibrante ou une latérale, etc.). Les conclusions tirées du principe unique de l'aperture ne peuvent donc pas s'appliquer à tous les cas réels sans exception. Ainsi dans un groupe comme *trya* les trois premiers éléments peuvent difficilement se prononcer sans rupture de chaîne : $t{<}r{<}y{<}a{>}$ (à moins que le *y<* ne se fonde avec l'*r<* en le palatalisant) ; pourtant ces trois éléments *try* forment un chaînon explosif parfait (cf. d'ailleurs p. 94 à propos de *meurtrier*, etc.) ; au contraire *trwa* ne fait pas difficulté. Citons encore des chaînons, comme *pmla*, etc., où il est bien difficile de ne pas prononcer la nasale implosivement ($p{<}m{>}l{<}a{>}$). Ces cas aberrants apparaissent surtout dans l'explosion, qui est par nature un acte instantané et ne souffre pas de retardements. (Ed.)

8. ↑ Il ne faut pas confondre cet élément de quatrième aperture avec la fricative palatale douce (*liegen* dans l'allemand du Nord). Cette espèce phonologique appartient aux consonnes et en a tous les caractères.

Première partie

Principes généraux

Chapitre premier

Nature du signe linguistique

§ 1.

Signe, signifié, signifiant.

Pour certaines personnes la langue, ramenée à son principe essentiel, est une nomenclature, c'est-à-dire une liste de termes correspondant à autant de choses. Par exemple :

Cette conception est critiquable à bien des égards. Elle suppose des idées toutes faites préexistant aux mots (sur ce point, voir plus loin, p. 155) ; elle ne nous dit pas si le nom est de nature vocale ou psychique, car *arbor* peut être considéré sous l'un ou l'autre aspect ; enfin elle laisse supposer que le lien qui unit un nom à une chose est une opération toute simple, ce qui est bien loin d'être vrai.

Cependant cette vue simpliste peut nous rapprocher de la vérité, en nous montrant que l'unité linguistique est une chose double, faite du rapprochement de deux termes.

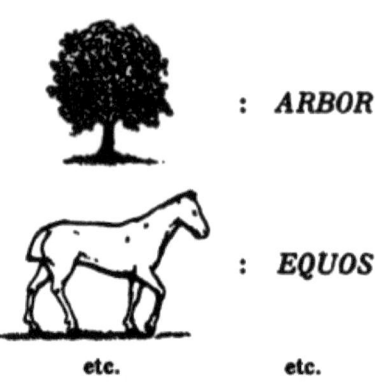

On a vu p. 28, à propos du circuit de la parole, que les termes impliqués dans le signe linguistique sont tous deux psychiques et sont unis dans notre cerveau par le lien de l'association. Insistons sur ce point.

Le signe linguistique unit non une chose et un nom, mais un concept et une image acoustique[1] . Cette dernière n'est pas le son matériel, chose purement physique, mais l'empreinte psychique de ce son, la représentation que nous en donne le témoignage de nos sens ; elle est sensorielle, et s'il nous arrive de l'appeler « matérielle », c'est seulement dans ce sens et par opposition à l'autre terme de l'association, le concept, généralement plus abstrait.

Le caractère psychique de nos images acoustiques apparaît bien quand nous observons notre propre langage. Sans remuer les lèvres ni la langue, nous pouvons nous parler à nous-mêmes ou nous réciter mentalement une pièce de vers. C'est parce que les mots de la langue sont pour nous des images acoustiques qu'il faut éviter de parler des « phonèmes » dont ils sont composés. Ce terme, impliquant une idée d'action vocale, ne peut convenir qu'au mot parlé, à la réalisation de l'image intérieure dans le discours. En parlant des sons et des syllabes d'un mot, on évite ce malentendu, pourvu qu'on se souvienne qu'il s'agit de l'image acoustique.

Le signe linguistique est donc une entité psychique à deux faces, qui peut être représentée par la figure :

Ces deux éléments sont intimement unis et s'appellent l'un l'autre. Que nous cherchions le sens du mot latin *arbor* ou le mot par lequel le latin désigne le concept « arbre », il est clair que 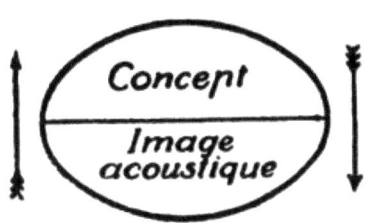 seuls les rapprochements consacrés par la langue nous apparaissent conformes à la réalité, et nous écartons n'importe quel autre qu'on pourrait imaginer.

Cette définition pose une importante question de terminologie. Nous appelons *signe* la combinaison du concept et de l'image acoustique : mais dans l'usage courant ce terme désigne généralement l'image acoustique seule, par exemple un mot (*arbor*, etc.). On oublie que si *arbor* est appelé signe, ce n'est qu'en tant qu'il porte le concept « arbre », de telle sorte que l'idée de la partie sensorielle implique celle du total.

L'ambiguïté disparaîtrait si l'on désignait les trois notions ici en présence par des noms qui s'appellent les uns les autres tout en s'opposant. Nous proposons de conserver le mot *signe* pour désigner le total, et de remplacer *concept* et *image acoustique* respectivement par *signifié* et *signifiant* ; ces derniers termes ont l'avantage de marquer l'opposition qui les sépare soit entre eux, soit du total dont ils font partie. Quant à *signe*, si nous nous en contentons, c'est que nous ne savons par quoi le remplacer, la langue usuelle n'en suggérant aucun autre.

Le *signe* linguistique ainsi défini possède deux caractères primordiaux. En les énonçant nous poserons les principes mêmes de toute étude de cet ordre.

§ 2.

Premier principe : l'arbitraire du signe.

Le lien unisssant le signifiant au signifié est arbitraire, ou encore, puisque nous entendons par signe le total résultant de l'association d'un signifiant à un signifié, nous pouvons dire plus simplement : *le signe linguistique est arbitraire.*

Ainsi l'idée de « sœur » n'est liée par aucun rapport intérieur avec la suite de sons *s—ö—r* qui lui sert de signifiant ; il pourrait être aussi bien représenté par n'importe quelle autre : à preuve les différences entre les langues et l'existence même de langues différentes : le signifié « bœuf » a pour signifiant *b—ö—f* d'un côté de la frontière, et *o—k—s* (*Ochs*) de l'autre.

Le principe de l'arbitraire du signe n'est contesté par personne ; mais il est souvent plus aisé de découvrir une vérité que de lui assigner la place qui lui revient. Le principe énoncé plus haut domine toute la linguistique de la langue ; ses conséquences sont innombrables. Il est vrai qu'elles n'apparaissent pas toutes du premier coup avec une égale évidence ; c'est après bien des détours qu'on les découvre, et avec elles l'importance primordiale du principe.

Une remarque en passant : quand la sémiologie sera organisée, elle devra se demander si les modes d'expression qui reposent sur des signes entièrement naturels — comme la pantomime — lui reviennent de droit. En supposant qu'elle les accueille, son principal objet n'en sera pas moins l'ensemble des systèmes fondés sur l'arbitraire du signe. En effet tout moyen d'expression reçu dans une société repose en principe sur une habitude collective ou, ce qui revient au même, sur la convention. Les signes de politesse, par exemple, doués souvent d'une certaine expressivité natutelle (qu'on pense au Chinois qui salue son empereur en se prosternant neuf fois jusqu'à terre), n'en sont pas moins fixés par une règle ; c'est cette règle qui oblige à les employer, non leur valeur intrinsèque. On peut donc dire que les signes entièrement arbitraires réalisent mieux que les autres l'idéal du procédé sémiologique ; c'est pourquoi la langue, le plus complexe et le plus répandu des systèmes d'expression, est aussi le plus caractéristique de tous ; en ce sens la linguistique peut devenir le patron général de toute sémiologie, bien que la langue ne soit qu'un système particulier.

On s'est servi du mot *symbole* pour désigner le signe linguistique, ou plus exactement ce que nous appelons le signifiant. Il y a des inconvénients à l'admettre, justement à cause de notre premier principe. Le symbole a pour caractère de n'être jamais tout à fait arbitraire ; il n'est pas vide, il y a un rudiment de lien naturel entre le signifiant et le signifié. Le symbole de la justice, la balance, ne pourrait pas être remplacé par n'importe quoi, un char, par exemple.

Le mot *arbitraire* appelle aussi une remarque. Il ne doit pas donner l'idée que le signifiant dépend du libre choix du sujet parlant (on verra plus bas qu'il n'est pas au pouvoir de l'individu de rien changer à un signe une fois établi dans un groupe linguistique) ; nous voulons dire qu'il est *immotivé*, c'est-à-dire arbitraire par rapport au signifié, avec lequel il n'a aucune attache naturelle dans la réalité.

Signalons en terminant deux objections qui pourraient être faites à l'établissement de ce premier principe :

1° On pourrait s'appuyer sur les *onomatopées* pour dire que le choix du signifiant n'est pas toujours arbitraire. Mais elles ne sont jamais des éléments organiques d'un système linguistique. Leur nombre est d'ailleurs bien moins grand qu'on ne le croit. Des mots comme *fouet* ou *glas* peuvent frapper certaines oreilles par une sonorité suggestive ; mais pour voir qu'ils n'ont pas ce caractère dès l'origine, il suffit de remonter à leurs formes latines (*fouet* dérivé de *fāgus* « hêtre », *glas* = *classicum*) ; la qualité de leurs sons actuels, ou plutôt celle qu'on leur attribue, est un résultat fortuit de l'évolution phonétique.

Quant aux onomatopées authentiques (celles du type *glou-glou*, *tic-tac*, etc.), non seulement elles sont peu nombreuses, mais leur choix est déjà en quelque mesure arbitraire, puisqu'elles ne sont que l'imitation approximative et déjà à demi conventionnelle de certains bruits (comparez le français *ouaoua* et l'allemand *wauwau*). En outre, une fois introduites dans la langue, elles sont plus ou moins entraînées dans l'évolution phonétique, morphologique, etc. que subissent les autres mots (cf. *pigeon*, du latin vulgaire *pīpiō*, dérivé lui-même d'une onomatopée) : preuve évidente qu'elles ont perdu quelque chose de leur caractère premier pour revêtir celui du signe linguistique en général, qui est immotivé.

2° Les *exclamations*, très voisines des onomatopées, donnent lieu à des remarques analogues et ne sont pas plus dangereuses pour notre thèse. On est tenté d'y voir des expressions spontanées de la réalité, dictées pour ainsi dire par la nature. Mais pour la plupart d'entre elles, on peut nier qu'il y ait un lien nécessaire entre le signifié et le signifiant. Il suffit de comparer deux langues à cet égard pour voir combien ces expressions varient de l'une à l'autre (par exemple au français *aïe !* correspond l'allemand *au !*) On sait d'ailleurs que beaucoup d'exclamations ont commencé par être des mots à sens déterminé (cf. *diable ! mordieu ! = mort Dieu*, etc.).

En résumé, les onomatopées et les exclamations sont d'importance secondaire, et leur origine symbolique en partie contestable.

§ 3.

Second principe ; caractère linéaire du signifiant.

Le signifiant, étant de nature auditive, se déroule dans le temps seul et a les caractères qu'il emprunte au temps : a) *il représente une étendue,* et b) *cette étendue est mesurable dans une seule dimension* : c'est une ligne.

Ce principe est évident, mais il semble qu'on ait toujours négligé de l'énoncer, sans doute parce qu'on l'a trouvé trop simple ; cependant il est fondamental et les conséquences en sont incalculables ; son importance est égale à celle de la première loi. Tout le mécanisme de la langue en dépend (voir p. 170). Par opposition aux signifiants visuels (signaux maritimes, etc.), qui peuvent offrir des complications simultanées sur plusieurs dimensions, les signifiants acoustiques ne disposent que de la ligne du temps ; leurs éléments se présentent l'un après l'autre ; ils forment une chaîne. Ce caractère apparaît immédiatement dès qu'on les représente par l'écriture et qu'on substitue la ligne spatiale des signes graphiques à la succession dans le temps.

Dans certains cas cela n'apparaît pas avec évidence. Si par exemple j'accentue une syllabe, il semble que j'accumule sur le même point des éléments significatifs différents. Mais c'est une illusion ; la syllabe et son accent ne constituent qu'un acte phonatoire ; il n'y a pas dualité à l'intérieur de cet acte, mais seulement des oppositions diverses avec ce qui est à côté (voir à ce sujet p. 180).

Chapitre II

Immutabilité et mutabilité du signe

§ 1.

Immutabilité.

Si par rapport à l'idée qu'il représente, le signifiant apparaît comme librement choisi, en revanche, par rapport à la communauté linguistique qui l'emploie, il n'est pas libre, il est imposé. La masse sociale n'est point consultée, et le signifiant choisi par la langue, ne pourrait pas être remplacé par un autre. Ce fait, qui semble envelopper une contradiction, pourrait être appelé familièrement « la carte forcée ». On dit à la langue : « Choisissez ! » mais on ajoute : « Ce sera ce signe et non un autre. » Non seulement un individu serait incapable, s'il le voulait, de modifier en quoi que ce soit le choix qui a été fait, mais la masse elle-même ne peut exercer sa souveraineté sur un seul mot ; elle est liée à la langue telle qu'elle est.

La langue ne peut donc plus être assimilée à un contrat pur et simple, et c'est justement de ce côté que le signe linguistique est particulièrement intéressant à étudier ; car si l'on veut démontrer que la loi admise dans une collectivité est une chose que l'on subit, et non une règle librement consentie, c'est bien la langue qui en offre la preuve la plus éclatante.

Voyons donc comment le signe linguistique échappe à notre volonté, et tirons ensuite les conséquences importantes qui découlent de ce phénomène.

À n'importe quelle époque et si haut que nous remontions, la langue apparaît toujours comme un héritage de l'époque précédente. L'acte par lequel, à un moment donné, les noms seraient distribués aux choses, par lequel un contrat serait passé entre les concepts et les images acoustiques — cet acte, nous pouvons le concevoir, mais il n'a jamais été constaté. L'idée que les choses auraient pu se passer ainsi nous est suggérée par notre sentiment très vif de l'arbitraire du signe.

En fait, aucune société ne connaît et n'a jamais connu la langue autrement que comme un produit hérité des générations précédentes et à prendre tel quel. C'est pourquoi la question de l'origine du langage n'a pas l'importance qu'on lui attribue généralement. Ce n'est pas même une question à poser ; le seul objet réel de la linguistique, c'est la vie normale et régulière d'un idiome déjà constitué. Un état de langue donné est toujours le produit de facteurs historiques, et ce sont ces facteurs qui expliquent pourquoi le signe est immuable, c'est-à-dire résiste à toute substitution arbitraire.

Mais dire que la langue est un héritage n'explique rien si l'on ne va pas plus loin. Ne peut-on pas modifier d'un moment à l'autre des lois existantes et héritées ?

Cette objection nous amène à placer la langue dans son cadre social et à poser la question comme on la poserait pour les autres institutions sociales. Celles-ci, comment se transmettent-elles ? Voilà la question plus générale qui enveloppe celle de l'immutabilité. Il faut d'abord apprécier le plus ou moins de liberté dont jouissent les autres institutions ; on verra que pour chacune d'elles il y a une balance différente entre la tradition imposée et l'action libre de la société. Ensuite on recherchera pourquoi, dans une catégorie donnée, les facteurs du premier ordre sont plus ou moins puissants que ceux de l'autre. Enfin, revenant à la langue, on se demandera pourquoi le facteur historique de la transmission la domine tout entière et exclut tout changement linguistique général et subit.

Pour répondre à cette question, on pourrait faire valoir bien des arguments, et dire, par exemple, que les modifications de la langue ne sont pas liées à la suite des générations, qui, loin de se superposer les unes aux autres comme les tiroirs d'un meuble, se mêlent, s'interpénètrent et contiennent chacune des individus de tous les âges. On rappellerait aussi la somme d'efforts qu'exige l'apprentissage de la langue maternelle, pour conclure de là à l'impossibilité d'un changement général. On ajouterait que la réflexion n'intervient pas dans la pratique d'un idiome ; que les sujets sont, dans une large mesure, inconscients des lois de la langue ; et s'ils ne s'en rendent pas compte, comment pourraient-ils les modifier ? Fussent-ils même conscients, il faudrait se rappeler que les faits linguistiques ne provoquent guère la critique, en ce sens que chaque peuple est généralement satisfait de la langue qu'il a reçue.

Ces considérations sont importantes, mais elles ne sont pas topiques ; nous préférons les suivantes, plus essentielles, plus directes, dont dépendent toutes les autres :

1. — *Le caractère arbitraire du signe.* Plus haut, il nous faisait admettre la possibilité théorique du changement ; en approfondissant, nous voyons qu'en fait, l'arbitraire même du signe met la langue à l'abri de toute tentative visant à la modifier. La masse, fût-elle même plus consciente qu'elle ne l'est, ne saurait la discuter. Car pour qu'une chose soit mise en question, il faut qu'elle repose sur une norme raisonnable. On peut, par exemple, débattre si la forme monogame du mariage est plus raisonnable que la forme polygame et faire valoir des raisons pour l'une et l'autre. On pourrait aussi discuter un système de symboles, parce que le symbole a un rapport rationnel avec la chose signifiée (voir p. 101) ; mais pour la langue, système de signes arbitraires, cette base fait défaut, et avec elle se dérobe tout terrain solide de discussion ; il n'y a aucun motif de préférer *sœur* à *sister*, *Ochs* à *bœuf*, etc.

2. — *La multitude des signes nécessaires pour constituer n'importe quelle langue.* La portée de ce fait est considérable. Un système d'écriture composé de vingt à quarante lettres peut à la rigueur être remplacé par un autre. Il en serait de même pour la langue si elle renfermait un nombre limité d'éléments ; mais les signes linguistiques sont innombrables.

3. — *Le caractère trop complexe du système.* Une langue constitue un système. Si, comme nous le verrons, c'est le côté par lequel elle n'est pas complètement arbitraire et où il règne une raison relative, c'est aussi le point où apparaît

l'incompétence de la masse à la transformer. Car ce système est un mécanisme complexe ; l'on ne peut le saisir que par la réflexion ; ceux-là mêmes qui en font un usage journalier l'ignorent profondément. On ne pourrait concevoir un tel changement que par l'intervention de spécialistes, grammairiens, logiciens, etc. ; mais l'expérience montre que jusqu'ici les ingérences de cette nature n'ont eu aucun succès.

4. — *La résistance de l'inertie collective à toute innovation linguistique.* La langue — et cette considération prime toutes les autres — est à chaque moment l'affaire de tout le monde ; répandue dans une masse et maniée par elle, elle est une chose dont tous les individus se servent toute la journée. Sur ce point, on ne peut établir aucune comparaison entre elle et les autres institutions. Les prescriptions d'un code, les rites d'une religion, les signaux maritimes, etc., n'occupent jamais qu'un certain nombre d'individus à la fois et pendant un temps limité ; la langue, au contraire, chacun y participe à tout instant, et c'est pourquoi elle subit sans cesse l'influence de tous. Ce fait capital suffit à montrer l'impossibilité d'une révolution. La langue est de toutes les institutions sociales celle qui offre le moins de prise aux initiatives. Elle fait corps avec la vie de la masse sociale, et celle-ci, étant naturellement inerte, apparaît avant tout comme un facteur de conservation.

Toutefois il ne suffit pas de dire que la langue est un produit des forces sociales pour qu'on voie clairement qu'elle n'est pas libre ; se rappelant qu'elle est toujours l'héritage d'une époque précédente, il faut ajouter que ces forces sociales agissent en fonction du temps. Si la langue a un caractère de fixité, ce n'est pas seulement parce qu'elle est attachée au poids de la collectivité, c'est aussi qu'elle est située dans le temps. Ces deux faits sont inséparables. A tout instant, la solidarité avec le passé met en échec la liberté de choisir. Nous disons *homme* et *chien* parce qu'avant nous on a dit *homme* et *chien*. Cela n'empêche pas qu'il n'y ait dans le phénomène total un lien entre ces deux facteurs antinomiques : la convention arbitraire en vertu de laquelle le choix est libre, et le temps, grâce auquel le choix se trouve fixé. C'est parce que le signe est arbitraire qu'il ne connaît d'autre loi que celle de la tradition, et c'est parce qu'il se fonde sur la tradition qu'il peut être arbitraire.

§ 2.

Mutabilité.

Le temps, qui assure la continuité de la langue, a un autre effet, en apparence contradictoire au premier : celui d'altérer plus ou moins rapidement les signes linguistiques et, en un certain sens, on peut parler à la fois de l'immutabilité et de la mutabilité du signe[2].

En dernière analyse, les deux faits sont solidaires : le signe est dans le cas de s'altérer parce qu'il se continue. Ce qui domine dans toute altération, c'est la persistance de la matière ancienne ; l'infidélité au passé n'est que relative. Voilà pourquoi le principe d'altération se fonde sur le principe de continuité.

L'altération dans le temps prend diverses formes, dont chacune fournirait la matière d'un important chapitre de linguistique. Sans entrer dans le détail, voici ce qu'il est important de dégager.

Tout d'abord, ne nous méprenons pas sur le sens attaché ici au mot altération. Il pourrait faire croire qu'il s'agit spécialement des changements phonétiques subis par le signifiant, ou bien des changements de sens qui atteignent le concept signifié. Cette vue serait insuffisante. Quels que soient les facteurs d'altérations, qu'il agissent isolément ou combinés, ils aboutissent toujours à *un déplacement du rapport entre le signifié et le signifiant*.

Voici quelques exemples. Le latin *necāre* signifiant « tuer » est devenu en français *noyer*, avec le sens que l'on connaît. Image acoustique et concept ont changé tous les deux ; mais il est inutile de distinguer les deux parties du phénomène ; il suffit de constater *in globo* que le lien de l'idée et du signe s'est relâché et qu'il y a eu un déplacement dans leur rapport. Si au lieu de comparer le *necāre* du latin classique avec notre français *noyer*, on l'oppose au *necare* du latin vulgaire du IVe ou du Ve siècle, signifiant « noyer », le cas est un peu différent ; mais ici encore, bien qu'il n'y ait pas altération appréciable du signifiant, il y a déplacement du rapport entre l'idée et le signe.

L'ancien allemand *dritteil*, « le tiers », est devenu en allemand moderne *Drittel*. Dans ce cas, quoique le concept soit resté le même, le rapport a été changé de deux façons : le signifiant a été modifié non seulement dans son aspect matériel, mais aussi dans sa forme grammaticale ; il n'implique plus l'idée de *Teil* ; c'est un mot simple. D'une manière ou d'une autre, c'est toujours un déplacement de rapport.

En anglo-saxon, la forme prélittéraire *fōt* « le pied » est restée *fōt* (angl. mod. *foot*), tandis que son pluriel **fōti*, « les pieds », est devenu *fēt*. (angl. mod. *feet*). Quelles que soient les altérations qu'il suppose, une chose est certaine : il y a eu déplacement du rapport ; il a surgi d'autres correspondances entre la matière phonique et l'idée.

Une langue est radicalement impuissante à se défendre contre les facteurs qui déplacent d'instant en instant le rapport du signifié et du signifiant. C'est une des conséquences de l'arbitraire du signe.

Les autres institutions humaines — les coutumes, les lois, etc. — sont toutes fondées, à des degrés divers, sur les rapports naturels des choses ; il y a en elles une convenance nécessaire entre les moyens employés et les fins poursuivies. Même la mode qui fixe notre costume n'est pas entièrement arbitraire : on ne peut s'écarter au-delà d'une certaine mesure des conditions dictées par le corps humain. La langue, au contraire, n'est limitée en rien dans le choix de ses moyens, car on ne voit pas ce qui empêcherait d'associer une idée quelconque avec une suite quelconque de sons.

Pour bien faire sentir que la langue est une institution pure, Whitney a fort justement insisté sur le caractère arbitraire des signes ; et par là, il a placé la linguistique sur son axe véritable. Mais il n'est pas allé jusqu'au bout et n'a pas vu que ce caractère arbitraire sépare radicalement la langue de toutes les autres institutions. On le voit bien par la manière dont elle évolue ; rien de plus complexe : située à la fois dans la masse sociale et dans le temps, personne ne peut rien y changer, et, d'autre part, l'arbitraire de ses signes entraîne théoriquement la liberté d'établir n'importe quel rapport entre la matière phonique et les idées. Il en résulte que ces deux éléments unis dans les signes gardent chacun leur vie propre dans une proportion inconnue ailleurs, et que la langue s'altère, ou plutôt évolue, sous l'influence de tous les agents qui peuvent atteindre soit les sons soit les sens. Cette évolution est fatale ; il n'y a pas d'exemple d'une langue qui y résiste. Au bout d'un certain temps on peut toujours constater des déplacements sensibles.

Cela est si vrai que ce principe doit se vérifier même à propos des langues artificielles. Celui qui en crée une la tient en main tant qu'elle n'est pas en circulation ; mais dès l'instant qu'elle remplit sa mission et devient la chose de tout le monde, le contrôle échappe. L'espéranto est un essai de ce genre ; s'il réussit, échappera-t-il à la loi fatale ? Passé le premier moment, la langue entrera très probablement dans sa vie sémiologique ; elle se transmettra par des lois qui n'ont rien de commun avec celles de la création réfléchie, et l'on ne pourra plus revenir en arrière. L'homme qui prétendrait composer une langue immuable, que la postérité devrait accepter telle quelle, ressemblerait à la poule qui a couvé un œuf de canard : la langue créée par lui serait emportée bon gré mal gré par le courant qui entraîne toutes les langues.

La continuité du signe dans le temps, lié à l'altération dans le temps, est un principe de la sémiologie générale ; on en trouverait la confirmation dans les systèmes d'écriture, le langage des sourds-muets, etc.

Mais sur quoi se fonde la nécessité du changement ? On nous reprochera peut-être de n'avoir pas été aussi explicite sur ce point que sur le principe de l'immutabilité : c'est que nous n'avons pas distingué les différents facteurs d'altération ; il faudrait les envisager dans leur variété pour savoir jusqu'à quel point ils sont nécessaires.

Les causes de la continuité sont *a priori* à la portée de l'observateur ; il n'en est pas de même des causes d'altération à travers le temps. Il vaut mieux renoncer provisoirement à en rendre un compte exact et se borner à parler en général du déplacement des rapports ; le temps altère toutes choses ; il n'y a pas de raison pour que la langue échappe à cette loi universelle.

Récapitulons les étapes de notre démonstration, en nous reportant aux principes établis dans l'introduction.

1º Évitant de stériles définitions de mots, nous avons d'abord distingué, au sein du phénomène total que représente le *langage*, deux facteurs : la *langue* et la *parole*. La langue est pour nous le langage moins la parole. Elle est l'ensemble des habitudes linguistiques qui permettent à un sujet de comprendre et de se faire comprendre.

2º Mais cette définition laisse encore la langue en dehors de sa réalité sociale ; elle en fait une chose irréelle, puisqu'elle ne comprend qu'un des aspects de la réalité, l'aspect individuel ; il faut une *masse parlante* pour qu'il y ait une langue. À aucun moment, et contrairement à l'apparence, celle-ci n'existe en dehors du fait social, parce qu'elle est un phénomène sémiologique. Sa nature sociale est un de ses caractères internes ; sa définition complète nous place devant deux choses inséparables, comme le montre le schéma :

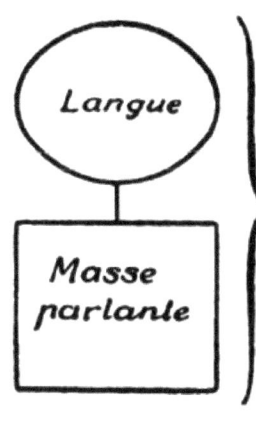

Mais dans ces conditions, la langue est viable, non vivante ; nous n'avons tenu compte que de la réalité sociale, non du fait historique.

3º Comme le signe linguistique est arbitraire, il semble que la langue, ainsi définie, soit un système libre, organisable à volonté, dépendant uniquement d'un principe rationnel. Son caractère social, considéré en lui-même, ne s'oppose pas précisément à ce point de vue. Sans doute la psychologie collective n'opère pas sur une matière purement logique ; il faudrait tenir compte de tout ce qui fait fléchir la raison dans les relations pratiques d'individu à individu. Et pourtant, ce qui nous empêche de regarder la langue comme une simple convention, modifiable au gré des intéressés, ce n'est pas cela ; c'est l'action du temps qui se combine avec celle de la force sociale ; en dehors de la durée, la réalité linguistique n'est pas complète et aucune conclusion n'est possible.

Si l'on prenait la langue dans le temps, sans la masse parlante — supposons un individu isolé vivant pendant plusieurs siècles, — on ne constaterait peut-être aucune altération ; le temps n'agirait pas sur elle. Inversement si l'on considérait la masse parlante sans le temps, on ne verrait pas l'effet des forces sociales agissant leur la langue. Pour être dans la réalité il faut donc ajouter à notre premier schéma un signe qui indique la marche du temps :

Dès lors la langue n'est pas libre, parce que le temps permettra aux forces sociales s'exerçant sur elle de développer leurs effets, et on arrive au principe de continuité, qui annule la liberté. Mais la continuité implique nécessairement l'altération, le déplacement plus ou moins considérable des rapports.

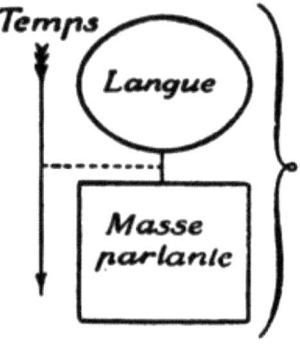

Chapitre III

La linguistique statique et la linguistique évolutive

§ 1.

Dualité interne de toutes les sciences opérant sur les valeurs.

Bien peu de linguistes se doutent que l'intervention du facteur temps est propre à créer à la linguistique des difficultés particulières et qu'elle place leur science devant deux routes absolument divergentes.

La plupart des autres sciences ignorent cette dualité radicale ; le temps n'y produit pas d'effets particuliers. L'astronomie, a constaté que les astres subissent de notables changements ; elle n'a pas été obligée pour cela de se scinder en deux disciplines. La géologie raisonne presque constamment sur des successivités ; mais lorsqu'elle vient à s'occuper des états fixes de la terre, elle n'en fait pas un objet d'étude radicalement distinct. Il y a une science descriptive du droit et une histoire du droit ; personne ne les oppose l'une à l'autre. L'histoire politique des États se meut entièrement dans le temps ; cependant si un historien fait le tableau d'une époque, on n'a pas l'impression de sortir de l'histoire. Inversement, la science des institutions politiques est essentiellement descriptive, mais elle peut fort bien, à l'occasion, traiter une question historique sans que son unité soit troublée.

Au contraire la dualité dont nous parlons s'impose déjà impérieusement aux sciences économiques. Ici, à l'encontre de ce qui se passait dans les cas précédents, l'économie politique et l'histoire économique constituent deux disciplines nettement séparées au sein d'une même science ; les ouvrages parus récemment sur ces matières accentuent cette distinction. En procédant de la sorte on obéit, sans bien s'en rendre compte, à une nécessité intérieure : or c'est une nécessité toute semblable qui nous oblige à scinder la linguistique en deux parties ayant chacune son principe propre. C'est que là, comme en économie politique, on est en face de la notion de *valeur* ; dans les deux sciences, il s'agit d'un *système d'équivalence entre des choses d'ordres différents* : dans l'une un travail et un salaire, dans l'autre un signifié et un signifiant.

Il est certain que toutes les sciences auraient intérêt à marquer plus scrupuleusement les axes sur lesquels sont situées les choses dont elles s'occupent ; il faudrait partout distinguer selon la figure suivante : 1°

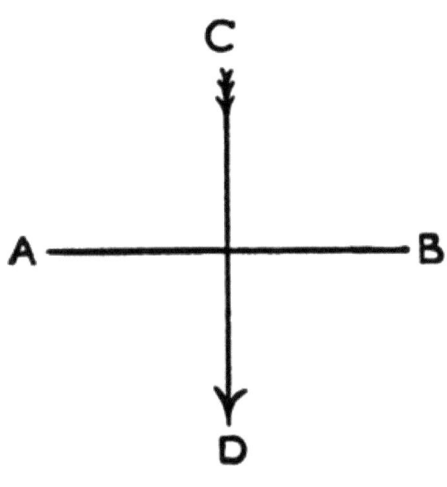

l'axe des simultanéités (AB), concernant les rapports entre choses coexistantes, d'où toute intervention du temps est exclue, et 2° *l'axe des successivités* (CD), sur lequel on ne peut jamais considérer qu'une chose à la fois, mais où sont situées toutes les choses du premier axe avec leurs changements.

Pour les sciences travaillant sur des valeurs, cette distinction devient une nécessité pratique, et dans certains cas une nécessité absolue. Dans ce domaine on peut mettre les savants au défi d'organiser leurs recherches d'une façon rigoureuse sans tenir compte des deux axes, sans distinguer le système des valeurs considérées en soi, de ces mêmes valeurs considérées en fonction du temps.

C'est au linguiste que cette distinction s'impose le plus impérieusement ; car la langue est un système de pures valeurs que rien ne détermine en dehors de l'état momentané de ses termes. Tant que par un de ses côtés une valeur a sa racine dans les choses et leurs rapports naturels (comme c'est le cas dans la science économique — par exemple un fonds de terre vaut en proportion de ce qu'il rapporte), on peut jusqu'à un certain point suivre cette valeur dans le temps, tout en se souvenant qu'à chaque moment elle dépend d'un système de valeurs contemporaines. Son lien avec les choses lui donne malgré tout une base naturelle, et par là les appréciations qu'on y rattache ne sont jamais complètement arbitraire ; leur variabilité est limitée. Mais nous venons de voir qu'en linguistique les données naturelles n'ont aucune place.

Ajoutons que plus un système de valeurs est complexe et rigoureusement organisé, plus il est nécessaire, à cause de sa complexité même, de l'étudier successivement selon les deux axes. Or aucun système ne porte ce caractère à l'égal de la langue : nulle part on ne constate une pareille précision des valeurs en jeu, un si grand nombre et une telle diversité de termes, dans une dépendance réciproque aussi stricte. La multiplicité des signes, déjà invoquée pour expliquer la continuité de la langue, nous interdit absolument d'étudier simultanément les rapports dans le temps et les rapports dans le système.

Voilà pourquoi nous distinguons deux linguistiques. Comment les désignerons-nous ? Les termes qui s'offrent ne sont pas tous également propres à marquer cette distinction. Ainsi histoire et « linguistique historique » ne sont pas utilisables, car ils appellent des idées trop vagues ; comme l'histoire politique comprend la description des époques aussi bien que la narration des événements, on pourrait s'imaginer qu'en décrivant des états de la langue succesifs on étudie la langue selon l'axe du temps ; pour cela, il faudrait envisager séparément les phénomènes qui font passer la langue d'un état à un autre. Les termes d'*évolution* et de *linguistique évolutive* sont plus précis, et nous les emploierons souvent ; par opposition on peut parler de la science des *états* de langue ou *linguistique statique*.

Mais pour mieux marquer cette opposition et ce croisement de deux ordres de phénomènes relatifs au même objet, nous préférons parler de linguistique *synchronique* et de linguistique *diachronique*. Est synchronique tout ce qui se rapporte à l'aspect statique de notre science, diachronique tout ce qui a trait aux évolutions. De même *synchronie* et *diachronie* désigneront respectivement un état de langue et une phase d'évolution.

§ 2.

La dualité interne et l'histoire de la linguistique.

La première chose qui frappe quand on étudie les faits de langue, c'est que pour le sujet parlant leur succession dans le temps est inexistante : il est devant un état. Aussi le linguiste qui veut comprendre cet état doit-il faire table rase de tout ce qui l'a produit et ignorer la diachronie. Il ne peut entrer dans la conscience des sujets parlants qu'en supprimant le passé. L'intervention de l'histoire ne peut que fausser son jugement. Il serait absurde de dessiner un panorama des Alpes en le prenant simultanément de plusieurs sommets du Jura ; un panorama doit être pris d'un seul point. De même pour la langue : on ne peut ni la décrire ni fixer des normes pour l'usage qu'en se plaçant dans un certain état. Quand le linguiste suit l'évolution de la langue, il ressemble à l'observateur en mouvement qui va d'une extrémité à l'autre du Jura pour noter les déplacements de la perspective.

Depuis que la linguistique moderne existe, on peut dire qu'elle s'est absorbée tout entière dans la diachronie. La grammaire comparée de l'indo-européen utilise les données qu'elle a en mains pour reconstruire hypothétiquement un type de langue antécédent ; la comparaison n'est pour elle qu'un moyen de reconstituer le passé. La méthode est la même dans l'étude particulière des sous-groupes (langues romanes, langues germaniques, etc.) ; les états n'interviennent que par fragments et d'une façon très imparfaite. Telle est la tendance inaugurée par Bopp ; aussi sa conception de la langue est-elle hybride et hésitante.

D'autre part, comment ont procédé ceux qui ont étudié la langue avant la fondation des études linguistiques, c'est-à-dire les « grammairiens » inspirés par les méthodes traditionnelles ? Il est curieux de constater que leur point de vue, sur la question qui nous occupe, est absolument irréprochable. Leurs travaux nous montrent clairement qu'ils veulent décrire des états ; leur programme est strictement synchronique. Ainsi la grammaire de Port-Royal essaie de décrire l'état du français sous Louis XIV et d'en déterminer les valeurs. Elle n'a pas besoin pour cela de la langue du moyen âge ; elle suit fidèlement l'axe horizontal (voir p. 115) sans jamais s'en écarter ; cette méthode est donc juste, ce qui ne veut pas dire que son application soit parfaite. La grammaire traditionnelle ignore des parties entières de la langue, telle que la formation des mots ; elle est normative et croit devoir édicter des règles au lieu de constater des faits ; les vues d'ensemble lui font défaut ; souvent même elle ne sait pas distinguer le mot écrit du mot parlé, etc.

On a reproché à la grammaire classique de n'être pas scientifique ; pourtant sa base est moins critiquable et son objet mieux défini que ce n'est le cas pour la linguistique inaugurée par Bopp. Celle-ci, en se plaçant sur un terrain mal délimité, ne sait pas exactement vers quel but elle tend. Elle est à cheval sur deux domaines, parce qu'elle n'a pas su distinguer nettement entre les états et les successivités.

Après avoir accordé une trop grande place à l'histoire, la linguistique retournera au point de vue statique de la grammaire traditionnelle, mais dans un esprit nouveau et avec d'autres procédés, et la méthode historique aura contribué à ce rajeunissement ; c'est elle qui, par contre-coup, fera mieux comprendre les états de langue. L'ancienne grammaire ne voyait que le fait synchronique ; la linguistique nous a révélé un nouvel ordre de phénomènes ; mais cela ne suffit pas ; il faut faire sentir l'opposition des deux ordres pour en tirer toutes les conséquences qu'elle comporte.

§ 3.

La dualité interne illustrée par des exemples.

L'opposition entre les deux points de vue — synchronique et diachronique — est absolue et ne souffre pas de compromis. Quelques faits nous montreront en quoi consiste cette différence et pourquoi elle est irréductible.

Le latin *crispus*, « ondulé, crêpé », a fourni au français un radical *crép-*, d'où les verbes *crépir* « recouvrir de mortier », et *décrépir*, « enlever le mortier ». D'autre part, à un un certain moment, on a emprunté au latin le mot *dēcrepitus*, « usé par l'âge », dont on ignore l'étymologie, et on en a fait *décrépit*. Or il est certain qu'aujourd'hui la masse des sujets parlants établit un rapport entre « un mur *décrépi* » et « un homme *décrépit* », bien qu'historiquement ces deux mots n'aient rien à faire l'un avec l'autre ; on parle souvent de la façade *décrépite* d'une maison. Et c'est un fait statique, puisqu'il s'agit d'un rapport entre deux termes coexistants dans la langue. Pour qu'il se produise, le concours de certains phénomènes d'évolution a été nécessaire ; il a fallu que *crisp-* arrive à se prononcer *crép-*, et qu'à un certain moment on emprunte un mot nouveau au latin : ces faits diachroniques — on le voit clairement — n'ont aucun rapport avec le fait statique qu'ils ont produit ; ils sont d'ordre différent.

Voici un autre exemple, d'une portée tout à fait générale. En vieux-haut-allemand le pluriel de *gast* « l'hôte », fut d'abord *gasti*, celui de *hant* « la main », *hanti*, etc. etc.. Plus tard cet *i*- a produit un umlaut, c'est-à-dire a eu pour effet de changer *a* en *e* dans la syllabe précédente : *gasti* → *gesti hanti* → *henti*. Puis cet -*i* a perdu son timbre d'où *gesti* → *geste*, etc. En conséquence on a aujourd'hui *Gast : Gäste, Hand : Hände*, et toute une classe de mots présente la même différence entre le singulier et le pluriel. Un fait à peu près semblable s'est produit en anglo-saxon : on a eu d'abord *fōt* « le pied », pluriel **fōti* ; *tōþ*, « la dent », pluriel **tōþi* ; *gōs*, « l'oie », pluriel **gōsi*, etc. ; puis par un premier changement phonétique, celui de l'umlaut, **fōti* est devenu **fēti*, et par un second, la chute de l'*i* final, **fēti* a donné *fēt* ; dès lors, *fōt* a pour pluriel *fēt* ; *tōþ, tēþ* ; *gōs, gēs* (angl. mod. : *foot : feet, tooth : teeth, goose : geese*).

Précédemment, quand on disait *gast : gasti, fōt : fōti*, le pluriel était marqué par la simple adjonction d'un *i* ; *Gast : Gäste* et *fōt : fēt* montrent un mécanisme nouveau pour marquer le pluriel. Ce mécanisme n'est pas le même dans les deux cas : en vieil anglais, il y a seulement opposition de voyelles ; en allemand, il y a en plus, la présence ou l'absence de la finale -*e* ; mais cette différence n'importe pas ici.

Le rapport entre un singulier et son pluriel, quelles qu'en soient les formes, peut s'exprimer à chaque moment par un axe horizontal, soit :

• ↔ • Époque A.

• ↔ • Époque B.

Les faits, quels qu'ils soient, qui ont provoqué le passage d'une forme à l'autre, seront au contraire situés sur un axe vertical, ce qui donne la figure totale :

• ↔ • Époque A.

↓   ↓

•↔•Époque B.

Notre exemple-type suggère bon nombre de réflexions qui rentrent directement dans notre sujet :

1° Ces faits diachroniques n'ont nullement pour but de marquer une valeur par un autre signe : le fait que *gasti* a donné *gesti, geste* (*Gäste*) n'a rien à voir avec le pluriel des substantifs ; dans *tragit* → *trägt*, le même umlaut intéresse la flexion verbale, et ainsi de suite. Donc un fait diachronique est un événement qui a sa raison d'être en lui-même ; les conséquences synchroniques particulières qui peuvent en découler lui sont complètement étrangères.

2° Ces faits diachroniques ne tendent pas même à changer le système. On n'a pas voulu passer d'un système de rapports à un autre ; la modification ne porte pas sur l'agencement mais sur les éléments agencés.

Nous retrouvons ici un principe déjà énoncé : jamais le système n'est modifié directement ; en lui-même il est immuable ; seuls certains éléments sont altérés sans égard à la solidarité qui les lie au tout. C'est comme si une des planètes qui gravitent autour du soleil changeait de dimensions et de poids : ce fait isolé entraînerait des conséquences générales et déplacerait l'équilibre du système solaire tout entier. Pour exprimer le pluriel, il faut l'opposition de deux termes : ou *fōt* : *foti, ou *fōt* : *fēt* ; ce sont deux procédés également possibles, mais on a passé de l'un à l'autre pour ainsi dire sans y toucher ; ce n'est pas l'ensemble qui a été déplacé ni un système qui en a engendré un autre, mais un élément du premier a été changé, et cela a suffi pour faire naître un autre système.

3° Cette observation nous fait mieux comprendre le caractère toujours *fortuit* d'un état. Par opposition à l'idée fausse que nous nous en faisons volontiers, la langue n'est pas un mécanisme créé et agencé en vue des concepts à exprimer. Nous voyons au contraire que l'état issu du changement n'était pas destiné à marquer les significations dont il s'imprègne. Un état fortuit est donné : *fōt : fēt*, et l'on s'en empare pour lui faire porter la distinction du singulier et du pluriel ; *fōt : fēt* n'est pas mieux fait pour cela que *fōt* : **fōti* Dans chaque état l'esprit s'insuffle dans une matière donnée et la vivifie. Cette vue, qui nous est inspirée par la linguistique historique, est inconnue à la grammaire traditionnelle, qui n'aurait jamais pu l'acquérir par ses propres méthodes. La plupart des philosophes de la langue l'ignorent également : et cependant rien de plus important au point de vue philosophique.

4º Les faits appartenant à la série diachronique sont-ils au moins du même ordre que ceux de la série synchronique ? En aucune façon, car nous avons établi que les changements se produisent en dehors de toute intention. Au contraire le fait de synchronie est toujours significatif ; il fait toujours appel à deux termes simultanés ; ce n'est pas *Gäste* qui exprime le pluriel, mais l'opposition *Gast : Gäste*. Dans le fait diachronique, c'est juste l'inverse : il n'intéresse qu'un seul terme, et pour qu'une forme nouvelle (*Gäste*) apparaisse, il faut que l'ancienne (*gasti*) lui cède la place.

Vouloir réunir dans la même discipline des faits aussi disparates serait donc une entreprise chimérique. Dans la perspective diachronique on a affaire à des phénomènes qui n'ont aucun rapport avec les systèmes, bien qu'ils les conditionnent.

Voici d'autres exemples qui confirmeront et compléteront les conclusions tirées des premiers.

En français, l'accent est toujours sur la dernière syllabe, à moins que celle-ci n'ait un *e* muet (ə). C'est un fait synchronique, un rapport entre l'ensemble des mots français et l'accent. D'où dérive-t-il ? D'un état antérieur. Le latin avait un système accentuel différent et plus compliqué : l'accent était sur la syllabe pénultième quand celle-ci était longue ; si elle était brève, il était reporté sur l'antépénultième (cf. *amīcus, ánĭma*). Cette loi évoque des rapports qui n'ont pas la moindre analogie avec la loi française. Sans doute, c'est le même accent en ce sens qu'il est resté aux mêmes places ; dans le mot français il frappe toujours la syllabe qui le portait en latin : *amīcum* → *ami*, *ánimam* → *âme*. Cependant les deux formules sont différentes dans les deux moments, parce que la forme des mots a changé. Nous savons que tout ce qui était après l'accent ou bien a disparu, ou bien s'est réduit à *e* muet. A la suite de cette altération du mot, la position de l'accent n'a plus été la même vis-à-vis de l'ensemble ; dès lors les sujets parlants, conscients de ce nouveau rapport, ont mis instinctivement l'accent sur la dernière syllabe, même dans les mots d'emprunt transmis par l'écriture (*facile, consul, ticket, burgrave*, etc.). Il est évident qu'on n'a pas voulu changer de système, appliquer une nouvelle formule, puisque dans un mot comme *amīcum* → *ami*, l'accent est toujours resté sur la même syllabe ; mais il s'est interposé un fait diachronique : la place de l'accent s'est trouvée changée sans qu'on y ait touché. Une loi d'accent, comme tout ce qui tient au système linguistique, est une disposition de termes, un résultat fortuit et involontaire de l'évolution.

Voici un cas encore plus frappant. En paléoslave *slovo*, « mot », fait à l'instrum. sg. *slovemъ* au nom. pl. *slova*, au gén. pl. *slovъ*, etc. ; dans cette déclinaison chaque cas a sa désinence. Mais aujourd'hui les voyelles « faibles » ь et ъ, représentants slaves de ĭ et ŭ indo-européen, ont disparu ; d'où en tchèque, par exemple, *slovo, slovem, slova, slov* ; de même *žena*, « femme », accus. sg. *ženu*, nom. pl. *ženy*, gén. pl. *žen*. Ici le génitif (*slov, žen*) a pour exposant zéro. On voit donc qu'un signe matériel n'est pas nécessaire pour exprimer une idée ; la langue peut se contenter de l'opposition de quelque chose avec rien ; ici, par exemple, on reconnaît le gén. pl. *žen* simplement à ce qu'il n'est ni *žena* ni *ženu*, ni aucune des autres formes. Il semble étrange à première vue qu'une idée aussi particulière que celle du génitif pluriel ait pris le signe *zéro* ; mais c'est justement la preuve que tout vient d'un pur accident. La langue est un mécanisme qui continue à fonctionner malgré les détériorations qu'on lui fait subir.

Tout ceci confirme les principes déjà formulés et que nous résumons comme suit :

La langue est un système dont toutes les parties peuvent et doivent être considérées dans leur solidarité synchronique.

Les altérations ne se faisant jamais sur le bloc du système, mais sur l'un ou l'autre de ses éléments, ne peuvent être étudiées qu'en dehors de celui-ci. Sans doute chaque altération a son contre-coup sur le système ; mais le fait initial a porté sur un point seulement ; il n'a aucune relation interne avec les conséquences qui peuvent en découler pour l'ensemble. Cette différence de nature entre termes successifs et termes coexistants, entre faits partiels et faits touchant le système, interdit de faire des uns et des autres la matière d'une seule science.

§ 4.

La différence des deux ordres illustrée par des comparaisons.

Pour montrer à la fois l'autonomie et l'interdépendance du synchronique et du diachronique, on peut comparer le premier à la projection d'un corps sur un plan. En effet toute projection dépend directement du corps projeté, et pourtant elle en diffère, c'est une chose à part. Sans cela il n'y aurait pas toute une science des projections ; il suffirait de considérer les corps eux-mêmes. En linguistique, même relation entre la réalité historique et un état de langue, qui en est comme la projection à un moment donné. Ce n'est pas en étudiant les corps, c'est-à-dire les événements diachroniques qu'on connaîtra les états synchroniques, pas plus qu'on n'a une notion des projections géométriques pour avoir étudié, même de très près, les diverses espèces de corps.

De même encore si l'on coupe transversalement la tige d'un végétal, on remarque sur la surface de section un dessin plus ou moins compliqué ; ce n'est pas autre chose qu'une perspective des fibres longitudinales, et l'on apercevra celles-ci en pratiquant une section perpendiculaire à la première. Ici encore une des perspectives dépend de l'autre : la section longitudinale nous montre les fibres elles-mêmes qui constituent la plante, et la section transversale leur groupement sur un plan particulier ; mais la seconde est distincte de la première car elle fait constater entre les fibres certains rapports qu'on ne pourrait jamais saisir sur un plan longitudinal.

Mais de toutes les comparaisons qu'on pourrait imaginer, la plus démonstrative est celle qu'on établirait entre le jeu de la langue et une partie d'échecs. De part et d'autre, on est en présence d'un système de valeurs et on assiste à leurs modifications. Une partie d'échecs est comme une réalisation artificielle de ce que la langue nous présente sous une forme naturelle.

Voyons la chose de plus près.

D'abord un état du jeu correspond bien à un état de la langue. La valeur respective des pièces dépend de leur position sur l'échiquier, de même que dans la langue chaque terme a sa valeur par son opposition avec tous les autres termes.

En second lieu, le système n'est jamais que momentané ; il varie d'une position à l'autre. Il est vrai que les valeurs dépendent aussi et surtout d'une convention immuable, la règle du jeu, qui existe avant le début de la partie et persiste après chaque coup. Cette règle admise une fois pour toutes existe aussi en matière de langue ; ce sont les principes constants de la sémiologie.

Enfin, pour passer d'un équilibre à l'autre, ou — selon notre terminologie — d'une synchronie à l'autre, le déplacement d'une pièce suffit ; il n'y a pas de remue-ménage général. Nous avons là le pendant du fait diachronique avec toutes ses particularités. En effet :

a) Chaque coup d'échecs ne met en mouvement qu'une seule pièce ; de même dans la langue les changements ne portent que sur des éléments isolés.

b) Malgré cela le coup a un retentissement sur tout le système ; il est impossible au joueur de prévoir exactement les limites de cet effet. Les changements de valeurs qui en résulteront seront, selon l'occurence, ou nuls, ou très graves, ou d'importance moyenne. Tel coup peut révolutionner l'ensemble de la partie et avoir des conséquences même pour les pièces momentanément hors de cause. Nous venons de voir qu'il en est exactement de même pour la langue.

c) Le déplacement d'une pièce est un fait absolument distinct de l'équilibre précédent et de l'équilibre subséquent. Le changement opéré n'appartient à aucun de ces deux états : or les états sont seuls importants.

Dans une partie d'échecs, n'importe quelle position donnée a pour caractère singulier d'être affranchie de ses antécédents ; il est totalement indifférent qu'on y soit arrivé par une voie ou par une autre ; celui qui a suivi toute la partie n'a pas le plus léger avantage sur le curieux qui vient inspecter l'état du jeu au moment critique ; pour décrire cette position, il est parfaitement inutile de rappeler ce qui vient de se passer dix secondes auparavant. Tout ceci s'applique également à la langue et consacre la distinction radicale du diachronique et du synchronique. La parole n'opère jamais que sur un état de langue, et les changements qui interviennent entre les états n'y ont eux-mêmes aucune place.

Il n'y a qu'un point où la comparaison soit en défaut ; le joueur d'échecs a *l'intention* d'opérer le déplacement et d'exercer une action sur le système ; tandis que la langue ne prémédite rien ; c'est spontanément et fortuitement que ses pièces à elle se déplacent — ou plutôt se modifient ;

l'umlaut de *Hände* pour *hanti*, de *Gäste* pour *gasti* (voir p. 120), a produit une nouvelle formation de pluriel, mais a fait surgir aussi une forme verbale comme *trägt* pour *tragit*, etc. Pour que la partie d'échecs ressemblât en tout point au jeu de la langue, il faudrait supposer un joueur inconscient ou inintelligent. D'ailleurs cette unique différence rend la comparaison encore plus instructive, en montrant l'absolue nécessité de distinguer en linguistique les deux ordres de phénomènes. Car, si des faits diachroniques sont irréductibles au système synchronique qu'ils conditionnent, lorsque la volonté préside à un changement de ce genre, à plus forte raison le seront-ils lorsqu'ils mettent une force aveugle aux prises avec l'organisation d'un système de signes.

§ 5.

Les deux linguistiques opposées dans leurs méthodes et leurs principes.

L'opposition entre le diachronique et le synchronique éclate sur tous les points.

Par exemple — et pour commencer par le fait le plus apparent — ils n'ont pas une égale importance. Sur ce point, il est évident que l'aspect synchronique prime l'autre, puisque pour la masse parlante il est la vraie et la seule réalité (voir p. 117). Il en est de même pour le linguiste : s'il se place dans la perspective diachronique, ce n'est plus la langue qu'il aperçoit, mais une série d'événements qui la modifient. On affirme souvent que rien n'est plus important que de connaître la genèse d'un état donné ; c'est vrai dans un certain sens : les conditions qui ont formé cet état nous éclairent sur sa véritable nature et nous gardent de certaines illusions (voir p. 121 sv.) ; mais cela prouve justement que la diachronie n'a pas sa fin en elle-même. On peut dire d'elle ce qu'on a dit du journalisme : elle mène à tout à condition qu'on en sorte.

Les méthodes de chaque ordre diffèrent aussi, et de deux manières :

a) La synchronie ne connaît qu'une perspective, celle des sujets parlants, et toute sa méthode consiste à recueillir leur témoignage ; pour savoir dans quelle mesure une chose est une réalité, il faudra et il suffira de rechercher dans quelle mesure elle existe pour la conscience des sujets. La linguistique diachronique, au contraire, doit distinguer deux perspectives, l'une, *prospective*, qui suit le cours du temps l'autre *rétrospective*, qui le remonte : d'où un dédoublement de la méthode dont il sera question dans la cinquième partie.

b) Une seconde différence découle des limites du champ qu'embrasse chacune des deux disciplines. L'étude synchronique n'a pas pour objet tout ce qui est simultané, mais seulement l'ensemble des faits correspondant à chaque langue ; dans la mesure où cela sera nécessaire, la séparation ira jusqu'aux dialectes et aux sous-dialectes. Au fond le terme de *synchronique* n'est pas assez précis ; il devrait être remplacé par celui, un peu long il est vrai, de *idiosynchronique*. Au contraire la linguistique diachronique non seulement ne nécessite pas, mais repousse une semblable spécialisation ; les termes qu'elle considère n'appartiennent pas forcément à une même langue (comparez l'indo-européen *esti, le grec *ésti*, l'allemand *ist*, le français *est*). C'est justement la succession des faits diachroniques et leur multiplication spatiale qui crée la diversité des idiomes. Pour justifier un rapprochement entre deux formes, il suffit qu'elles aient entre elles un lien historique, si indirect soit-il.

Ces oppositions ne sont pas les plus frappantes, ni les plus profondes : l'antinomie radicale entre le fait évolutif et le fait statique a pour conséquence que toutes les notions relatives à l'un ou à l'autre sont dans la même mesure irréductibles entre elles. N'importe laquelle de ces notions peut servir à démontrer cette vérité. C'est ainsi que le « phénomène » synchronique n'a rien de commun avec le diachronique (voir p. 122) ; l'un est un rapport entre, éléments simultanés, l'autre la substitution d'un élément à un autre dans le temps, un événement. Nous verrons aussi p. 150 que les identités diachroniques et synchroniques sont deux choses très différentes : historiquement la négation *pas* est identique au substantif *pas*, tandis que, pris dans la langue d'aujourd'hui, ces deux éléments sont parfaitement distincts. Ces constatations suffiraient pour nous faire comprendre la nécessité de ne pas confondre les deux points de vue ; mais nulle part elle ne se manifeste plus évidemment que dans la distinction que nous allons faire maintenant.

§ 6.

Loi synchronique et loi diachronique.

On parle couramment de lois en linguistique ; mais les faits de la langue sont-ils réellement régis par des lois et de quelle nature peuvent-ils être ? La langue étant une institution sociale, on peut penser *a priori* qu'elle est réglée par des prescriptions analogues à celles qui régissent les collectivités. Or toute loi sociale a deux caractères fondamentaux : elle est *impérative* et elle est *générale* ;

elle s'impose, et elle s'étend à tous les cas, dans certaines limites de temps et de lieu, bien entendu.

Les lois de la langue répondent-elles à cette définition ? Pour le savoir, la première chose à faire, d'après ce qui vient d'être dit, c'est de séparer une fois de plus les sphères du synchronique et du diachronique. Il y a là deux problèmes qu'on ne doit pas confondre : parler de loi linguistique en général, c'est vouloir étreindre un fantôme.

Voici quelques exemples empruntés au grec, et où les « lois » des deux ordres sont confondues à dessein :

1. Les sonores aspirées de l'indo-européen sont devenues des sourdes aspirées : *$dh\bar{u}mos$ → $th\bar{u}mós$ « souffle de vie », *$bher\bar{o}$ → $phér\bar{o}$ « je porte », etc.

2. L'accent ne remonte jamais au delà de l'antépénultième.

3. Tous les mots se terminent par une voyelle ou par *s, n, r*, à l'exclusion de toute autre consonne.

4. *s* initial devant une voyelle est devenu *h* (esprit rude) : *$septm$ (latin *septem*) → *heptá*.

5. *m* final a été changé en *n* : *$jugom$ → *zugón* (cf. latin *jugum*[3]).

6. Les occlusives finales sont tombées : *$gunaik$ → *gúnai*, *$epheret$ → *éphere*, *$epheront$ → *épheron*.

La première de ces lois est diachronique : ce qui était *dh* est devenu *th*, etc. La seconde exprime un rapport entre l'unité du mot et l'accent, une sorte de contrat entre deux termes coexistants : c'est une loi synchronique. Il en est de même de la troisième, puisqu'elle concerne l'unité du mot et sa fin. Les lois 4, 5 et 6 sont diachroniques : ce qui était *s* est devenu *h* ; — *n* a remplacé *m* ; — *t, k*, etc., ont disparu sans laisser de trace.

Il faut remarquer en outre que 3 est le résultat de 5 et 6 ; deux faits diachroniques ont créé un fait synchronique.

Une fois ces deux catégories de lois séparées, on verra que 2 et 3 ne sont pas de même nature que 1, 4, 5, 6.

La loi synchronique est générale, mais elle n'est pas impérative. Sans doute elle s'impose aux individus par la contrainte de l'usage collectif (v. p. 107), mais nous n'envisageons pas ici une obligation relative aux sujets parlants. Nous voulons dire que *dans la langue* aucune force ne garantit le maintien de la régularité quand elle règne sur quelque point. Simple expression d'un ordre existant, la loi synchronique constate un état de choses ; elle est de même nature que celle qui constaterait que les arbres d'un verger sont disposés en quinconce. Et l'ordre qu'elle définit est précaire, précisément parce qu'il n'est pas impératif. Ainsi rien n'est plus régulier que la loi synchronique qui régit l'accent latin (loi exactement comparable à 2) ; pourtant ce régime accentuel n'a pas résisté aux facteurs d'altération, et il a cédé devant une loi nouvelle, celle du français (voir plus haut p. 122 sv.). En résumé, si l'on parle de loi en synchronie, c'est dans le sens d'arrangement, de principe de régularité.

La diachronie suppose au contraire un facteur dynamique par lequel un effet est produit, une chose exécutée. Mais ce caractère impératif ne suffit pas pour qu'on applique la notion de loi aux faits évolutifs ; on ne parle de loi que lorsqu'un ensemble de faits obéissent à la même règle, et malgré certaines apparences contraires, les événements diachroniques ont toujours un caractère accidentel et particulier.

Pour les faits sémantiques, on s'en rend compte immédiatement ; si le français *poutre* « jument » a pris le sens de « pièce de bois, solive », cela est dû à des causes particulières et ne dépend pas des autres changements qui ont pu se produire dans le même temps ; ce n'est qu'un accident parmi tous ceux qu'enregistre l'histoire d'une langue.

Pour les transformations syntaxiques et morphologiques, la chose n'est pas aussi claire au premier abord. A une certaine époque presque toutes les formes de l'ancien cas sujet ont disparu en français ; n'y a-t-il pas là un ensemble de faits obéissant à la même loi ? Non, car tous ne sont que les manifestations multiples d'un seul et même fait isolé. C'est la notion particulière de cas sujet qui a été atteinte et sa disparition a entraîné naturellement celle de toute une série de formes. Pour quiconque ne voit que les dehors de la langue, le phénomène unique est noyé dans la multitude de ses manifestations ; mais lui-même est un dans sa nature profonde, et il constitue un événement historique aussi isolé dans son ordre que le changement sémantique subi par *poutre* ; il ne prend l'apparence d'une loi « que parce qu'il se réalise dans un système : c'est l'agencement rigoureux de ce dernier qui crée l'illusion que le fait diachronique obéit aux mêmes conditions que le synchronique.

Pour les changements phonétiques enfin, il en est exactement de même ; et pourtant on parle couramment de lois phonétiques. On constate en effet qu'à un moment donné, dans une région donnée, tous les mots présentant une même particularité phonique sont atteints du même changement ; ainsi la loi 1 de la page 130 (**dhūmos* → grec *thūmós*) frappe tous les mot grecs qui renfermaient une sonore aspirée (cf. **nebhos* → *néphos*, **medhu* → *méthu*, **anghō* → *ánkhō*, etc.) ; la règle 4 (**septm* → *heptá*) s'applique à *serpō* → *hérpo*, **sūs* → *hûs*, et à tous les mots commençant par *s*. Cette régularité, qu'on a quelquefois contestée, nous paraît très bien établie ; les exceptions apparentes n'atténuent pas la fatalité des changements de cette nature, car elles s'expliquent soit par des lois phonétiques plus spéciales (voir l'exemple de *tríkhes : thriksí* p. 138) soit par l'intervention de faits d'un autre ordre (analogie, etc.). Rien ne semble donc mieux répondre à la définition donnée plus haut du mot loi. Et pourtant, quel que soit le nombre des cas où une loi phonétique se vérifie, tous les faits qu'elle embrasse ne sont que les manifestations d'un seul fait particulier.

La vraie question est de savoir si les changements phonétiques atteignent les mots ou seulement les sons ; la réponse n'est pas douteuse : dans *néphos, méthu, ánkhō*, etc., c'est un certain phonème, une sonore aspirée indo-européenne qui se change en sourde aspirée, c'est l'*s* initial du grec primitif qui se change en *h*, etc., et chacun de ces faits est isolé, indépendant des autres événements du même ordre, indépendant aussi des mots où il se produit[4]. Tous ces mots se trouvent naturellement modifiés dans leur matière phonique, mais cela ne doit pas nous tromper sur la véritable nature du phonème.

Sur quoi nous fondons-nous pour affirmer que les mots eux-mêmes ne sont pas directement en cause dans les transformations phonétiques ? Sur cette constatation bien simple que de telles transformations leur sont au fond étrangères et ne peuvent les atteindre dans leur essence. L'unité du mot n'est pas constituée uniquement par l'ensemble de ses phonèmes ; elle tient à d'autres caractères que sa qualité matérielle. Supposons qu'une corde de piano soit faussée : toutes les fois qu'on la touchera en exécutant un air, il y aura une fausse note ; mais où ? Dans la mélodie ? Assurément non ; ce n'est pas elle qui a été atteinte ; le piano seul a été endommagé. Il en est exactement de même en phonétique. Le système de nos phonèmes est l'instrument dont nous jouons pour articuler les mots de la langue ; qu'un de ces éléments se modifie, les conséquences pourront être diverses, mais le fait en lui-même n'intéresse pas les mots, qui sont, pour ainsi dire, les mélodies de notre répertoire.

Ainsi les faits diachroniques sont particuliers ; le déplacement d'un système se fait sous l'action d'événements qui non seulement lui sont étrangers (voir p. 121), mais qui sont isolés et ne forment pas système entre eux.

Résumons : les faits synchroniques, quels qu'ils soient, présentent une certaine régularité, mais ils n'ont aucun caractère impératif ; les faits diachroniques, au contraire, s'imposent à la langue, mais ils n'ont rien de général.

En un mot, et c'est là que nous voulions en venir, ni les uns ni les autres ne sont régis par des lois dans le sens défini plus haut, et si l'on veut malgré tout parler de lois linguistiques, ce terme recouvrira des significations entièrement différentes selon qu'il sera appliqué aux choses de l'un ou de l'autre ordre.

§ 7.

Y a-t-il un point de vue panchronique ?

Jusqu'ici nous avons pris le terme de loi dans le sens juridique. Mais y aurait-il peut-être dans la langue des lois dans le sens où l'entendent les sciences physiques et naturelles, c'est-à-dire des rapports qui se vérifient partout et toujours ? En un mot, la langue ne peut-elle pas être étudiée au point de vue panchronique ?

Sans doute. Ainsi puisqu'il se produit et se produira toujours des changements phonétiques, on peut considérer ce phénomène en général comme un des aspects constants du langage ; c'est donc une de ses lois. En linguistique comme dans le jeu d'échecs (voir p. 125 sv.), il y a des règles qui survivent à tous les événements. Mais ce sont là des principes généraux existant indépendamment des faits concrets ; dès qu'on parle de faits particuliers et tangibles, il n'y a pas de point de vue panchronique. Ainsi chaque changement phonétique, quelle que soit d'ailleurs son extension, est limité à un temps et un territoire déterminés ; aucun ne se produit dans tous les temps et dans tous les lieux ; il n'existe que diachroniquement. C'est justement un critère auquel on peut reconnaître ce qui est de la langue et ce qui n'en est pas. Un fait concret susceptible d'une explication panchronique ne saurait lui appartenir. Soit le mot *chose* : au point de vue diachronique, il s'oppose au latin *causa* dont il dérive ; au point de vue synchronique, à tous les termes qui peuvent lui être associés en français moderne. Seuls les sons du mot pris en eux-mêmes (*šǫz*) donnent lieu à l'observation panchronique ; mais ils n'ont pas de valeur linguistique ; et même au point de vue panchronique *šǫz*, pris dans une chaîne comme *ün šǫz admirablə* « une chose admirable », n'est pas une unité, c'est une masse informe, qui n'est délimitée par rien ; en effet, pourquoi *šǫz* plutôt que *ǫza* ou *nšǫ* ? Ce n'est pas une valeur, parce que cela n'a pas de sens. Le point de vue panchronique n'atteint jamais les faits particuliers de la langue.

§ 8.

Conséquences de la confusion du synchronique et du diachronique.

Deux cas peuvent se présenter :

a) La vérité synchronique paraît être la négation de la vérité diachronique, et à voir les choses superficiellement, on s'imagine qu'il faut choisir ; en fait ce n'est pas nécessaire ; l'une des vérités n'exclut pas l'autre. Si *dépit* a signifié en français « mépris », cela ne l'empêche pas d'avoir actuellement un sens tout différent ; étymologie et valeur synchronique sont deux choses distinctes. De même encore, la grammaire traditionnelle du français moderne enseigne que, dans certains cas, le participe présent est variable et s'accorde comme un adjectif (cf. « une eau *courante* »), et que dans d'autres il est invariable (cf. « une personne *courant* dans la rue »). Mais la grammaire historique nous montre qu'il ne s'agit pas d'une seule et même forme : la première est la continuation du participe latin (*currentem*) qui est variable, tandis que l'autre vient du gérondif ablatif invariable (*currendō*)[5]. La vérité synchronique contredit-elle à la vérité diachronique, et faut-il condamner la grammaire traditionnelle au nom de la grammaire historique ? Non, car ce serait ne voir que la moitié de la réalité ; il ne faut pas croire que le fait historique importe seul et suffit à constituer une langue. Sans doute, au point de vue des origines, il y a deux choses dans le participe *courant* ; mais la conscience linguistique les rapproche et n'en reconnaît plus qu'une : cette vérité est aussi absolue et incontestable que l'autre.

b) La vérité synchronique concorde tellement avec la vérité diachronique qu'on les confond, ou bien l'on juge superflu de les dédoubler. Ainsi on croit expliquer le sens actuel du mot *père* en disant que *pater* avait la même signification. Autre exemple : *a* bref latin en syllabe ouverte non initiale s'est changé en *i* ; à côté de *faciō* on a *conficiō*, a côté de *amīcus*, *inimīcus*, etc. On formule souvent la loi en disant que le *a* de *faciō* devient *i* dans *conficiō*, parce qu'il n'est plus dans la première syllabe. Ce n'est pas exact : jamais le *a* de *faciō* n'est « devenu » *i* dans *conficiō*. Pour rétablir la vérité, il faut distinguer deux époques et quatre termes : on a dit d'abord *faciō — confaciō* ; puis *confaciō* s'étant transformé en *conficiō*, tandis que *faciō* subsistait sans changement, on a prononcé *faciō — conficiō*. Soit :

$$faciō \leftrightarrow confaciō \quad \text{Époque A.}$$
$$\downarrow \qquad \downarrow$$
$$faciō \leftrightarrow conficiō \quad \text{Époque B.}$$

Si un « changement » s'est produit, c'est entre *confaciō* et *conficiō* ; or la règle, mal formulée, ne mentionnait même pas le premier ! Puis à côté de ce changement, naturellement diachronique, il y a un second fait, absolument distinct du premier et qui concerne l'opposition purement synchronique entre *faciō* et *conficiō*. On est tenté de dire que ce n'est pas un fait, mais un résultat. Cependant, c'est bien un fait dans son ordre, et même tous les phénomènes synchroniques sont de cette nature. Ce qui empêche de reconnaître la véritable valeur de l'opposition *faciō — conficiō*, c'est qu'elle n'est pas très significative. Mais que l'on considère les couples *Gast — Gäste*, *gebe — gibt*, on verra que ces oppositions sont, elles aussi, des résultats fortuits de l'évolution phonétique, mais n'en constituent pas moins, dans l'ordre synchronique, des phénomènes grammaticaux essentiels. Comme ces deux ordres de phénomènes se trouvent par ailleurs étroitement liés entre eux, l'un conditionnant l'autre, on finit par croire qu'il ne vaut pas la peine de les distinguer ; en fait la linguistique les a confondus pendant des dizaines d'années sans s'apercevoir que sa méthode ne valait rien.

Cette erreur éclate cependant avec évidence dans certains cas. Ainsi pour expliquer le grec *phuktós*, on pourrait penser qu'il suffit de dire : en grec *g* ou *kh* se changent en *k* devant consonnes sourdes, en exprimant la chose par des correspondances synchroniques, telles que *phugeîn* : *phuktós*. *lékhos* : *léktron*, etc. Mais on se heurte à des cas comme *tríkhes* : *thriksí*, où l'on constate une complication : le « passage » de *t* à *th*. Les formes de ce mot ne peuvent s'expliquer qu'historiquement, par la chronologie relative. Le thème primitif *thrikh, suivi de la désinence -*si*, a donné *thriksí*, phénomène très ancien, identique à celui qui a produit *léktron*, de la racine *lekh-*. Plus tard, toute aspirée suivie d'une autre aspirée dans le même mot a passé à la sourde, et *thríkhes est devenu *tríkhes* : *thriksí* échappait naturellement à cette loi.

§ 9.

Conclusions.

Ainsi la linguistique se trouve ici devant sa seconde bifurcation. Il a fallu d'abord choisir entre la langue et la parole (voir p. 36) ; nous voici maintenant à la croisée des routes qui conduisent l'une, à la diachronie, l'autre à la synchronie.

Une fois en possession de ce double principe de classification, on peut ajouter que *tout ce qui est diachronique dans la langue ne l'est que par la parole*. C'est dans la parole que se trouve le germe de tous les changements : chacun d'eux est lancé d'abord par un certain nombre d'individus avant d'entrer dans l'usage. L'allemand moderne dit : *ich war, wir waren*, tandis que l'ancien allemand, jusqu'au XVIe siècle, conjuguait : *ich was, wir waren* (l'anglais dit encore : *I was, we were*). Comment s'est effectuée cette substitution de *war* à *was* ? Quelques personnes, influencées par *waren*, ont créé *war* par analogie ; c'était un fait de parole ; cette forme, souvent répétée, et acceptée par la communauté, est devenue un fait de langue. Mais toutes les innovations de la parole n'ont pas le même succès, et tant qu'elles demeurent individuelles, il n'y a pas à en tenir compte, puisque nous étudions la langue ; elles ne rentrent dans notre champ d'observation qu'au moment où la collectivité les a accueillies.

Un fait d'évolution est toujours précédé d'un fait, ou plutôt d'une multitude de faits similaires dans la sphère de la parole ; cela n'infirme en rien la distinction établie ci-dessus, elle s'en trouve même confirmée, puisque dans l'histoire de toute innovation on rencontre toujours deux moments distincts : 1° celui où elle surgit chez les individus ; 2° celui où elle est devenue un fait de langue, identique extérieurement, mais adopté par la collectivité.

Le tableau suivant indique la forme rationnelle que doit prendre l'étude linguistique :

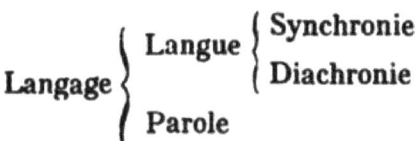

Il faut reconnaître que la forme théorique et idéale d'une science n'est pas toujours celle que lui imposent les exigences de la pratique. En linguistique ces exigences-là sont plus impérieuses que partout ailleurs ; elles excusent en quelque mesure la confusion qui règne actuellement dans ces recherches. Même si les distinctions établies ici étaient admises une fois pour toutes, on ne pourrait peut-être pas imposer, au nom de cet idéal, une orientation précise aux investigations.

Ainsi dans l'étude synchronique de l'ancien français le linguiste opère avec des faits et des principes qui n'ont rien de commun avec ceux que lui ferait découvrir l'histoire de cette même langue, du XIIIe au XXe siècle ; en revanche ils sont comparables à ceux que révélerait la description d'une langue bantoue actuelle, du grec antique en 400 avant Jésus-Christ ou enfin du français d'aujourd'hui. C'est que ces divers exposés reposent sur des rapports similaires ; si chaque idiome forme un système fermé, tous supposent certains principes constants, qu'on retrouve en passant de l'un à l'autre, parce qu'on reste dans le même ordre. Il n'en est pas autrement de l'étude historique : que l'on parcoure une période déterminée du français (par exemple du XIIIe au XXe siècle), ou une période du javanais, ou de n'importe quelle langue, partout on opère sur des faits similaires qu'il suffirait de rapprocher pour établir les vérités générales de l'ordre diachronique. L'idéal serait que chaque savant se consacre à l'une ou l'autre de ces recherches et embrasse le plus de faits possible dans cet ordre ; mais il est bien difficile de posséder scientifiquement des langues aussi différentes. D'autre part chaque langue forme pratiquement une unité d'étude, et l'on est amené par la force des choses à la considérer tour à tour statiquement et historiquement. Malgré tout il ne faut jamais oublier qu'en théorie cette unité est superficielle, tandis que la disparité des idiomes cache une unité profonde. Que dans l'étude d'une langue l'observation se porte d'un côté ou de l'autre, il faut à tout prix situer chaque fait dans sa sphère et ne pas confondre les méthodes.

Les deux parties de la linguistique, ainsi délimitées, feront successivement l'objet de notre étude.

La *linguistique synchronique* s'occupera des rapports logiques et psychologiques reliant des termes coexistants et formant système, tels qu'ils sont aperçus par la même conscience collective.

La *linguistique diachronique* étudiera au contraire les rapports reliant des termes successifs non aperçus par une même conscience collective, et qui se substituent les uns aux autres sans former système entre eux.

> 1. ↑ Ce terme d'image acoustique paraîtra peut-être trop étroit, puisqu'à côté de la représentation des sons d'un mot il y a aussi celle de son articulation, l'image musculaire de l'acte phonatoire. Mais pour F. de Saussure la langue est essentiellement un dépôt, une chose reçue du dehors (voir p. 30). L'image acoustique est par excellence la représentation naturelle du mot en tant que fait de langue virtuel, en dehors de toute réalisation par la parole. L'aspect moteur peut donc être sous-entendu ou en tout cas n'occuper qu'une place subordonnée par rapport à l'image acoustique (Ed.).
> 2. ↑ On aurait tort de reprocher à F. de Saussure d'être illogique ou paradoxal en attribuant à là langue deux

qualités contradictoires. Par l'opposition de deux termes frappants, il a voulu seulement marquer fortement cette vérité, que la langue se transforme sans que les sujets puissent la transformer. On peut dire aussi qu'elle est intangible, mais non inaltérable (*Ed.*).

3. ↑ D'après MM. Meillet (*Mém. de la Soc. de Lingu.*, IX, p. 365 et suiv.) et Gauthiot (*La fin de mot en indo-européen*, p. 158 et suiv.), l'indo-européen ne connaissait que -*n* final à l'exclusion de -*m* ; si l'on admet cette théorie, il suffira de formuler ainsi la loi 5 : tout -*n* final i. e. a été conservé en grec ; sa valeur démonstrative n'en sera pas diminuée, puisque le phénomène phonétique aboutissant à la conservation d'un état ancien est de même nature que celui qui se traduit par un changement (voir p. 200) (*Ed.*).

4. ↑ Il va sans dire que les exemples cités ci-dessus ont un caractère purement schématique : la linguistique actuelle s'efforce avec raison de ramener des séries aussi larges que possible de changements phonétiques à un même principe initial ; c'est ainsi que M. Meillet explique toutes les transformations des occlusives grecques par un affaiblissement progressif de leur articulation (voir *Mém. de la Soc. de Ling.*, IX, p. 163 et suiv.). C'est naturellement à ces faits généraux, là où il existent, que s'appliquent en dernière analyse ces conclusions sur le caractère des changements phonétiques (*Ed.*).

5. ↑ Cette théorie, généralement admise, a été récemment combattue par M. E. Lerch (*Das invariable Participium praesenti*, Erlangen 1913), mais, croyons-nous, sans succès ; il n'y avait donc pas lieu de supprimer un exemple qui, en tout état de cause, conserverait sa valeur didactique (*Ed.*).

Deuxième partie

Linguistique synchronique

Chapitre premier

Généralités

L'objet de la linguistique synchronique générale est d'établir les principes fondamentaux de tout système idiosynchronique, les facteurs constitutifs de tout état de langue. Bien des choses déjà exposées dans ce qui précède appartiennent plutôt à la synchronie ; ainsi les propriétés générales du signe peuvent être considérées comme partie intégrante de cette dernière, bien qu'elles nous aient servi à prouver la nécessité de distinguer les deux linguistiques.

C'est à la synchronie qu'appartient tout ce qu'on appelle la « grammaire générale » ; car c'est seulement par les états de langue que s'établissent les différents rapports qui sont du ressort de la grammaire. Dans ce qui suit nous n'envisageons que certains principes essentiels, sans lesquels on ne pourrait pas aborder les problèmes plus spéciaux de la statique, ni expliquer le détail d'un état de langue.

D'une façon générale, il est beaucoup plus difficile de faire de la linguistique statique que de l'histoire. Les faits d'évolution sont plus concrets, ils parlent davantage à l'imagination ; les rapports qu'on y observe se nouent entre termes successifs qu'on saisit sans peine ; il est aisé, souvent même amusant, de suivre une série de transformations. Mais la linguistique qui se meut dans des valeurs et des rapports coexistants présente de bien plus grandes difficultés.

En pratique, un état de langue n'est pas un point, mais un espace de temps plus ou moins long pendant lequel la somme des modifications survenues est minime. Cela peut être dix ans, une génération, un siècle, davantage même. Une langue changera à peine pendant un long intervalle, pour subir ensuite des transformations considérables en quelques années. De deux langues coexistant dans une même période, l'une peut évoluer beaucoup et l'autre presque pas ; dans ce dernier cas l'étude sera nécessairement synchronique, dans l'autre diachronique. Un état absolu se définit par l'absence de changements, et comme malgré tout la langue se transforme, si peu que ce soit, étudier un état de langue revient pratiquement à négliger les changements peu importants, de même que les mathématiciens négligent les quantités infinitésimales dans certaines opérations, telles que le calcul des logarithmes.

Dans l'histoire politique on distingue l'*époque*, qui est un point du temps, et la *période*, qui embrasse une certaine durée. Cependant l'historien parle de l'époque des Antonins, de l'époque des Croisades, quand il considère un ensemble de caractères qui sont restés constants pendant ce temps. On pourrait dire aussi que la linguistique statique s'occupe d'époques ; mais *état* est préférable ; le commencement et la fin d'une époque sont généralement marqués par quelque révolution plus ou moins brusque tendant à modifier l'état de choses établi. Le mot état évite de faire croire qu'il se produise rien de semblable dans la langue, En outre le terme d'époque, précisément parce qu'il est emprunté à l'histoire, fait moins penser à la langue elle-même qu'aux circonstances qui l'entourent et la conditionnent ; en un mot elle évoque plutôt l'idée de ce que nous avons appelé la linguistique externe (voir p. 40).

D'ailleurs la délimitation dans le temps n'est pas la seule difficulté que nous rencontrons dans la définition d'un état de langue ; le même problème se pose à propos de l'espace. Bref, la notion d'état de langue ne peut être qu'approximative. En linguistique statique, comme dans la plupart des sciences, aucune démonstration n'est possible sans une simplification conventionnelle des données.

Chapitre II

Les entités concrètes de la langue

§ 1.

Entités et unités. Définitions.

Les signes dont la langue est composée ne sont pas des abstractions, mais des objets réels (voir p. 32) ; ce sont eux et leurs rapports que la linguistique étudie ; on peut les appeler les *entités concrètes* de cette science.

Rappelons d'abord deux principes qui dominent toute la question :

1° L'entité linguistique n'existe que par l'association du signifiant et du signifié (voir p. 99) ; dès qu'on ne retient qu'un de ces éléments, elle s'évanouit ; au lieu d'un objet concret, on n'a plus devant soi qu'une pure abstraction. À tout moment on risque de ne saisir qu'une partie de l'entité en croyant l'embrasser dans sa totalité ; c'est ce qui arriverait par exemple, si l'on divisait la chaîne parlée en syllabes ; la syllabe n'a de valeur qu'en phonologie. Une suite de sons n'est linguistique que si elle est le support d'une idée ; prise en elle-même elle n'est plus que la matière d'une étude physiologique.

Il en est de même du signifié, dès qu'on le sépare de son signifiant. Des concepts tels que « maison », « blanc », « voir », etc., considérés en eux-mêmes, appartiennent à la phsycologie ; ils ne deviennent entités linguistiques que par association avec des images acoustiques ; dans la langue, un concept est une qualité de la substance phonique, comme une sonorité déterminée est une qualité du concept.

On a souvent comparé cette unité à deux faces avec l'unité de la personne humaine, composée du corps et de l'âme. Le rapprochement est peu satisfaisant. On pourrait penser plus justement à un composé chimique, l'eau par exemple ; c'est une combinaison d'hydrogène et d'oxygène ; pris à part, chacun de ces éléments n'a aucune des propriétés de l'eau.

2° L'entité linguistique n'est complètement déterminée que lorsqu'elle est *délimitée*, séparée de tout ce qui l'entoure sur la chaîne phonique. Ce sont ces entités délimitées ou *unités* qui s'opposent dans le mécanisme de la langue.

Au premier abord on est tenté d'assimiler les signes linguistiques aux signes visuels, qui peuvent coexister dans l'espace sans se confondre, et l'on s'imagine que la séparation des éléments significatifs peut se faire de la même façon, sans nécessiter aucune opération de l'esprit. Le mot de « forme » dont on se sert souvent pour les désigner — cf. les expressions « forme verbale », « forme nominale » — contribue à nous entretenir dans cette erreur. Mais on sait que la chaîne phonique a pour premier caractère d'être linéaire (voir p. 103). Considérée en elle-même, elle n'est qu'une ligne, un ruban continu, où l'oreille ne perçoit aucune division suffisante et et précise ; pour cela il faut faire appel aux significations. Quand nous entendons une langue inconnue, nous sommes hors d'état de dire comment la suite des sons doit être analysée ; c'est que cette analyse est impossible si l'on ne tient compte que de l'aspect phonique du phénomène linguistique. Mais quand nous savons quel sens et quel rôle il faut attribuer à chaque partie de la chaîne, alors nous voyons ces parties se détacher les unes des autres, et le ruban amorphe se découper en fragments ; or cette analyse n'a rien de matériel.

En résumé la langue ne se présente pas comme un ensemble de signes délimités d'avance, dont il suffirait d'étudier les significations et l'agencement ; c'est une masse indistincte où l'attention et l'habitude peuvent seules nous faire trouver des éléments particuliers. L'unité n'a aucun caractère phonique spécial, et la seule définition qu'on puisse en donner est la suivante : *une tranche de sonorité qui est, à l'exclusion de ce qui précède et de ce qui suit dans la chaîne parlée, le signifiant d'un certain concept.*

§ 2.

Méthode de délimitation.

Celui qui possède une langue en délimite les unités par une méthode fort simple — du moins en théorie. Elle consiste à se placer dans la parole, envisagée comme document de langue et à la représenter par deux chaînes parallèles, celle des concepts (*a*), et celle des images acoustiques (*b*).

Une délimitation correcte exige que les divisions établies dans la chaîne acoustique (α β γ ....) correspondent à celles de la chaîne des concepts (α' β' γ' ....) :

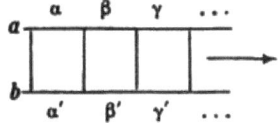

Soit en français *sižlaprã* : puis-je couper cette chaîne après *l* et poser *sižl* comme unité ? Non : il suffit de considérer les concepts pour voir que cette division est fausse. La coupe en syllabe : *siž-la-prã* n'a rien non plus de linguistique *a priori*. Les seules divisions possibles sont : 1° *si-ž-la-prã* (« si je la prends »), et 2° *si-ž-l-aprã* (« si je l'apprends »), et elles sont déterminées par le sens qu'on attache à ces paroles.

Pour vérifier le résultat de cette opération et s'assurer qu'on a bien affaire à une unité, il faut qu'en comparant une série de phrases où la même unité se rencontre, on puisse dans chaque cas séparer celle-ci du reste du contexte en constatant que le sens autorise cette délimitation. Soient les deux membres de phrase : *laforsdüvã* « la force du vent » et *abudfors* « à bout de force » : dans l'un comme dans l'autre, le même concept coïncide avec la même tranche phonique *fors* ; c'est donc bien une unité linguistique. Mais dans *ilməfǫrsaparlę* « il me force à parler », *frǫs* a un sens tout différent ; c'est donc une autre unité.

§ 3.

Difficultés pratiques de la délimitation.

Cette méthode, si simple en théorie, est-elle d'une application aisée ? On est tenté de le croire, quand on part de l'idée que les unités à découper sont les mots : car qu'est-ce qu'une phrase sinon une combinaison de mots, et qu'y-a-t-il de plus immédiatement saisissable ? Ainsi, pour reprendre l'exemple ci-dessus, on dira que la chaîne parlée *sižlaprã* se divise en quatre unités que notre analyse permet de délimiter et qui sont autant de mots : *si-je-l'-apprends*. Cependant nous sommes mis immédiatement en défiance en constatant qu'on s'est beaucoup disputé sur la nature du mot, et en y réfléchissant un peu, on voit que ce qu'on entend par là est incompatible avec notre notion d'unité concrète.

Pour s'en convaincre, qu'on pense seulement à *cheval* et à son pluriel *chevaux*. On dit couramment que ce sont deux formes du même nom ; pourtant, prises dans leur totalité, elles sont bien deux choses distinctes, soit pour le sens, soit pour les sons. Dans *mwa* (« le *mois* de décembre ») et *mwaz* (« un *mois* après »), on a aussi le même mot sous deux aspects distincts, et il ne saurait être question d'une unité concrète : le sens est bien le même, mais les tranches de sonorités sont différentes. Ainsi, dès qu'on veut assimiler les unités concrètes à des mots, on se trouve en face d'un dilemme : ou bien ignorer la relation, pourtant évidente, qui unit *cheval* à *chevaux*, *mwa* à *mwaz*, etc., et dire que ce sont des mots différents, — ou bien, au lieu d'unités concrètes, se contenter de l'abstraction qui réunit les diverses formes du même mot. Il faut chercher l'unité concrète ailleurs que dans le mot. Du reste beaucoup de mots sont des unités complexes, où l'on distingue aisément des sous-unités (suffixes, préfixes, radicaux) ; des dérivés comme *désir-eux*, *malheur-eux* se divisent en parties distinctes dont chacune a un sens et un rôle évidents. Inversement il y a des unités plus larges que les mots : les composés (*porte-plume*), les locutions (*s'il vous plaît*), les formes de flexion (*il a été*), etc. Mais ces unités opposent à la délimitation les mêmes difficultés que les mots proprement dits, et il est extrêmement difficile de débrouiller dans une chaîne phonique le jeu des unités qui s'y rencontrent et de dire sur quels éléments concrets une langue opère.

Sans doute les sujets parlants ne connaissent pas ces difficultés ; tout ce qui est significatif à un degré quelconque leur apparaît comme un élément concret, et ils le distinguent infailliblement dans le discours. Mais autre chose est de sentir ce jeu rapide et délicat des unités, autre chose d'en rendre compte par une analyse méthodique.

Une théorie assez répandue prétend que les seules unités concrètes sont les phrases : nous ne parlons que par les phrases, et après coup nous en extrayons les mots. Mais d'abord jusqu'à quel point la phrase appartient-elle à la langue (voir p. 172) ? Si elle relève de la parole, elle ne saurait passer pour l'unité linguistique. Admettons cependant que cette difficulté soit écartée. Si nous nous représentons l'ensemble des phrases susceptibles d'être prononcées, leur caractère le plus frappant est de ne pas se ressembler du tout entre elles. Au premier abord on est tenté d'assimiler l'immense diversité des phrases à la diversité non moins grande des individus qui composent une espèce zoologique ; mais c'est une illusion : chez les animaux d'une même espèce les caractères communs sont bien plus importants que les différences qui les séparent ; entre les phrases, au contraire, c'est la diversité qui domine, et dès qu'on cherche ce qui les relie toutes à travers cette diversité, on retrouve, sans l'avoir cherché, le mot avec ses caractères grammaticaux, et l'on retombe dans les mêmes difficultés.

§ 4.

Conclusion.

Dans la plupart des domaines qui sont objets de science, la question des unités ne se pose même pas : elles sont données d'emblée. Ainsi, en zoologie, c'est l'animal qui s'offre dès le premier instant. L'astronomie opère aussi sur des unités séparées dans l'espace : les astres ; en chimie, on peut étudier la nature et la composition du bichromate de potasse sans douter un seul instant que ce soit un objet bien défini.

Lorsqu'une science ne présente pas d'unité concrètes immédiatement reconnaissables, c'est qu'elles n'y sont pas essentielles. En histoire, par exemple, est-ce l'individu, l'époque, la nation ? On ne sait, mais qu'importe ? On peut faire œuvre historique sans être au clair sur ce point.

Mais de même que le jeu d'échecs est tout entier dans la combinaison des différentes pièces, de même la langue a le caractère d'un système basé complètement sur l'opposition de ses unités concrètes. On ne peut ni se dispenser de les connaître, ni faire un pas sans recourir à elles ; et pourtant leur délimitation est un problème si délicat qu'on se demande si elles sont réellement données.

La langue présente donc ce caractère étrange et frappant de ne pas offrir d'entités perceptibles de prime abord, sans qu'on puisse douter cependant qu'elles existent et que c'est leur jeu qui la constitue. C'est là sans doute un trait qui la distingue de toutes les autres institutions sémiologiques.

Chapitre III

Identités, réalités, valeurs

La constatation faite tout à l'heure nous place devant un problème d'autant plus important que, en linguistique statique, n'importe quelle notion primordiale dépend directement de l'idée qu'on se fera de l'unité et même se confond avec elle. C'est ce que nous voudrions montrer successivement à propos des notions d'identité, de réalité et de valeur synchronique.

A. Qu'est-ce qu'une *identité* synchronique ? Il ne s'agit pas ici de l'identité qui unit la négation *pas* au latin *passum* ; elle est d'ordre diachronique, — il en sera question ailleurs, p. 249, — mais de celle, non moins intéressante, en vertu de laquelle nous déclarons que deux phrases comme « je ne sais *pas* » et « ne dites *pas* cela » contiennent le même élément. Question oiseuse, dira-t-on : il y a identité parce que dans les deux phrases la même tranche de sonorité (*pas*) est revêtue de la même signification. Mais cette explication est insuffisante, car si la correspondance des tranches phoniques et des concepts prouve l'identité (voir plus haut l'exemple « la *force* du vent » : « à bout de *force* »), la réciproque n'est pas vraie : il peut y avoir identité sans cette correspondance. Lorsque, dans une conférence, on entend répéter à plusieurs reprises le mot *Messieurs !*, on a le sentiment qu'il s'agit chaque fois de la même expression, et pourtant les variations de débit et l'intonation la présentent, dans les divers passages, avec des différences phoniques très appréciables — aussi appréciables que celles qui servent ailleurs à distinguer des mots différents (cf. *pomme* et *paume*, *goutte* et *je goûte*, *fuir* et *fouir*, etc.) ; en outre, ce sentiment de l'identité persiste, bien qu'au point de vue sémantique non plus il n'y ait pas identité absolue d'un *Messieurs !* à l'autre, de même qu'un mot peut exprimer des idées assez différentes sans que son identité soit sérieusement compromise (cf. « *adopter* une mode » et « *adopter* un enfant », la *fleur* du pommier » et « la *fleur* de la noblesse », etc.).

Le mécanisme linguistique roule tout entier sur des identités et des différences, celles-ci n'étant que la contre-partie de celles-là. Le problème des identités se retrouve donc partout ; mais d'autre part, il se confond en partie avec celui des entités et des unités, dont il n'est qu'une complication, d'ailleurs féconde. Ce caractère ressort bien de la comparaison avec quelques faits pris en dehors du langage. Ainsi nous parlons d'identité à propos de deux express « Genève-Paris 8 h. 45 du soir » qui partent à vingt-quatre heures d'intervalle. À nos yeux, c'est le même express, et pourtant probablement locomotive, wagons, personnel, tout est différent. Ou bien si une rue est démolie, puis rebâtie, nous disons que c'est la même rue, alors que matériellement il ne subsiste peut-être rien de l'ancienne. Pourquoi peut-on reconstruire une rue de fond en comble sans qu'elle cesse d'être la même ? Parce que l'entité qu'elle constitue n'est pas purement matérielle ; elle est fondée sur certaines conditions auxquelles sa matière occasionnelle est étrangère, par exemple sa situation relativement aux autres ; pareillement, ce qui fait l'express, c'est l'heure de son départ, son itinéraire et en général toutes les circonstances qui le distinguent des autres express. Toutes les fois que les mêmes conditions sont réalisées, on obtient les mêmes entités. Et pourtant celles-ci ne sont pas abstraites, puisqu'une rue ou un express ne se conçoivent pas en dehors d'une réalisation matérielle.

Opposons aux cas précédents celui — tout différent — d'un habit qui m'aurait été volé et que je retrouve à l'étalage d'un fripier. Il s'agit là d'une entité matérielle, qui réside uniquement dans la substance inerte, le drap, la doublure, les parements, etc. Un autre habit, si semblable soit-il au premier, ne sera pas le mien. Mais l'identité linguistique n'est pas celle de l'habit, c'est celle de l'express et de la rue. Chaque fois que j'emploie le mot *Messieurs*, j'en renouvelle la matière ; c'est un nouvel acte phonique et un nouvel acte psychologique. Le lien entre les deux emplois du même mot ne repose ni sur l'identité matérielle, ni sur l'exacte similitude des sens, mais sur des éléments qu'il faudra rechercher et qui feront toucher de très près à la nature véritable des unités linguistiques.

B. Qu'est-ce qu'une *réalité* synchronique ? Quels éléments concrets ou abstraits de la langue peut-on appeler ainsi ?

Soit par exemple la distinction des parties du discours : sur quoi repose la classification des mots en substantifs, adjectifs, etc. ? Se fait-elle au nom d'un principe purement logique, extra-linguistique, appliqué du dehors sur la grammaire comme les degrés de longitude et de latitude sur le globe terrestre ? Ou bien correspond-elle à quelque chose qui ait sa place dans le système de la langue et soit conditionné par lui ? En un mot, est-ce une réalité synchronique ? Cette seconde supposition paraît probable, mais on pourrait défendre la première. Est-ce que dans « ces gants sont *bon marché* » *bon marché* est un adjectif ? Logiquement il en a le sens, mais grammaticalement cela est moins certain, car *bon marché* ne se comporte pas comme un adjectif (il est invariable, ne se place jamais devant son substantif, etc.) ; d'ailleurs il est composé de deux mots ; or, justement la distinction des parties du discours doit servir à classer les mots de la langue ; comment un groupe de mots peut-il être attribué à l'une de ces « parties » ? Mais inversement on ne rend pas compte de cette expression quand on dit que *bon* est un adjectif et *marché* un substantif. Donc nous avons affaire ici à un classement défectueux ou incomplet ; la distinction des mots en substantifs, verbes, adjectifs, etc., n'est pas une réalité linguistique indéniable.

Ainsi la linguistique travaille sans cesse sur des concepts forgés par les grammairiens, et dont on ne sait s'ils correspondent réellement à des facteurs constitutifs du système de la langue. Mais comment le savoir ? Et si ce sont des fantômes, quelles réalités leur opposer ?

Pour échapper aux illusions, il faut d'abord se convaincre que les entités concrètes de la langue ne se présentent pas d'elles-mêmes à notre observation. Qu'on cherche à les saisir, et l'on prendra contact avec le réel ; partant de là, on pourra élaborer tous les classements dont la linguistique a besoin pour ordonner les faits de son ressort. D'autre part, fonder ces classements sur autre chose que des entités concrètes — dire, par exemple, que les parties du discours sont des facteurs de la langue simplement parce qu'elles correspondent à des catégories logiques, — c'est oublier qu'il n'y a pas de faits linguistiques indépendants d'une manière phonique découpée en éléments significatifs.

C. Enfin, toutes les notions touchées dans ce paragraphe ne diffèrent pas essentiellement de ce que nous avons appelé ailleurs des *valeurs*. Une nouvelle comparaison avec le jeu d'échecs nous le fera comprendre (voir p. 125 sv.). Prenons un cavalier : est-il à lui seul un élément du jeu ? Assurément non, puisque dans sa matérialité pure, hors de sa case et des autres conditions du jeu, il ne représente rien pour le joueur et ne devient élément réel et concret qu'une fois revêtu de sa valeur et faisant corps avec elle. Supposons qu'au cours d'une partie cette pièce vienne à être détruite ou égarée : peut-on la remplacer par une autre équivalente ? Certainement : non seulement un autre cavalier, mais même une figure dépourvue de toute ressemblance avec celle-ci sera déclarée identique, pourvu qu'on lui attribue la même valeur. On voit donc que dans les systèmes sémiologiques, comme la langue, où les éléments se tiennent réciproquement en équilibre selon des règles déterminées, la notion d'identité se confond avec celle de valeur et réciproquement.

Voilà pourquoi en définitive la notion de valeur recouvre celles d'unité, d'entité concrète et de réalité. Mais s'il n'existe aucune différence fondamentale entre ces divers aspects, il s'ensuit que le problème peut être posé successivement sous plusieurs formes. Que l'on cherche à déterminer l'unité, la réalité, l'entité concrète ou la valeur, cela reviendra toujours à poser la même question centrale qui domine toute la linguistique statique.

Au point de vue pratique, il serait intéressant de commencer par les unités, de les déterminer et de rendre compte de leur diversité en les classant. Il faudrait chercher sur quoi se fonde la division en mots — car le mot, malgré la difficulté qu'on a à le définir, est une unité qui s'impose à l'esprit, quelque chose de central dans le mécanisme de la langue ; — mais c'est là un sujet qui remplirait à lui seul un volume. Ensuite on aurait à classer les sous-unités, puis les unités plus larges, etc. En déterminant ainsi les éléments qu'elle manie, notre science remplirait sa tâche tout entière, car elle aurait ramené tous les phénomènes de son ordre à leur premier principe. On ne peut pas dire qu'on se soit jamais placé devant ce problème central, ni qu'on en ait compris la portée et la difficulté ; en matière de langue on s'est toujours contenté d'opérer sur des unités mal définies.

Cependant, malgré l'importance capitale des unités, il est préférable d'aborder le problème par le côté de la valeur, parce que c'est, selon nous, son aspect primordial.

Chapitre IV

La valeur linguistique

§ 1.

La langue comme pensée organisée dans la matière phonique.

Pour se rendre compte que la langue ne peut être qu'un système de valeurs pures, il suffit de considérer les deux éléments qui entrent en jeu dans son fonctionnement: les idées et les sons.

Psychologiquement, abstraction faite de son expression par les mots, notre pensée n'est qu'une masse amorphe et indistincte. Philosophes et linguistes se sont toujours accordés à reconnaître que, sans le secours des signes, nous serions incapables de distinguer deux idées d'une façon claire et constante. Prise en elle-même, la pensée est comme une nébuleuse où rien n'est nécessairement délimité. Il n'y a pas d'idées préétablies, et rien n'est distinct avant l'apparition de la langue.

En face de ce royaume flottant, les sons offriraient-ils par eux-mêmes des entités circonscrites d'avance ? Pas davantage. La substance phonique n'est pas plus fixe ni plus rigide ; ce n'est pas un moule dont la pensée doive nécessairement épouser les formes, mais une matière plastique qui se divise à son tour en parties distinctes pour fournir les signifiants dont la pensée a besoin. Nous pouvons donc représenter le fait linguistique dans son ensemble, c'est-à-dire la langue, comme une série de subdivisions contiguës dessinées à la fois sur le plan indéfini des idées confuses (*A*) et sur celui non moins indéterminé des sons (*B*) ; c'est ce qu'on peut figurer très approximativement par le schéma :

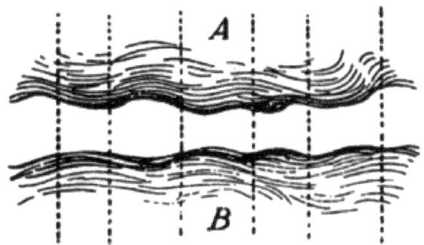

Le rôle caractéristique de la langue vis-à-vis de la pensée n'est pas de créer un moyen phonique matériel pour l'expression des idées, mais de servir d'intermédiaire entre la pensée et le son, dans des conditions telles que leur union aboutit nécessairement à des délimitations réciproques d'unités. La pensée, chaotique de sa nature, est forcée de se préciser en se décomposant. Il n'y a donc ni matérialisation des pensées, ni spiritualisation des sons, mais il s'agit de ce fait en quelque sorte mystérieux, que la « pensée-son » implique des divisions et que la langue élabore ses unités en se constituant entre deux masses amorphes. Qu'on se représente l'air en contact avec une nappe d'eau : si la pression atmosphérique change, la surface de l'eau se décompose en une série de divisions, c'est-à-dire de vagues ; ce sont ces ondulations qui donneront une idée de l'union, et pour ainsi dire de l'accouplement de la pensée avec la matière phonique.

On pourrait appeler la langue le domaine des articulations, en prenant ce mot dans le sens défini p. 26 : chaque terme linguistique est un petit membre, un *articulus* où une idée se fixe dans un son et où un son devient le signe d'une idée.

La langue est encore comparable à une feuille de papier : la pensée est le recto et le son le verso ; on ne peut découper le recto sans découper en même temps le verso ; de même dans la langue, on ne saurait isoler ni le son de la pensée, ni la pensée du son ; on n'y arriverait que par une abstraction dont le résultat serait de faire de la psychologie pure ou de la phonologie pure.

La linguistique travaille donc sur le terrain limitrophe où les éléments des deux ordres se combinent ; *cette combinaison produit une forme, non une substance.*

Ces vues font mieux comprendre ce qui a été dit p. 100 de l'arbitraire du signe. Non seulement les deux domaines reliés par le fait linguistique sont confus et amorphes, mais le choix qui appelle telle tranche acoustique pour telle idée est parfaitement arbitraire. Si ce n'était pas le cas, la notion de valeur perdrait quelque chose de son caractère, puisqu'elle contiendrait un élément imposé du dehors. Mais en fait les valeurs restent entièrement relatives, et voilà pourquoi le lien de l'idée et du son est radicalement arbitraire.

À son tour, l'arbitraire du signe nous fait mieux comprendre pourquoi le fait social peut seul créer un système linguistique. La collectivité est nécessaire pour établir des valeurs dont l'unique raison d'être est dans l'usage et le consentement général ; l'individu à lui seul est incapable d'en fixer aucune.

En outre l'idée de valeur, ainsi déterminée, nous montre que c'est une grande illusion de considérer un terme simplement comme l'union d'un certain son avec un certain concept. Le définir ainsi, ce serait l'isoler du système dont il fait partie ; ce serait croire qu'on peut commencer par les termes et construire le système en en faisant la somme, alors qu'au contraire c'est du tout solidaire qu'il faut partir pour obtenir par analyse les éléments qu'il renferme.

Pour développer cette thèse nous nous placerons successivement au point de vue du signifié ou concept (§ 2), du signifiant (§ 3) et du signe total (§ 4).

Ne pouvant saisir directement les entités concrètes ou unités de la langue, nous opérerons sur les mots. Ceux-ci, sans recouvrir exactement la définition de l'unité linguistique (voir p. 147), en donnent du moins une idée approximative qui a l'avantage d'être concrète ; nous les prendrons donc comme spécimens équivalents des termes réels d'un système synchronique, et les principes dégagés à propos des mots seront valables pour les entités en général.

§ 2.

La valeur linguistique considérée dans son aspect conceptuel.

Quand on parle de la valeur d'un mot, on pense généralement et avant tout à la propriété qu'il a de représenter une idée, et c'est là en effet un des aspects de la valeur linguistique. Mais s'il en est ainsi, en quoi cette valeur diffère-t-elle de ce qu'on appelle la *signification ?* Ces deux mots seraient-ils synonymes ? Nous ne le croyons pas, bien que la confusion soit facile, d'autant qu'elle est provoquée, moins par l'analogie des termes que par la délicatesse de la distinction qu'ils marquent.

La valeur, prise dans son aspect conceptuel, est sans doute un élément de la signification, et il est très difficile de savoir comment celle-ci s'en distingue tout en étant sous sa dépendance. Pourtant il est nécessaire de tirer au clair cette question, sous peine de réduire la langue à une simple nomenclature (voir p. 97).

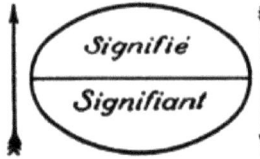

Prenons d'abord la signification telle qu'on se la représente et telle que nous l'avons figurée p. 99. Elle n'est, comme l'indiquent les flèches de la figure, que la contre-partie de l'image auditive. Tout se passe entre l'image auditive et le concept, dans les limites du mot considéré comme un domaine fermé, existant pour lui-même.

Mais voici l'aspect paradoxal de la question : d'un côté, le concept nous apparaît comme la contre-partie de l'image auditive dans l'intérieur du signe, et, de l'autre, ce signe lui-même, c'est-à-dire le rapport qui relie ses deux éléments, est aussi, et tout autant la contre-partie des autres signes de la langue.

Puisque la langue est un système dont tous les termes sont solidaires et où la valeur de l'un ne résulte que de la présence simultanée des autres, selon le schéma :

comment se fait-il que la valeur, ainsi définie, se confonde avec la signification, c'est-à-dire avec la contre-partie de l'image auditive ? Il semble impossible d'assimiler les rapports figurés ici par des flèches horizontales à ceux qui sont représentés plus haut par des flèches verticales. Autrement dit — pour reprendre la comparaison de la feuille de papier qu'on découpe (voir p. 157), — on ne voit pas pourquoi le rapport constaté entre divers morceaux A, B, C, D, etc., n'est pas distinct de celui qui existe entre le recto et le verso d'un même morceau, soit A/A', B/B', etc.

Pour répondre à cette question, constatons d'abord que même en dehors de la langue, toutes les valeurs semblent régies par ce principe paradoxal. Elles sont toujours constituées :

1° par une chose *dissemblable* susceptible d'être *échangée* contre celle dont la valeur est à déterminer ;

2° par des choses *similaires* qu'on peut *comparer* avec celle dont la valeur est en cause.

Ces deux facteurs sont nécessaires pour l'existence d'une valeur. Ainsi pour déterminer ce que vaut une pièce de cinq francs, il faut savoir : 1° qu'on peut l'échanger conter une quantité déterminée d'une chose différente, par exemple du pain ; 2° qu'on peut la comparer avec une valeur similaire du même système, par exemple une pièce d'un franc, ou avec une monnaie d'un autre système (un dollar, etc.). De même un mot peut être échangé contre quelque chose de dissemblable : une idée ; en outre, il peut être comparé avec quelque chose de même nature : un autre mot. Sa valeur n'est donc pas fixée tant qu'on se borne à constater qu'il peut être « échangé » contre tel ou tel concept, c'est-à-dire qu'il a telle ou telle signification ; il faut encore le comparer avec les valeurs similaires, avec les autres mots qui lui sont opposables. Son contenu n'est vraiment déterminé que par le concours de ce qui existe en dehors de lui. Faisant partie d'un système, il est revêtu, non seulement d'une signification, mais aussi et surtout d'une valeur, et c'est tout autre chose.

Quelques exemples montreront qu'il en est bien ainsi. Le français *mouton* peut avoir la même signification que l'anglais *sheep*, mais non la même valeur, et cela pour plusieurs raisons, en particulier parce qu'en parlant d'une pièce de viande apprêtée et servie sur la table, l'anglais dit *mutton* et non *sheep*. La différence de valeur entre *sheep* et *mouton* tient à ce que le premier a à côté de lui un second terme, ce qui n'est pas le cas pour le mot français.

Dans l'intérieur d'une même langue, tous les mots qui expriment des idées voisines se limitent réciproquement : des synonymes comme *redouter, craindre, avoir peur* n'ont de valeur propre que par leur opposition ; si *redouter* n'existait pas, tout son contenu irait à ses concurrents. Inversement, il y a des termes qui s'enrichissent par contact avec d'autres ; par exemple, l'élément nouveau introduit dans *décrépit* (« un vieillard *décrépit* », voir p. 119) résulte de la coexistence de *décrépi* (« un mur *décrépi* »). Ainsi la valeur de n'importe quel terme est déterminée par ce qui l'entoure ; il n'est pas jusqu'au mot signifiant « soleil » dont on puisse immédiatement fixer la valeur si l'on ne considère pas ce qu'il y a autour de lui ; il y a des langues où il est impossible de dire « s'asseoir au *soleil* ».

Ce qui est dit des mots s'applique à n'importe quel terme de la langue, par exemple aux entités grammaticales. Ainsi la valeur d'un pluriel français ne recouvre pas celle d'un pluriel sanscrit, bien que la signification soit le plus souvent identique : c'est que le sanscrit possède trois nombres au lieu de deux (*mes yeux, mes oreilles, mes bras, mes jambes*, etc., seraient au duel) ; il serait inexact d'attribuer la même valeur au pluriel en sanscrit et en français, puisque le sanscrit ne peut pas employer le pluriel dans tous les cas où il est de règle en français ; sa valeur dépend donc bien de ce qui est en dehors et autour de lui.

Si les mots étaient chargés de représenter des concepts donnés d'avance, ils auraient chacun, d'une langue à l'autre, des correspondants exacts pour le sens ; or il n'en est pas ainsi. Le français dit indifféremment *louer* (*une maison*) pour « prendre à bail » et « donner à bail », là où l'allemand emploie deux termes : *mieten* et *vermieten* ; il n'y a donc pas correspondance exacte des valeurs. Les verbes *schätzen* et *urteilen* présentent un ensemble de significations qui correspondent en gros à celles des mots français *estimer* et *juger* ; cependant sur plusieurs points cette correspondance est en défaut.

La flexion offre des exemples particulièrement frappants. La distinction des temps, qui nous est si familière, est étrangère à certaines langues ; l'hébreu ne connaît pas même celle, pourtant fondamentale, entre le passé, le présent et le futur. Le protogermanique n'a pas de forme propre pour le futur ; quand on dit qu'il le rend par le présent, on s'exprime improprement, car la valeur d'un présent n'est pas la même en germanique que dans les langues pourvues d'un futur à côté du présent. Les langues slaves distinguent régulièrement deux aspects du verbe : le perfectif représente l'action dans sa totalité, comme un point, en dehors de tout devenir ; l'imperfectif la montre en train de se faire, et sur la ligne du temps. Ces catégories font difficulté pour un Français, parce que sa langue les ignore : si elles étaient prédéterminées, il n'en serait pas ainsi. Dans tous ces cas nous surprenons donc, au lieu d'*idées* données d'avance, des *valeurs* émanant du système. Quand on dit qu'elles correspondent à des concepts, on sous-entend que ceux-ci sont purement différentiels, définis non pas positivement par leur contenu, mais négativement par leurs rapports avec les autres termes du système. Leur plus exacte caractéristique est d'être ce que les autres ne sont pas.

On voit dès lors l'interprétation réelle du schéma du signe. Ainsi

veut dire qu'en français un concept « juger » est uni à l'image acoustique *juger* ; en un mot il symbolise la signification ; mais il est bien entendu que ce concept n'a rien d'initial, qu'il n'est qu'une valeur déterminée par ses rapports avec d'autres valeurs similaires, et que sans elles la signification n'existerait pas. Quand j'affirme simplement qu'un mot signifie quelque chose, quand je m'en tiens à l'association de l'image acoustique avec un concept, je fais une opération qui peut dans une certaine mesure être exacte et donner une idée de la réalité ; mais en aucun cas je n'exprime le fait linguistique dans son essence et dans son ampleur.

§ 3.

La valeur linguistique considérée dans son aspect matériel.

Si la partie conceptuelle de la valeur est constituée uniquement par des rapports et des différences avec les autres termes de la langue, on peut en dire autant de sa partie matérielle. Ce qui importe dans le mot, ce n'est pas le son lui-même, mais les différences phoniques qui permettent de distinguer ce mot de tous les autres, car ce sont elles qui portent la signification.

La chose étonnera peut-être ; mais où serait en vérité la possibilité du contraire ? Puisqu'il n'y a point d'image vocale qui réponde plus qu'une autre à ce qu'elle est chargée de dire, il est évident, même *a priori*, que jamais un fragment de langue ne pourra être fondé, en dernière analyse, sur autre chose que sur sa non-coïncidence avec le reste. *Arbitraire* et *différentiel* sont deux qualités corrélatives.

L'altération des signes linguistiques montre bien cette corrélation ; c'est précisément parce que les termes *a* et *b* sont radicalement incapables d'arriver, comme tels, jusqu'aux régions de la conscience, — laquelle n'aperçoit perpétuellement que la différence *a/b*, — que chacun de ces termes reste libre de se modifier selon des lois étrangères à leur fonction significative. Le génitif pluriel tchèque *žen* n'est caractérisé par aucun signe positif (voir p. 123) ; pourtant le groupe de formes *žena : žen* fonctionne aussi bien que *žena : žen*ъ qui l'a précédé ; c'est que la différence des signes est seule en jeu ; *žena* ne vaut que parce qu'il est différent.

Voici un autre exemple qui fait mieux voir encore ce qu'il y a de systématique dans ce jeu des différences phoniques : en grec *éphēn* est un imparfait et *éstēn* un aoriste, bien qu'ils soient formés de façon identique ; c'est que le premier appartient au système de l'indicatif présent *phēmi* « je dis », tandis qu'il n'y a point de présent *stēmi ; or c'est justement le rapport *phēmi — éphēn* qui correspond au rapport entre le présent et l'imparfait (cf. *deíknūmi — edeíknūn*), etc. Ces signes agissent donc, non par leur valeur intrinsèque, mais par leur position relative.

D'ailleurs il est impossible que le son, élément matériel, appartienne par lui-même à la langue. Il n'est pour elle qu'une chose secondaire, une matière qu'elle met en œuvre. Toutes les valeurs conventionnelles présentent ce caractère de ne pas se confondre avec l'élément tangible qui leur sert de support. Ainsi ce n'est pas le métal d'une pièce de monnaie qui en fixe la valeur ; un écu qui vaut nominalement cinq francs ne contient que la moitié de cette somme en argent ; il vaudra plus ou moins avec telle ou telle effigie, plus ou moins en deçà et au delà d'une frontière politique. Cela est plus vrai encore du signifiant linguistique ; dans son essence, il n'est aucunement phonique, il est incorporel, constitué, non par sa substance matérielle, mais uniquement par les différences qui séparent son image acoustique de toutes les autres.

Ce principe est si essentiel qu'il s'applique à tous les éléments matériels de la langue, y compris les phonèmes. Chaque idiome compose ses mots sur la base d'un système d'éléments sonores dont chacun forme une unité nettement délimitée et dont le nombre est parfaitement déterminé. Or ce qui les caractérise, ce n'est pas, comme on pourrait le croire, leur qualité propre et positive, mais simplement le fait qu'ils ne se confondent pas entre eux. Les phonèmes sont avant tout des entités oppositives, relatives et négatives.

Ce qui le prouve, c'est la latitude dont les sujets jouissent pour la prononciation dans la limite où les sons restent distincts les uns des autres. Ainsi en français, l'usage général de grasseyer l'*r* n'empêche pas beaucoup de personnes de le rouler ; la langue n'en est nullement troublée ; elle ne demande que la différence et n'exige pas, comme on pourrait l'imaginer, que le son ait une qualité invariable. Je puis même prononcer l'*r* français comme *ch* allemand dans *Bach, doch*, etc., tandis qu'en allemand je ne pourrais pas employer *r* comme *ch*, puisque cette langue reconnaît les deux éléments et doit les distinguer. De même en russe, il n'y aura point de latitude pour *t* du côté de *t'* (*t* mouillé), parce que le résultat serait de confondre deux sons différenciés par la langue (cf. *govorit'* « parler » et *govorit* « il parle »), mais il y aura une liberté plus grande du côté de *th* (*t* aspiré), parce que ce son n'est pas prévu dans le système des phonèmes du russe.

Comme on constate un état de choses identique dans cet autre système de signes qu'est l'écriture, nous le prendrons comme terme de comparaison pour éclairer toute cette question. En fait :

1° les signes de l'écriture sont arbitraires ; aucun rapport, par exemple, entre la lettre *t* et le son qu'elle désigne ;

2° la valeur des lettres est purement négative et différentielle ; ainsi une même personne peut écrire *t* avec des variantes telles que :

$$t\ \mathcal{t}\ t$$

La seule chose essentielle est que ce signe ne se confonde pas sous sa plume avec celui de *l*, de *d*, etc. ;

3° les valeurs de l'écriture n'agissent que par leur opposition réciproque au sein d'un système défini, composé d'un nombre déterminé de lettres. Ce caractère, sans être identique au second, est étroitement lié avec lui, parce que tous deux dépendent du premier. Le signe graphique étant arbitraire, sa forme importe peu, ou plutôt n'a d'importance que dans les limites imposées par le système ;

4° le moyen de production du signe est totalement indifférent, car il n'intéresse pas le système (cela découle aussi du premier caractère). Que j'écrive les lettres en blanc ou en noir, en creux ou en relief, avec une plume ou un ciseau, cela est sans importance pour leur signification.

§ 4.

Le signe considéré dans sa totalité.

Tout ce qui précède revient à dire que *dans la langue il n'y a que des différences*. Bien plus : une différence suppose en général des termes positifs entre lesquels elle s'établit ; mais dans la langue il n'y a que des différences *sans termes positifs*. Qu'on prenne le signifié ou le signifiant, la langue ne comporte ni des idées ni des sons qui préexisteraient au système linguistique, mais seulement des différences conceptuelles et des différences phoniques issues de ce système. Ce qu'il y a d'idée ou de matière phonique dans un signe importe moins que ce qu'il y a autour de lui dans les autres signes. La preuve en est que la valeur d'un terme peut être modifiée sans qu'on touche ni à son sens ni à ses sons, mais seulement par le fait que tel autre terme voisin aura subi une modification (voir p. 160).

Mais dire que tout est négatif dans la langue, cela n'est vrai que du signifié et du signifiant pris séparément : dès que l'on considère le signe dans sa totalité, on se trouve en présence d'une chose positive dans son ordre. Un système linguistique est une série de différences de sons combinées avec une série de différences d'idées ; mais cette mise en regard d'un certain nombre de signes acoustiques avec autant de découpures faites dans la masse de la pensée engendre un système de valeurs ; et c'est ce système qui constitue le lien effectif entre les éléments phoniques et psychiques à l'intérieur de chaque signe. Bien que le signifié et le signifiant soient, chacun pris à part, purement différentiels et négatifs, leur combinaison est un fait positif ; c'est même la seule espèce de faits que comporte la langue, puisque le propre de l'institution linguistique est justement de maintenir le parallélisme entre ces deux ordres de différences.

Certains faits diachroniques sont très caractéristiques à cet égard : ce sont les innombrables cas où l'altération du signifiant amène l'altération de l'idée, et où l'on voit qu'en principe la somme des idées distinguées correspond à la somme des signes distinctifs. Quand deux termes se confondent par altération phonétique (par exemple *décrépit* = *decrepitus* et *décrépi* de *crispus*), les idées tendront à se confondre aussi, pour peu qu'elles s'y prêtent. Un terme se différencie-t-il (par exemple *chaise* et *chaire*) ? Infailliblement la différence qui vient de naître tendra à devenir significative, sans y réussir toujours, ni du premier coup. Inversement toute différence idéelle aperçue par l'esprit cherche à s'exprimer par des signifiants distincts, et deux idées que l'esprit ne distingue plus cherchent à se confondre dans le même signifiant.

Dès que l'on compare entre eux les signes — termes positifs — on ne peut plus parler de différence ; l'expression serait impropre, puisqu'elle ne s'applique bien qu'à la comparaison de deux images acoustiques, par exemple *père* et *mère*, ou à celle de deux idées, par exemple l'idée « père » et l'idée « mère » ; deux signes comportant chacun un signifié et un signifiant ne sont pas différents, ils sont seulement distincts. Entre eux il n'y a qu'*opposition*. Tout le mécanisme du langage, dont il sera question plus bas, repose sur des oppositions de ce genre et sur les différences phoniques et conceptuelles qu'elles impliquent.

Ce qui est vrai de la valeur est vrai aussi de l'unité (voir p. 154). C'est un fragment de chaîne parlée correspondant à un certain concept ; l'un et l'autre sont de nature purement différentielle.

Appliqué à l'unité, le principe de différenciation peut se formuler ainsi : *les caractères de l'unité se confondent avec l'unité elle-même.* Dans la langue, comme dans tout système sémiologique, ce qui distingue un signe, voilà tout ce qui le constitue. C'est la différence qui fait le caractère, comme elle fait la valeur et l'unité.

Autre conséquence, assez paradoxale, de ce même principe : ce qu'on appelle communément un « fait de grammaire » répond en dernière analyse à la définition de l'unité, car il exprime toujours une opposition de termes ; seulement cette opposition se trouve être particulièrement significative, par exemple la formation du pluriel allemand du type *Nacht : Nächte*. Chacun des termes mis en présence dans le fait grammatical (le singulier sans umlaut et sans *e* final, opposé au pluriel avec umlaut et -*e*) est constitué lui-même par tout un jeu d'oppositions au sein du système ; pris isolément, ni *Nacht* ni *Nächte*, ne sont rien : donc tout est opposition. Autrement dit, on peut exprimer le rapport *Nacht : Nächte* par une formule algébrique *a/b*, où *a* et *b* ne sont pas des termes simples, mais résultent chacun d'un ensemble de rapports. La langue est pour ainsi dire une algèbre qui n'aurait que des termes complexes. Parmi les oppositions qu'elle comprend, il y en a qui sont plus significatives que d'autres ; mais unité et fait de grammaire ne sont que des noms différents pour désigner des aspects divers d'un même fait général : le jeu des oppositions linguistiques. Cela est si vrai qu'on pourrait fort bien aborder le problème des unités en commençant par les faits de grammaire. Posant une opposition telle que *Nacht : Nächte*, on se demanderait quelles sont les unités mises en jeu dans cette opposition. Sont-ce ces deux mots seulement ou toute la série des mots similaires ? ou bien *a* et *ä* ? ou tous les singuliers et tous les pluriels ? etc.

Unité et fait de grammaire ne se confondraient pas si les signes linguistiques étaient constitués par autre chose que des différences. Mais la langue étant ce qu'elle est, de quelque côté qu'on l'aborde, on n'y trouvera rien de simple ; partout et toujours ce même équilibre complexe de termes qui se conditionnent réciproquement. Autrement dit, *la langue est une forme et non une substance* (voir p. 157). On ne saurait assez se pénétrer de cette vérité, car toutes les erreurs de notre terminologie, toutes nos façons incorrectes de désigner les choses de la langue proviennent de cette supposition involontaire qu'il y aurait une substance dans le phénomène linguistique.

Chapitre V

Rapports syntagmatiques et rapports associatifs

§ 1.

Définitions.

Ainsi, dans un état de langue, tout repose sur des rapports ; comment fonctionnent-ils ?

Les rapports et les différences entre termes linguistiques se déroulent dans deux sphères distinctes dont chacune est génératrice d'un certain ordre de valeurs ; l'opposition entre ces deux ordres fait mieux comprendre la nature de chacun d'eux. Ils correspondent à deux formes de notre activité mentale, toutes deux indispensables à la vie de la langue.

D'une part, dans le discours, les mots contractent entre eux, en vertu de leur enchaînement, des rapports fondés sur le caractère linéaire de la langue, qui exclut la possibilité de prononcer deux éléments à la fois (voir p. 103). Ceux-ci se rangent les uns à la suite des autres sur la chaîne de la parole. Ces combinaisons qui ont pour support l'étendue peuvent être appelées *syntagmes*[1]. Le syntagme se compose donc toujours de deux ou plusieurs unités consécutives (par exemple : *re-lire ; contre tous ; la vie humaine ; Dieu est bon ; s'il fait beau temps, nous sortirons*, etc.). Placé dans un syntagme, un terme n'acquiert sa valeur que parce qu'il est opposé à ce qui précède ou ce qui suit, ou à tous les deux.

D'autre part, en dehors du discours, les mots offrant quelque chose de commun s'associent dans la mémoire, et il se forme ainsi des groupes au sein desquels règnent des rapports très divers. Ainsi le mot *enseignement* fera surgir inconsciemment devant l'esprit une foule d'autres mots (*enseigner, renseigner*, etc., ou bien *armement, changement*, etc., ou bien *éducation, apprentissage*) ; par un côté ou un autre, tous ont quelque chose de commun entre eux.

On voit que ces coordinations sont d'une tout autre espèce que les premières. Elles n'ont pas pour support l'étendue ; leur siège est dans le cerveau ; elles font partie de ce trésor intérieur qui constitue la langue chez chaque individu. Nous les appellerons *rapports associatifs*.

Le rapport syntagmatique est *in praesentia* ; il repose sur deux ou plusieurs termes également présents dans une série effective. Au contraire le rapport associatif unit des termes *in absentia* dans une série mnémonique virtuelle.

À ce double point de vue, une unité linguistique est comparable à une partie déterminée d'un édifice, une colonne par exemple ; celle-ci se trouve, d'une part, dans un certain rapport avec l'architrave qu'elle supporte ; cet agencement de deux unités également présentes dans l'espace fait penser au rapport syntagmatique ; d'autre part, si cette colonne est d'ordre dorique, elle évoque la comparaison mentale avec les autres ordres (ionique, corinthien, etc.), qui sont des éléments non présents dans l'espace : le rapport est associatif.

Chacun de ces deux ordres de coordination appelle quelques remarques particulières.

§ 2.

Les rapports syntagmatiques.

Nos exemples de la page 170 donnent déjà à entendre que la notion de syntagme s'applique non seulement aux mots, mais aux groupes de mots, aux unités complexes de toute dimension et de toute espèce (mots composés, dérivés, membres de phrase, phrases entières).

Il ne suffit pas de considérer le rapport qui unit les diverses parties d'un syntagme entre elles (par exemple *contre* et *tous* dans *contre tous*, *contre* et *maître* dans *contremaître*) ; il faut tenir compte aussi de celui qui relie le tout à ses parties (par exemple *contre tous* opposé d'une part à *contre*, de l'autre à *tous*, ou *contremaître* opposé à *contre* et à *maître*).

On pourrait faire ici une objection. La phrase est le type par excellence du syntagme. Mais elle appartient à la parole, non à la langue (voir p. 30) ; ne s'ensuit-il pas que le syntagme relève de la parole ? Nous ne le pensons pas. Le propre de la parole, c'est la liberté des combinaisons ; il faut donc se demander si tous les syntagmes sont également libres.

On rencontre d'abord un grand nombre d'expressions qui appartiennent à la langue ; ce sont les locutions toutes faites, auxquelles l'usage interdit de rien changer, même si l'on peut y distinguer, à la réflexion, des parties significatives (cf. *à quoi bon ? allons donc !* etc.). Il en est de même, bien qu'à un moindre degré, d'expressions telles que *prendre la mouche, forcer la main à quelqu'un, rompre une lance,* ou encore *avoir mal à* (*la tête,* etc.), *à force de* (*soins,* etc.), *que vous ensemble ?, pas n'est besoin de...,* etc., dont le caractère usuel ressort des particularités de leur signification ou de leur syntaxe. Ces tours ne peuvent pas être improvisés, ils sont fournis par la tradition. On peut citer aussi les mots qui, tout en se prêtant parfaitement à l'analyse, sont caractérisés par quelque anomalie morphologique maintenue par la seule force de l'usage (cf.

difficulté vis-à-vis de *facilité*, etc., *mourrai* en face de *dormirai*, etc.).

Mais ce n'est pas tout ; il faut attribuer à la langue, non à la parole, tous les types de syntagmes construits sur des formes régulières. En effet, comme il n'y a rien d'abstrait dans la langue, ces types n'existent que si elle en a enregistré des spécimens suffisamment nombreux. Quand un mot comme *indécorable* surgit dans la parole (voir p. 228 sv.), il suppose un type déterminé, et celui-ci à son tour n'est possible que par le souvenir d'un nombre suffisant de mots semblables appartenant à la langue (*impardonnable, intolérable, infatigable*, etc.). Il en est exactement de même des phrases et des groupes de mots établis sur des patrons réguliers ; des combinaisons comme *la terre tourne, que vous dit-il ?* etc., répondent à des types généraux, qui ont à leur tour leur support dans la langue sous forme de souvenirs concrets.

Mais il faut reconnaître que dans le domaine du syntagme il n'y a pas de limite tranchée entre le fait de langue, marque de l'usage collectif, et le fait de parole, qui dépend de la liberté individuelle. Dans une foule de cas, il est difficile de classer une combinaison d'unités, parce que l'un et l'autre facteurs ont concouru à la produire, et dans des proportions qu'il est impossible de déterminer.

§ 3.

Les rapports associatifs.

Les groupes formés par association mentale ne se bornent pas à rapprocher les termes qui présentent quelque chose de commun ; l'esprit saisit aussi la nature des rapports qui les relient dans chaque cas et crée par là autant de séries associatives qu'il y a de rapports divers. Ainsi dans *enseignement, enseigner, enseignons*, etc., il y a un élément commun à tous les termes, le radical ; mais le mot *enseignement* peut se trouver impliqué dans une série basée sur un autre élément commun, le suffixe (cf. *enseignement, armement, changement,* etc.) ; l'association peut reposer aussi sur la seule analogie des signifiés (*enseignement, instruction, apprentissage, éducation,* etc.), ou au contraire, sur la simple communauté des images acoustiques (par exemple enseigne*ment* et juste*ment*)[2]. Donc il y a tantôt communauté double du sens et de la forme, tantôt communauté de forme ou de sens seulement. Un mot quelconque peut toujours évoquer tout ce qui est susceptible de lui être associé d'une manière ou d'une autre.

Tandis qu'un syntagme appelle tout de suite l'idée d'un ordre de succession et d'un nombre déterminé d'éléments, les termes d'une famille associative ne se présentent ni en nombre défini, ni dans un ordre déterminé. Si on associe *désir-eux, chaleur-eux, peur-eux,* etc., on ne saurait dire d'avance quel sera le nombre des mots suggérés par la mémoire, ni dans quel ordre ils apparaîtront. Un terme donné est comme le centre d'une constellation, le point où convergent d'autres termes coordonnés, dont la somme est indéfinie (voir la figure p. 175).

Cependant, de ces deux caractères de la série associative, ordre indéterminé et nombre indéfini, seul le premier se vérifie toujours ; le second peut manquer. C'est ce qui arrive dans un type caractéristique de ce genre de groupements, les paradigmes de flexion. En latin, dans *dominus, dominī, dominō,* etc., nous avons bien un groupe associatif formé par un élément commun, le thème nominal *domin-*, mais la série n'est pas indéfinie comme celle de *enseignement, changement,* etc. ; le nombre des cas est déterminé ; par contre leur succession n'est pas ordonnée spatialement, et c'est par un acte purement arbitraire que le grammairien les groupe d'une façon plutôt que d'une autre ; pour la conscience des sujets parlants le nominatif n'est nullement le premier cas de la déclinaison, et les termes pourront surgir dans tel ou tel ordre selon l'occasion.

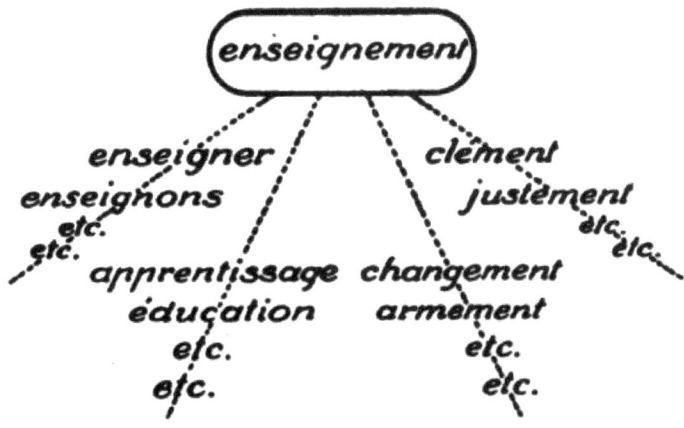

Chapitre VI

Mécanisme de la langue

§ 1.

Les solidarités syntagmatiques.

L'ensemble des différences phoniques et conceptuelles qui constitue la langue résulte donc de deux sortes de comparaisons ; les rapprochements sont tantôt associatifs, tantôt syntagmatiques ; les groupements de l'un et l'autre ordre sont, dans une large mesure, établis par la langue ; c'est cet ensemble de rapports usuels qui la constitue et qui préside à son fonctionnement.

La première chose qui nous frappe dans cette organisation, ce sont les *solidarités syntagmatiques* : presque toutes les unités de la langue dépendent soit de ce qui les entoure sur la chaîne parlée, soit des parties successives dont elles se composent elles-mêmes.

La formation des mots suffit à le montrer. Une unité telle que *désireux* se décompose en deux sous-unités (*désir-eux*), mais ce ne sont pas deux parties indépendantes ajoutées simplement l'une à l'autre (*désir+eux*). C'est un produit, une combinaison de deux éléments solidaires, qui n'ont de valeur que par leur action réciproque dans une unité supérieure (*désir×eux*). Le suffixe, pris isolément, est inexistant ; ce qui lui confère sa place dans la langue, c'est une série de termes usuels tels que *chaleur-eux, chanc-eux,* etc. A son tour, le radical n'est pas autonome ; il n'existe que par combinaison avec un suffixe ; dans *roul-is*, l'élément *roul-* n'est rien sans le suffixe qui le suit. Le tout vaut par ses parties, les parties valent aussi en vertu de leur place dans le tout, et voilà pourquoi le rapport syntagmatique de la partie au tout est aussi important que celui des parties entre elles.

C'est là un principe général, qui se vérifie dans tous les types de syntagmes énumérés plus haut, p. 172 ; il s'agit toujours d'unités plus vastes, composées elles-mêmes d'unités plus restreintes, les unes et les autres étant dans un rapport de solidarité réciproque.

La langue présente, il est vrai, des unités indépendantes, sans rapports syntagmatiques ni avec leurs parties, ni avec d'autres unités. Des équivalents de phrases tels que *oui, non, merci,* etc., en sont de bons exemples. Mais ce fait, d'ailleurs exceptionnel, ne suffit pas à compromettre le principe général. Dans la règle, nous ne parlons pas par signes isolés, mais par groupes de signes, par masses organisées qui sont elles-mêmes des signes. Dans la langue, tout revient à des différences, mais tout revient aussi à des groupements. Ce mécanisme, qui consiste dans un jeu de termes successifs, ressemble au fonctionnement d'une machine dont les pièces ont une action réciproque bien qu'elles soient disposées dans une seule dimension.

§ 2.

Fonctionnement simultané des deux formes de groupements.

Entre les groupements syntagmatiques, ainsi constitués, il y a un lien d'interdépendance ; ils se conditionnent réciproquement. En effet la coordination dans l'espace contribue à créer des coordinations associatives, et celles-ci à leur tour sont nécessaires pour l'analyse des parties du syntagme.

Soit le composé *dé-faire.* Nous pouvons le représenter sur un ruban horizontal correspondant à la chaîne parlée :

Mais simultanément et sur un autre axe, il existe dans le subsconcient une ou plusieurs séries associatives comprenant des unités qui ont un élément commun avec le syntagme, par exemple :

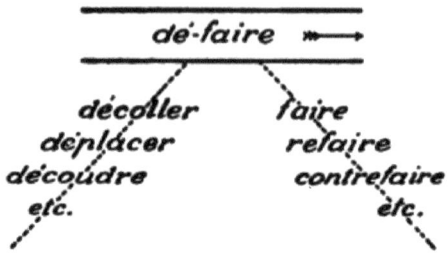

De même, si le latin *quadruplex* est un syntagme, c'est qu'il s'appuie aussi sur deux séries associatives :

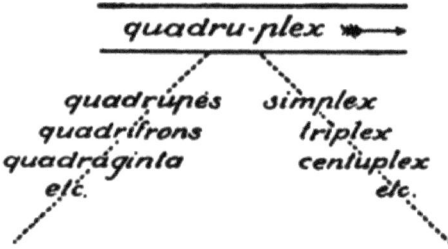

C'est dans la mesure où ces autres formes flottent autour de *défaire* ou de *quadruplex* que ces deux mots peuvent être décomposés en sous-unités, autrement dit, sont des syntagmes. Ainsi *défaire* serait inanalysable si les autres formes contenant *dé-* ou *faire* disparaissaient de la langue ; il ne serait plus qu'une unité simple et ses deux parties ne seraient plus opposables l'une à l'autre.

On comprend dès lors le jeu de ce double système dans le discours.

Notre mémoire tient en réserve tous les types de syntagmes plus ou moins complexes, de quelque espèce ou étendue qu'ils puissent être, et au moment de les employer, nous faisons intervenir les groupes associatifs pour fixer notre choix; Quand quelqu'un dit *marchons !*, il pense inconsciemment à divers groupes d'associations à l'intersection desquels se trouve le syntagme *marchons !* Celui-ci figure d'une part dans la série *marche ! marchez !*, et c'est l'opposition de *marchons !* avec ces formes qui détermine le choix ; d'autre part, *marchons !* évoque la série *montons ! mangeons !* etc., au sein de laquelle il est choisi par le même procédé ; dans chaque série on sait ce qu'il faut faire varier pour obtenir la différenciation propre à l'unité cherchée. Qu'on change l'idée à exprimer, et d'autres oppositions seront nécessaires pour faire apparaître une autre valeur ; on dira par exemple *marchez !*, ou bien *montons !*

Ainsi il ne suffit pas de dire, en se plaçant à un point de vue positif, qu'on prend *marchons !* parce qu'il signifie ce qu'on veut exprimer. En réalité l'idée appelle, non une forme, mais tout un système latent, grâce auquel on obtient les oppositions nécessaires à la constitution du signe. Celui-ci n'aurait par lui-même aucune signification propre. Le jour où il n'y aurait plus *marche ! marchez !* en face de *marchons !*, certaines oppositions tomberaient et la valeur de *marchons !* serait changée *ipso facto*.

Ce principe s'applique aux syntagmes et aux phrases de tous les types, même les plus complexes. Au moment où nous prononçons la phrase : « que *vous* dit-il ? », nous faisons varier un élément dans un type syntagmatique latent, par exemple « que *te* dit-il ?» — « que *nous* dit-il ? », etc., et c'est par là que notre choix se fixe sur le pronom *vous*. Ainsi dans cette opération, qui consiste à éliminer mentalement tout ce qui n'amène pas la différenciation voulue sur le point voulu, les groupements associatifs et les types syntagmatiques sont tous deux en jeu.

Inversement ce procédé de fixation et de choix régit les unités les plus minimes et jusqu'aux éléments phonologiques, quand ils sont revêtus d'une valeur. Nous ne pensons pas seulement à des cas comme *pətit* (écrit « petite ») vis-à-vis de *pəti* (écrit « petit »), ou lat. *dominī* vis-à-vis de *dominō*, etc., où la différence repose par hasard sur un simple phonème, mais au fait plus caractéristique et plus délicat, qu'un phonème joue par lui-même un rôle dans le système d'un état de langue. Si par exemple en grec *m, p, t,* etc., ne peuvent jamais figurer à la fin d'un mot, cela revient à dire que leur présence ou leur absence à telle place compte dans la structure du mot et dans celle de la phrase. Or dans tous les cas de ce genre, le son isolé, comme toutes les autres unités, sera choisi à la suite d'une opposition mentale double : ainsi dans le groupe imaginaire *anma*, le son *m* est en opposition syntagmatique avec ceux qui l'entourent et en opposition associative avec tous ceux que l'esprit peut suggérer, soit :

anma
   v
   d

§ 3.

L'arbitraire absolu et l'arbitraire relatif.

Le mécanisme de la langue peut être présenté sous un autre angle particulièrement important.

Le principe fondamental de l'arbitraire du signe n'empêche pas de distinguer dans chaque langue ce qui est radicalement arbitraire, c'est-à-dire immotivé, de ce qui ne l'est que relativement. Une partie seulement des signes est absolument arbitraire ; chez d'autres intervient un phénomène qui permet de reconnaître des degrés dans l'arbitraire sans le supprimer : *le signe peut être relativement motivé.*

Ainsi *vingt* est immotivé, mais *dix-neuf* ne l'est pas au même degré, parce qu'il évoque les termes dont il se compose et d'autres qui lui sont associés, par exemple *dix, neuf, vingt-neuf, dix-huit, soixante-dix,* etc. ; pris séparément, *dix* et *neuf* sont sur le même pied que *vingt*, mais *dix-neuf* présente un cas de motivation relative. Il en est de même pour *poirier*, qui rappelle le mot simple *poire* et dont le suffixe *-ier* fait penser à *cerisier, pommier,* etc. ; pour *frêne, chêne,* etc., rien de semblable. Comparez encore *berger*, complètement immotivé, et *vacher*, relativement motivé ; de même les couples *geôle* et *cachot, hache* et *couperet, concierge* et *portier, jadis* et *autrefois, souvent* et *fréquemment, aveugle* et *boiteux, sourd* et *bossu, second* et *deuxième,* all. *Laub* et fr. *feuillage,* fr. *métier* et all. *Handwerk.* Le pluriel anglais *ships* « navires » rappelle par sa formation toute la série *flags, birds, books,* etc., tandis que *men* « hommes », *sheep* « moutons » ne rappellent rien. En grec *dṓsō* « je donnerai » exprime l'idée de futur par un signe qui éveille l'association de *lúsō, stḗsō, túpsō,* etc., tandis que *eími* « j'irai » est tout à fait isolé.

Ce n'est pas le lieu de rechercher les facteurs qui conditionnent dans chaque cas la motivation ; mais celle-ci est toujours d'autant plus complète que l'analyse syntagmatique est plus aisée et le sens des sous-unités plus évident. En effet, s'il y a des éléments formatifs transparents, comme *-ier* dans *poir-ier* vis-à-vis de *ceris-ier, pomm-ier,* etc., il en est d'autres dont la signification est trouble ou tout à fait nulle ; ainsi jusqu'à quel point le suffixe *-ot* correspond-il à un élément de sens dans *cachot* ? En rapprochant des mots tels que *coutelas, fatras, platras, canevas,* on a le vague sentiment que *-as* est un élément formatif propre aux substantifs, sans qu'on puisse le définir plus exactement. D'ailleurs, même dans les cas les plus favorables, la motivation n'est jamais absolue. Non seulement les éléments d'un signe motivé sont eux-mêmes arbitraires (cf. *dix* et *neuf* de *dix-neuf*), mais la valeur du terme total n'est jamais égale à la somme des valeurs des parties ; *poir×ier* n'est pas égal à *poir+ier* (voir p. 176).

Quand au phénomène lui-même, il s'explique par les principes énoncés au paragraphe précédent : la notion du relativement motivé implique : 1° l'analyse du terme donné, donc un rapport syntagmatique ; 2° l'appel à un ou plusieurs autres termes, donc un rapport associatif. Ce n'est pas autre chose que le mécanisme en vertu duquel un terme quelconque se prête à l'expression d'une idée. Jusqu'ici, les unités nous sont apparues comme des valeurs, c'est-à-dire comme les éléments d'un système, et nous les avons considérées surtout dans leurs oppositions ; maintenant nous reconnaissons les solidarités qui les relient ; elles sont d'ordre associatif et d'ordre syntagmatique, et ce sont elles qui limitent l'arbitraire. *Dix-neuf* est solidaire associativement de *dix-huit, soixante-dix* etc., et syntagmatiquement de ses éléments *dix* et *neuf* (voir p. 177). Cette double relation lui confère une partie de sa valeur.

Tout ce qui a trait à la langue en tant que système demande, c'est notre conviction, à être abordé de ce point de vue, qui ne retient guère les linguistes : la limitation de l'arbitraire. C'est la meilleure base possible. En effet tout le système de la langue repose sur le principe irrationnel de l'arbitraire du signe qui, appliqué sans restriction, aboutirait à la complication suprême ; mais l'esprit réussit à introduire un principe d'ordre et de régularité dans certaines parties de la masse des signes, et c'est là le rôle du relativement motivé. Si le mécanisme de la langue était entièrement rationnel, on pourrait l'étudier en lui-même ; mais comme il n'est qu'une correction partielle d'un système naturellement chaotique, on adopte le point de vue imposé par la nature même de la langue, en étudiant ce mécanisme comme une limitation de l'arbitraire.

Il n'existe pas de langue où rien ne soit motivé ; quant à en concevoir une où tout le serait, cela serait impossible par définition. Entre les deux limites extrêmes — minimum d'organisation et minimum d'arbitraire — on trouve toutes les variétés possibles. Les divers idiomes renferment toujours des éléments des deux ordres — radicalement arbitraires et relativement motivés — mais dans des proportions très variables, et c'est là un caractère important, qui peut entrer en ligne de compte dans leur classement.

En un certain sens — qu'il ne faut pas serrer de trop près, mais qui rend sensible une des formes de cette opposition — on pourrait dire que les langues où l'immotivité atteint son maximum sont plus *lexicologiques*, et celles où il s'abaisse au minimum, plus *grammaticales*. Non que « lexique » et « arbitraire » d'une part, « grammaire » et « motivation relative » de l'autre, soient toujours synonymes ; mais il y a quelque chose de commun dans le principe. Ce sont comme deux pôles entre lesquels se meut tout le système, deux courants opposés qui se partagent le mouvement de la langue : la tendance à employer l'instrument lexicologique, le signe immotivé, et la préférence accordée à l'instrument grammatical, c'est-à-dire à la règle de construction.

On verrait par exemple que l'anglais donne une place beaucoup plus considérable à l'immotivé que l'allemand ; mais le type de l'ultra-lexicologique est le chinois, tandis que l'indo-européen et le sanscrit sont des spécimens de l'ultra-grammatical. Dans l'intérieur d'une même langue, tout le mouvement de l'évolution peut être marqué par un passage continu du motivé à l'arbitraire et de l'arbitraire au motivé ; ce va-et-vient a souvent pour résultat de déplacer sensiblement les proportions de ces deux catégories de signes. Ainsi le français est caractérisé par rapport au latin, entre autres choses, par un énorme accroissement de l'arbitraire : tandis qu'en latin *inimīcus* rappelle *in-* et *amīcus* et se motive par eux, *ennemi* ne se motive par rien ; il est rentré dans l'arbitraire absolu, qui est d'ailleurs la condition essentielle du signe linguistique. On constaterait ce déplacement dans des centaines d'exemples : cf. *constāre* (*stāre*) : *coûter*, *fabrica* (*faber*) : *forge*, *magister* (*magis*) : *maître*, *berbīcārius* (*berbīx*) : *berger*, etc. Ces changements donnent une physionomie toute particulière au français.

Chapitre VII

La grammaire et ses subdivisions

§ 1.

Définitions; divisions traditionnelles.

La linguistique statique ou description d'un état de langue peut être appelée *grammaire*, dans le sens très précis, et d'ailleurs usuel, qu'on trouve dans les expressions « grammaire du jeu d'échec », « grammaire de la Bourse », etc., où il s'agit d'un objet complexe et systématique, mettant en jeu des valeurs coexistantes.

La grammaire étudie la langue en tant que système de moyens d'expression ; qui dit grammatical dit synchronique et significatif, et comme aucun système n'est à cheval sur plusieurs époques à la fois, il n'y a pas pour nous de « grammaire historique » ; ce qu'on appelle ainsi n'est en réalité que la linguistique diachronique.

Notre définition ne concorde pas avec celle, plus restreinte, qu'on en donne généralement. C'est en effet la *morphologie* et la *syntaxe* réunies qu'on est convenu d'appeler grammaire, tandis que la *lexicologie* ou science des mots en est exclue.

Mais d'abord ces divisions répondent-elles à la réalité ? Sont-elles en harmonie avec les principes que nous venons de poser ?

La morphologie traite des diverses catégories de mots (verbes, noms, adjectifs, pronoms, etc.) et des différentes formes de la flexion (conjugaison, déclinaison). Pour séparer cette étude de la syntaxe, on allègue que cette dernière, a pour objet les fonctions attachées aux unités linguistiques tandis que la morphologie n'envisage que leur forme ; elle se contente par exemple de dire que le génétif du grec *phúlax* « gardien » est *phúlakos*, et la syntaxe renseigne sur l'emploi de ces deux formes.

Mais cette distinction est illusoire : la série des formes du substantif *phúlax* ne devient paradigme de flexion que par la comparaison des fonctions attachées aux différentes formes ; réciproquement, ces fonctions ne sont justiciables de la morphologie que si à chacune d'elles correspond un signe phonique déterminé. Une déclinaison n'est ni une liste de formes ni une série d'abstractions logiques, mais une combinaison de ces deux choses (voir p. 144) : formes et fonctions sont solidaires, et il est difficile, pour ne pas dire impossible, de les séparer. Linguistiquement, la morphologie n'a pas d'objet réel et autonome ; elle ne peut constituer une discipline distincte de la syntaxe.

D'autre part, est-il logique d'exclure la lexicologie de la grammaire ? A première vue les mots, tels qu'ils sont enregistrés dans le dictionnaire, ne semblent pas donner prise à l'étude grammaticale, qu'on limite généralement aux rapports existants entre les unités. Mais tout de suite on constate qu'une foule de ces rapports peuvent être exprimés aussi bien par des mots que par des moyens grammaticaux. Ainsi en latin *fīō* et *faciō* s'opposent de la même manière que *dīcor* et *dīcō*, formes grammaticales d'un même mot ; en russe la distinction du perfectif et de l'imperfectif est rendue grammaticalement dans *sprosít'* : *sprášivat'* « demander », et lexicologiquement dans *skazát'* : *govorít'* « dire ». On attribue généralement les prépositions à la grammaire ; pourtant la locution prépositionnelle *en considération de* est essentiellement lexicologique, puisque le mot *considération* y figure avec son sens propre. Si l'on compare grec *peíthō* : *peíthomai* avec franç. *je persuade* : *j'obéis*, on voit que l'opposition est rendue grammaticalement dans le premier cas et lexicologiquement dans le second. Quantité de rapports exprimés dans certaines langues par des cas ou des prépositions sont rendus dans d'autres par des composés, déjà plus voisins des mots proprement dits (franç. *royaume des cieux* et all. *Himmelreich*), ou par des dérivés (franç.

moulin à vent et polon. *wiatr-ak*) ou enfin par des mots simples (franç. *bois de chauffage* et russe *drová*, franc, *bois de construction* et russe *lês*). L'échange des mots simples et des locutions composées au sein d'une même langue (cf. *considérer* et *prendre en considération, se venger de* et *tirer vengeance de*) est également très fréquent.

On voit donc qu'au point de vue de la fonction, le fait lexicologique peut se confondre avec le fait syntaxique. D'autre part, tout mot qui n'est pas une unité simple et irréductible ne se distingue pas essentiellement d'un membre de phrase, d'un fait de syntaxe ; l'agencement des sous-unités qui le composent obéit aux mêmes principes fondamentaux que la formation des groupes de mots.

En résumé, les divisions traditionnelles de la grammaire peuvent avoir leur utilité pratique, mais ne correspondent pas à des distinctions naturelles et ne sont unies par aucun lien logique. La grammaire ne peut s'édifier que sur un principe différent et supérieur.

§ 2.

Divisions rationnelles.

L'interpénétration de la morphologie, de la syntaxe et de la lexicologie s'explique par la nature au fond identique de tous les faits de synchronie. Il ne peut y avoir entre eux aucune limite tracée d'avance. Seule la distinction établie plus haut entre les rapports syntagmatiques et les rapports associatifs suggère un mode de classement qui s'impose de lui-même, le seul qu'on puisse mettre à la base du système grammatical.

Tout ce qui compose un état de langue doit pouvoir être ramené à une théorie des syntagmes et à une théorie des associations. Dès maintenant certaines parties de la grammaire traditionnelle semblent se grouper sans effort dans l'un ou l'autre de ces ordres : la flexion est évidemment une forme typique de l'association des formes dans l'esprit des sujets parlants ; d'autre part la syntaxe, c'est-à-dire, selon la définition la plus courante, la théorie des groupements de mots, rentre dans la syntagmatique, puisque ces groupements supposent toujours au moins deux unités distribuées dans l'espace. Tous les faits de syntagmatique ne se classent pas dans la syntaxe, mais tous les faits de syntaxe appartiennent à la syntagmatique.

N'importe quel point de grammaire montrerait l'importance qu'il y a à étudier chaque question à ce double point de vue. Ainsi la notion de mot pose deux problèmes distincts, selon qu'on la considère associativement ou syntagmatiquement ; l'adjectif *grand* offre dans le syntagme une dualité de forme (*grã garsō* « *grand* garçon » et *grãt ãfã* « *grand* enfant »), et associativement une autre dualité (masc. *grã* « grand », fém. *grãd* « grande »).

Il faudrait pouvoir ramener ainsi chaque fait à son ordre, syntagmatique ou associatif, et coordonner toute la matière de la grammaire sur ses deux axes naturels ; seule cette répartition montrerait ce qu'il faut changer aux cadres usuels de la linguistique synchronique. Cette tâche ne peut naturellement pas être entreprise ici, où l'on se borne à poser les principes les plus généraux.

Chapitre VIII

Role des entités abstraites en grammaire

Il y a un sujet important qui n'a pas encore été touché et qui montre justement la nécessité d'examiner toute question grammaticale sous les deux points de vue distingués plus haut. Il s'agit des entités abstraites en grammaire. Envisageons-les d'abord sous l'aspect associatif.

Associer deux formes, ce n'est pas seulement sentir qu'elles offrent quelque chose de commun, c'est aussi distinguer la nature des rapports qui régissent les associations. Ainsi les sujets ont conscience que la relation qui unit *enseigner* à *enseignement* ou *juger* à *jugement* n'est pas la même que celle qu'ils constatent entre *enseignement* et *jugement* (voir p. 173 sv.). C'est par là que le système des associations se rattache à celui de la grammaire. On peut dire que la somme des classements conscients et méthodiques faits par le grammairien qui étudie un état de langue sans faire intervenir l'histoire doit coïncider avec la somme des associations, conscientes ou non, mises en jeu dans la parole. Ce sont elles qui fixent dans notre esprit les familles de mots, les paradigmes de flexion, les éléments formatifs : radicaux, suffixes, désinences, etc. (voir p. 253 sv.).

Mais l'association ne dégage-t-elle que des éléments matériels ? Non, sans doute ; nous savons déjà qu'elle rapproche des mots reliés par le sens seulement (cf. ' *enseignement, apprentissage, éducation,* etc.) ; **il doit en être de même en grammaire : soit les trois génitifs latins : *domin-ī, rēg-is, ros-ārum* ; les sons des trois désinences**

n'offrent aucune analogie qui donne prise à l'association ; mais elles sont pourtant rattachées par le sentiment d'une valeur commune qui dicte un emploi identique ; cela suffit pour créer l'association en l'absence de tout support matériel, et c'est ainsi que la notion de génitif en soi prend place dans la langue. C'est par un procédé tout semblable que les désinences de flexion -*us* -*ī* -*ō*, etc. (dans *dominus, dominī, dominō*, etc.), sont reliées dans la conscience et dégagent les notions plus générales de cas et de désinence casuelle. Des associations du même ordre, mais plus larges encore, relient tous les substantifs, tous les adjectifs, etc., et fixent la notion des parties du discours.

Toutes ces choses existent dans la langue, mais à titre d'*entités abstraites* ; leur étude est difficile, parce qu'on ne peut savoir exactement si la conscience des sujets parlants va toujours aussi loin que les analyses du grammairien. Mais l'essentiel est que *les entités abstraites reposent toujours, en dernière analyse, sur les entités concrètes.* Aucune abstraction grammaticale n'est possible sans une série d'éléments matériels qui lui sert de substrat, et c'est toujours à ces éléments qu'il faut revenir en fin de compte.

Plaçons-nous maintenant au point de vue syntagmatique. La valeur d'un groupe est souvent liée à l'ordre de ses éléments. En analysant un syntagme, le sujet parlant ne se borne pas à en distinguer les parties ; il constate entre elles un certain ordre de succession. Le sens du français *désireux* ou du latin *signi-fer* dépend de la place respective des sous-unités : on ne saurait dire *eux-désir* ou *fer-signum*. Une valeur peut même n'avoir aucun rapport dans un élément concret (tel que -*eux* ou -*fer*) et résulter de la seule ordonnance des termes ; si par exemple en français les deux groupes *je dois* et *dois-je ?* ont des significations différentes cela ne tient qu'à l'ordre des mots. Une langue exprime quelquefois par la succession des termes une idée qu'une autre rendra par un ou plusieurs termes concrets ; l'anglais, dans le type syntagmatique *gooseberry wine* « vin de groseilles », *gold watch* « montre en or », etc., exprime par l'ordre pur et simple des termes des rapports que le français moderne marque par des prépositions ; à son tour, le français moderne rend la notion de complément direct uniquement par la position du substantif après le verbe transitif (cf. *je cueille une fleur*), tandis que le latin et d'autres langues le font par l'emploi de l'accusatif, caractérisé par des désinences spéciales, etc.

Mais si l'ordre des mots est incontestablement une entité abstraite, il n'en est pas moins vrai qu'elle ne doit son existence qu'aux unités concrètes qui la contiennent et qui courent sur une seule dimension. Ce serait une erreur de croire qu'il y a une syntaxe incorporelle en dehors de ces unités matérielles distribuées dans l'espace. En anglais *the man I have seen* (« l'homme que j'ai vu ») nous montre un fait de syntaxe qui semble représenté par zéro, tandis que le français le rend par *que*. Mais c'est justement la comparaison avec le fait de syntaxe français qui produit cette illusion que le néant peut exprimer quelque chose ; en réalité, les unités matérielles, alignées dans un certain ordre, créent seules cette valeur. En dehors d'une somme de termes concrets on ne saurait raisonner sur un cas de syntaxe. D'ailleurs, par le seul fait que l'on comprend un complexus linguistique (par exemple les mots anglais cités plus haut), cette suite de termes est l'expression adéquate de la pensée.

Une unité matérielle n'existe que par le sens, la fonction dont elle est revêtue ; ce principe est particulièrement important pour la connaissance des unités restreintes, parce qu'on est tenté de croire qu'elles existent en vertu de leur pure matérialité, que par exemple *aimer* ne doit son existence qu'aux sons qui le composent. Inversement — comme on vient de le voir — un sens, une fonction n'existent que par le support de quelque forme matérielle ; si ce principe a été formulé à propos des syntagmes plus étendus ou types syntaxiques, c'est qu'on est porté à y voir des abstractions immatérielles planant au-dessus des termes de la phrase. Ces deux principes, en se complétant, concordent avec nos affirmations relatives à la délimitation des unités (voir p. 145).

> 1. ↑ Il est presque inutile de faire observer que l'étude des *syntagmes* ne se confond pas avec la *syntaxe* : celle-ci, comme on le verra p. 185 et suiv., n'est qu'une partie de celle-là *(Ed.)*.
> 2. ↑ Ce dernier cas est rare et peut passer pour anormal, car l'esprit écarte naturellement les associations propres à troubler l'intelligence du discours ; mais son existence est prouvée par une catégorie inférieure de jeux de mots reposant sur les confusions absurdes qui peuvent résulter de l'homonymie pure et simple, comme lorsqu'on dit : « Les musiciens produisent les sons et les grainetiers les vendent. » Ce cas doit être distingué de celui où une association, tout en étant fortuite, peut s'appuyer sur un rapprochement d'idées (cf. franç. *ergot : ergoter*, et all. *blau : durchbläuen*, « rouer de coups ») ; il s'agit d'une interprétation nouvelle d'un des termes du couple ; ce sont des cas d'étymologie populaire (voir p. 238) ; le fait est intéressant pour l'évolution sémantique, mais au point de vue synchronique il tombe tout simplement dans la catégorie : *enseigner : enseignement*, mentionnée plus haut *(Ed.)*.

Troisième partie

Linguistique diachronique

Chapitre premier

Généralités

La linguistique diachronique étudie, non plus les rapports entre termes coexistants d'un état de langue, mais entre termes successifs qui se substituent les uns aux autres dans le temps.

En effet l'immobilité absolue n'existe pas (voir p. 110 sv.) ; toutes les parties de la langue sont soumises au changement ; à chaque période correspond une évolution plus ou moins considérable. Celle-ci peut varier de rapidité et d'intensité sans que le principe lui-même se trouve infirmé ; le fleuve de la langue coule sans interruption ; que son cours soit paisible ou torrentueux, c'est une considération secondaire.

Il est vrai que cette évolution ininterrompue nous est souvent voilée par l'attention accordée à la langue littéraire ; celle-ci, comme on le verra p. 267 sv., se superpose à la langue vulgaire, c'est-à-dire à la langue naturelle, et est soumise à d'autres conditions d'existence. Une fois formée, elle reste en général assez stable, et tend à demeurer identique à elle-même ; sa dépendance de l'écriture lui assure des garanties spéciales de conservation. Ce n'est donc pas elle qui peut nous montrer à quel point sont variables les langues naturelles dégagées de toute réglementation littéraire.

La phonétique, et la phonétique tout entière, est le premier objet de la linguistique diachronique ; en effet l'évolution des sons est incompatible avec la notion d'état ; comparer des phonèmes ou des groupes de phonèmes avec ce qu'ils ont été antérieurement, cela revient à établir une diachronie. L'époque antécédente peut être plus ou moins rapprochée ; mais quand l'une et l'autre se confondent, la phonétique cesse d'intervenir ; il n'y a plus que la description des sons d'un état de langue, et c'est à la phonologie de le faire.

Le caractère diachronique de la phonétique s'accorde fort bien avec ce principe que rien de ce qui est phonétique n'est significatif ou grammatical, dans le sens large du terme (voir p.36). Pour faire l'histoire des sons d'un mot, on peut ignorer son sens, ne considérant que son enveloppe matérielle, y découper des tranches phoniques sans se demander si elles ont une signification ; on cherchera — par exemple ce que devient en grec attique un groupe -*ewo*-, qui ne signifie rien. Si l'évolution de la langue se réduisait à celle des sons, l'opposition des objets propres aux deux parties de la linguistique serait tout de suite lumineuse : on verrait clairement que diachronique équivaut à non-grammatical, comme synchronique à grammatical.

Mais n'y-a-t-il que les sons qui se transforment avec le temps ? Les mots changent de signification, les catégories grammaticales évoluent ; on en voit qui disparaissent avec les formes qui servaient à les exprimer (par exemple le duel en latin). Et si tous les faits de synchronie associative et syntagmatique ont leur histoire, comment maintenir la distinction absolue entre la diachronie et la synchronie ? Cela devient très difficile dès que l'on sort de la phonétique pure.

Remarquons cependant que beaucoup de changements tenus pour grammaticaux se résolvent en des changements phonétiques. La création du type grammatical de l'allemand *Hand : Hände*, substitué à *hant : hanti* (voir p. 120), s'explique entièrement par un fait phonétique. C'est encore un fait phonétique qui est à la base du type de composés *Springbrunnen, Reitschule,* etc. ; en vieux haut allemand le premier élément n'était pas verbal, mais substantif ; *beta-hūs* voulait dire « maison de prière » ; cependant la voyelle finale étant tombée phonétiquement (*beta-* → *bet-*, etc.), il s'est établi un contact sémantique avec le verbe (*beten*, etc), et *Bethaus* a fini par signifier « maison pour prier ».

Quelque chose de tout semblable s'est produit dans les composés que l'ancien germanique formait avec le mot *līch* « apparence extérieure » (cf. *mannolīch* « qui a l'apparence d'un homme », *redolīch* « qui a l'apparence de la raison »). Aujourd'hui, dans un grand nombre d'adjectifs (cf. *verzeihlich, glaublich,* etc.), *-lich* est devenu un suffixe, comparable à celui de *pardonn-able, croy-able,* etc., et en même temps l'interprétation du premier élément a changé : on n'y aperçoit plus un substantif, mais une racine verbale ; c'est que dans un certain nombre de cas, par chute de la voyelle finale du premier élément (par exemple *redo-* → *red-*), celui-ci a été assimilé à une racine verbale (*red-* de *reden*).

Ainsi dans *glaublich, glaub-* est rapproché de *glauben* plutôt que de *Glaube*, et malgré la différence du radical, *sichtlich* est associé à *sehen* et non plus à *Sicht*.

Dans tous ces cas et bien d'autres semblables, la distinction des deux ordres reste claire ; il faut s'en souvenir pour ne pas affirmer à la légère qu'on fait de la grammaire historique quand, en réalité, on se meut successivement dans le domaine diachronique, en étudiant le changement phonétique, et dans le domaine synchronique, en examinant les conséquences qui en découlent.

Mais cette restriction ne lève pas toutes les difficultés. L'évolution d'un fait de grammaire quelconque, groupe associatif ou type syntagmatique, n'est pas comparable à celle d'un son. Elle n'est pas simple, elle se décompose en une foule de faits particuliers dont une partie seulement rentre dans la phonétique. Dans la genèse d'un type syntagmatique tel que le futur français *prendre ai*, devenu *prendrai*, on distingue au minimum deux faits, l'un psychologique : la synthèse des deux éléments du concept, l'autre phonétique et dépendant du premier : la réduction des deux accents du groupe à un seul (*préndre aí* → *prendraí*).

La flexion du verbe fort germanique (type all. moderne *geben, gab, gegeben,* etc., cf. grec *leípo, élipon, léloipa,* etc.), est fondée en grande partie sur le jeu de l'ablaut des voyelles radicales. Ces alternances (voir p. 215 sv.) dont le système était assez simple à l'origine, résultent sans doute d'un fait purement phonétique ; mais pour que ces oppositions prennent une telle importance fonctionnelle, il a fallu que le système primitif de la flexion se simplifie par une série de procès divers : disparition des variétés multiples du présent et des nuances de sens qui s'y rattachaient, disparition de l'imparfait, du futur et de l'aoriste, élimination du redoublement du parfait, etc. Ces changements, qui n'ont rien d'essentiellement phonétique, ont réduit la flexion verbale à un groupe restreint de formes, où les alternances radicales ont acquis une valeur significative de premier ordre. On peut affirmer par exemple que l'opposition *e : a* est plus significative dans *geben : gab* que l'opposition *e : o* dans le grec *leipō : léloipa*, à cause de l'absence de redoublement dans le parfait allemand.

Si donc la phonétique intervient le plus souvent par un côté quelconque dans l'évolution, elle ne peut l'expliquer tout entière ; le facteur phonétique une fois éliminé, on trouve un résidu qui semble justifier l'idée « d'une histoire de la grammaire » ; c'est là qu'est la véritable difficulté ; la distinction — qui doit être maintenue — entre le diachronique et le synchronique demanderait des explications délicates, incompatibles avec le cadre de ce cours[1].

Dans ce qui suit, nous étudions successivement les changements phonétiques, l'alternance et les faits d'analogie, pour terminer par quelques mots sur l'étymologie populaire et l'agglutination.

Chapitre II

Les changements phonétiques

§ 1.

Leur régularité absolue.

On a vu p. 132 que le changement phonique n'atteint pas les mots, mais les sons. C'est un phonème qui se transforme : événement isolé, comme tous les événements diachroniques, mais qui a pour conséquence d'altérer d'une façon identique tous les mots où figure le phonème en question ; c'est en ce sens que les changements phonétiques sont absolument réguliers.

En allemand tout $\bar{\imath}$ est devenu *ei*, puis *ai* : *wīn, trīben, līhen, zīt*, ont donné *Wein, treiben, leihen, Zeit* ; tout $\bar{u}$ est devenu *au* : *hūs, zūn, rūch* → *Haus, Zaun, Rauch* ; de même $\bar{\ddot{u}}$ s'est changé en eu : *hūsir* → *Häuser*, etc. Au contraire la diphtongue *ie* a passé à $\bar{\imath}$ que l'on continue à écrire *ie*; cf. *biegen, lieb, Tier*. Parallèlement, tous les *uo* sont devenus $\bar{u}$: *muot* → *Mut*, etc. Tout *z* (voir p. 59) a donné *s* (écrit *ss*) : *wazer* → *Wasser*, *fliezen* → *fliessen*, etc. Tout *h* intérieur a disparu entre voyelles : *līhen, sehen* → *leien, seen* (écrits *leihen, sehen*). Tout *w* s'est transformé en *v* labiodental (écrit *w*) : *wazer* → *wasr* (*Wasser*).

En français, tout *l* mouillé est devenu *y* (jod) : *piller, bouillir* se prononcent *piyę, buyir*, etc.

En latin, ce qui a été *s* intervocalique apparaît comme *r* à une autre époque : *genesis, *asēna → *generis arēna*, etc.

N'importe quel changement phonétique, vu sous son vrai jour, confirmerait la parfaite régularité de ces transformations.

§ 2.

Conditions des changements phonétiques.

Les exemples précédents montrent déjà que les phénomènes phonétiques, loin d'être toujours absolus, sont le plus souvent liés à des conditions déterminées : autrement dit, ce n'est pas l'espèce phonologique qui se transforme, mais le phonème tel qu'il se présente dans certaines conditions d'entourage, d'accentuation, etc. C'est ainsi que *s* n'est devenu *r* en latin qu'entre voyelles et dans quelques autres positions, ailleurs il subsiste (cf. *est*, *senex*, *equos*).

Les changements absolus sont extrêmement rares ; ils ne paraissent souvent tels que par le caractère caché ou trop général de la condition ; ainsi en allemand $ī$ devient *ei*, *ai*, mais seulement en syllabe tonique ; le k_1 indo-européen devient *h* en germanique (cf. indo-européen k_1olsom, latin *collum* all. *Hals*) ; mais le changement ne se produit pas après *s* (cf. grec *skótos* et got. *skadus* « ombre »).

D'ailleurs la division des changements en absolus et conditionnels repose sur une vue superficielle des choses ; il est plus rationnel de parler, comme on le fait de plus en plus, de phénomènes phonétiques *spontanés* et *combinatoires*. Ils sont spontanés quand ils sont produits par une cause interne, et combinatoires quand ils résultent de la présence d'un ou plusieurs autres phonèmes. Ainsi le passage de *o* indo-européen à *a* germanique (cf. got. *skadus*, all. *Hals*, etc.) est un fait spontané. Les mutations conso nantiques ou « *Lautverschiebungen* » du germanique sont le type du changement spontané : ainsi le k_1 indo-européen devient *h* en proto-germanique (cf. lat. *collum* et got. *hals*), le protogermanique *t*, conservé en anglais, devient *z* (prononcé *ts*) en haut allemand (cf. got. *taihun*, angl. *ten*, all. *zehn*). Au contraire, le passage de lat. *ct*, *pt* à italien *tt* (cf. *factum* → *fatto*, *captīvum* → *cattivo*) est un fait combinatoire, puisque le premier élément a été assimilé au second. L'umlaut allemand est dû aussi à une cause externe, la présence de *i* dans la syllabe suivante : tandis que *gast* ne change pas, *gasti* donne *gesti*, *Gäste*.

Notons que dans l'un et l'autre cas le résultat n'est nullement en cause et qu'il n'importe pas qu'il y ait ou non changement. Si par exemple on compare got. *fisks* avec lat. *piscis* et got. *skadus* avec grec *skótos*, on constate dans le premier cas persistance de l'*i*, dans l'autre, passage de *o* à *a* ; de ces deux sons, le premier est resté tel quel, le second a changé ; mais l'essentiel est qu'ils ont agi par eux-mêmes.

Si un fait phonétique est combinatoire, il est toujours conditionnel ; mais s'il est spontané, il n'est pas nécessairement absolu, car il peut être conditionné négativement par l'absence de certains facteurs de changement. Ainsi le k_1 indo-européen devient spontanément *qu* en latin (cf. *quattuor*, *inquilīna*, etc.), mais il ne faut pas qu'il soit suivi, par exemple, de *o* ou de *u* (cf. *cottīdie*, *colō*, *secundus*, etc.). De même, la persistance de *i* indo-européen dans got. *fisks*, etc. est liée à une condition : il ne faut pas qu'il soit suivi de *r* ou *h*, auquel cas il devient *e*, noté *ai* (cf. *wair* = lat. *vir* et *maihstus* = all. *Mist*).

§ 3.

Points de méthode.

Les formules qui expriment les phénomènes doivent tenir compte des distinctions précédentes, sous peine de les présenter sous un jour faux.

Voici quelques exemples de ces inexactitudes.

D'après l'ancienne formulation de la loi de Verner, « en germanique tout *þ* non initial a été changé en *ð* si l'accent le suivait » : cf. d'une part **faþer→*faðer* (all. *Vater*), **liþumé→*liðumé* all. *litten*), d'autre part, **þris* (all. *drei*), **brōþer* (all. *Bruder*), **liþo* all. *leide*), où *þ* subsiste). Cette formule attribue le rôle actif à l'accent et introduit une clause restrictive pour *þ* initial. En réalité, le phénomène est tout différent : en germanique, comme en latin, *þ* tendait à se sonoriser spontanément à l'intérieur du mot ; seul l'accent placé sur la voyelle précédente a pu l'en empêcher. Ainsi tout est renversé : le fait est spontané, non combinatoire, et l'accent est un obstacle au lieu d'être la cause provoquante Il faut dire : « Tout *þ* intérieur est devenu *ð*, a moins que l'accent placé sur la voyelle précédente ne s'y soit opposé.

Pour bien distinguer ce qui est spontané et ce qui est combinatoire, il faut analyser les phases de la transformation et ne pas prendre le résultat médiat pour le résultat immédiat. Ainsi pour expliquer la rotacisation (cf. latin **genesis→generis*), il est inexact de dire que *s* est devenu *r* entre deux voyelles, car *s*, n'ayant pas de son laryngé, ne peut jamais donner *r* du premier coup. En réalité il y a deux actes : *s* devient *z* par changement combinatoire ; mais *z*, n'ayant pas été maintenu dans le système phonique du latin, a été remplacé par le son très voisin *r*, et ce changement est spontané. Ainsi par une grave erreur on confondait en un seul phénomène deux faits disparates ; la faute consiste d'une part à prendre le résultat médiat pour l'immédiat ($s \rightarrow r$ au lieu de $z \rightarrow r$) et d'autre part, à poser le phénomène total comme combinatoire, alors qu'il ne l'est pas dans sa première partie. C'est comme si l'on disait qu'en français *e* est devenu *a* devant nasale. En réalité il y a eu successivement changement combinatoire, nasalisation de *e* par *n* (cf. lat. *ventum* → franç. *vẽnt*, lat. *fēmina* → franç. *femə fẽmə*) puis changement spontané de *ẽ* en *ã* (cf. *vãnt*, *fãmə*, actuellement *vã*, *fam*). En vain objecterait-on que cela n'a pu se passer que devant consonne nasale : il ne s'agit pas de savoir pourquoi *e* s'est nasalisé, mais seulement si la transformation de *ẽ* en *ã* est spontanée ou combinatoire.

La plus grave erreur de méthode que nous rappelons ici bien qu'elle ne se rattache pas aux principes exposés plus haut, consiste à formuler une loi phonétique au présent, comme si les faits qu'elle embrasse existaient une fois pour toutes, au lieu qu'ils naissent et meurent dans une portion du temps. C'est le chaos, car ainsi on supprime toute succession chronologique des événements. Nous avons déjà insisté sur ce point p. 137 sv., en analysant les phénomènes successifs qui expliquent la dualité *tríkhes : thriksí*. Quand on dit : « *s* devient *r* en latin », on fait croire que la rotacisation est inhérente à la nature de la langue, et l'on reste embarrassé devant des exceptions telles que *causa*, *rīsus*, etc. Seule la formule : « *s* intervocalique est devenu *r* en latin à une certaine époque » autorise à penser qu'au moment où *s* passait à *r*, *causa*, *rīsus*, etc., n'avaient pas de *s* intervocalique et étaient à l'abri du changement ; en effet on disait encore *caussa*, *rīssus*. C'est pour une raison analogue qu'il faut dire : « *ā* est devenu *ē* en dialecte ionien (cf. *mā́tēr* → *mḗtēr*, etc.), car sans cela on ne saurait que faire de formes telles que *pâsa*, *phāsi*, etc.

(qui étaient encore *pansa*, *phansi*, etc., à l'époque du changement).

§ 4.

Causes des changements phonétiques.

La recherche de ces causes est un des problèmes les plus difficiles de la linguistique. On a proposé plusieurs explications, dont aucune n'apporte une lumière complète.

I. On a dit que la race aurait des prédispositions traçant d'avance la direction des changements phonétiques. Il y a là une question d'anthropologie comparée : mais l'appareil phonatoire varie-t-t-il d'une race à l'autre? Non, guère plus que d'un individu à un autre ; un nègre transplanté dès sa naissance en France parle le français aussi bien que les indigènes. De plus, quand on se sert d'expressions telles que « l'organe italien » ou « la bouche des Germains n'admet pas cela », on risque de transformer en caractère permanent un fait purement historique ; c'est une erreur comparable à celle qui formule un phénomène phonétique au présent ; prétendre que l'organe ionien est contraire à l'$\bar{a}$ long et le change en $\bar{e}$, est tout aussi faux que de dire : $\bar{a}$ « devient » $\bar{e}$ en ionien.

L'organe ionien n'avait aucune répugnance à prononcer l'$\bar{a}$, puisqu'il l'admet en certains cas. Il ne s'agit donc pas d'une incapacité anthropologique, mais d'un changement dans les habitudes articulatoires. De même le latin, qui n'avait pas conservé l'*s* intervocalique (**genesis→generis*) l'a réintroduit un peu plus tard (cf. **rīssus→rīsus*) ; ces changements n'indiquent pas une disposition permanente de l'organe latin.

Il y a sans doute une direction générale des phénomènes phonétiques à une époque donnée chez un peuple déterminé ; les monophtongaisons des diphtongues, en français moderne sont les manifestations d'une seule et même tendance ; mais on trouverait des courants généraux analogues dans l'histoire politique, sans que leur caractère purement historique soit mis en doute et sans qu'on y voie une influence directe de la race.

II. On a souvent considéré les changements phonétiques comme une adaptation aux conditions du sol et du climat. Certaines langues du Nord accumulent les consonnes, certaines langues du Midi font un plus large emploi des voyelles, d'où leur son harmonieux. Le climat et les conditions de la vie peuvent bien influer sur la langue, mais le problème se complique dès qu'on entre dans le détail : ainsi à côté des idiomes scandinaves, si chargés de consonnes, ceux des Lapons et des Finnois sont plus vocaliques que l'italien lui-même. On notera encore que l'accumulation des consonnes dans l'allemand actuel est, dans bien des cas, un fait tout récent, dû à des chutes de voyelles posttoniques ; que certains dialectes du Midi de la France répugnent moins que le français du Nord aux groupes consonantiques, que le serbe en présente autant que le russe moscovite, etc.

III. On a fait intervenir la loi du moindre effort, qui remplacerait deux articulations par une seule, ou une articulation difficile par une autre plus commode. Cette idée, quoi qu'on dise, mérite l'examen : elle peut élucider la cause du phénomène dans une certaine mesure, ou indiquer tout au moins la direction où il faut la chercher.

La loi du moindre effort semble expliquer un certain nombre de cas: ainsi le passage de l'occlusive à la spirante (*habēre* → *avoir*), la chute de masses énormes de syllabes finales dans beaucoup de langues, les phénomènes d'assimilation (par exemple *ly → ll*, **alyos →* gr. *állos*, *tn → nn*, **atnos →* lat. *annus*), la monophtongaison des diphtongues, qui n'est qu'une variété de l'assimilation (par exemple *ai — ę*, franç. *maizõn → męzõ* « maison »), etc.

Seulement on pourrait mentionner autant de cas où il se passe exactement le contraire. A la monophtongaison on peut opposer par exemple le changement de *ī ū ü* allemand en *ei au eu*. Si l'on prétend que l'abrègement slave de *ā, ē* en *ă, ĕ* est dû au moindre effort, alors il faut penser que le phénomène inverse présenté par l'allemand (*făter → Vāter, gĕben → gēben*) est dû au plus grand effort. Si l'on tient la sonore pour plus facile à prononcer que la sourde (cf. *opera →* prov. *obra*), l'inverse doit nécessiter un effort plus grand, et pourtant l'espagnol a passé de *ž* à *χ* (cf. *hiχo* « le fils » écrit *hijo*), et le germanique a changé *b d g* en *p t k*. Si la perte de l'aspiration (cf. indo-européen. **bherō →* germ. *beran*) est considérée comme une diminution de l'effort, que dire de l'allemand, qui la met là où elle n'existait pas (*Tanne, Pute*, etc. prononcés *Thanne, Phute*) ?

Ces remarques ne prétendent pas réfuter la solution proposée. En fait on ne peut guère déterminer pour chaque langue ce qui est plus facile ou plus difficile à prononcer.

S'il est vrai que l'abrègement correspond à un moindre effort dans le sens de la durée, il est tout aussi vrai que les prononciations négligées tombent dans la longue et que la brève demande plus de surveillance. Ainsi, en supposant des prédispositions différentes on peut présenter deux faits opposés sous une même couleur. De même, là où *k* est devenu *tš* (cf. lat. *cēdere →* ital. *cedere*), il semble, à ne considérer que les termes extrêmes du changement, qu'il y ait augmentation d'effort ; mais l'impression serait peut-être autre si l'on rétablissait le chaîne : *k* devient *k'* palatal par assimilation à la voyelle suivante : puis *k'* passe à *ky* ;

la prononciation n'en devient pas plus difficile : deux éléments enchevêtrés dans *k'* ont été nettement différenciés : puis de *ky*, on passe successivement à *ty, tχ', tš*, partout avec effort moins grand.

Il y aurait là une vaste étude à faire, qui, pour être complète, devrait considérer à la fois le point de vue physiologique (question de l'articulation) et le point de vue psychologique (question de l'attention).

IV. Une explication en faveur depuis quelques années attribue les changements de prononciation à notre éducation phonétique dans l'enfance. C'est après beaucoup de tâtonnements, d'essais et de rectifications que l'enfant arrive à prononcer ce qu'il entend autour de lui ; là serait le germe des changements ; certaines inexactitudes non corrigées l'emporteraient chez l'individu et se fixeraient dans la génération qui grandit. Nos enfants prononcent souvent *t* pour *k*, sans que nos langues présentent dans leur histoire de changement phonétique correspondant ; mais il n'en est pas de même pour d'autres déformations ; ainsi à Paris beaucoup d'enfants prononcent *fl'eur, bl'anc* avec *l* mouillé ; or en italien c'est par un procès analogue que *florem* a passé à *fl'ore* puis à *fiore*.

Ces constatations méritent toute attention, mais laissent le problème intact ; en effet on ne voit pas pourquoi une génération convient de retenir telles inexactitudes à l'exclusion de telles autres, toutes étant également naturelles ; en fait le choix des prononciations vicieuses apparaît purement arbitraire, et l'on n'en aperçoit pas la raison. En outre, pourquoi le phénomène a-t-il réussi à percer cette fois-ci plutôt qu'une autre ?

Cette observation s'applique d'ailleurs à toutes les causes précédentes, si leur action est admise ; l'influence du climat, la prédisposition de la race, la tendance au moindre effort existent d'une façon permanente ou durable ;

pourquoi agissent-elles d'une manière intermittente, tantôt sur un point et tantôt sur un autre du système phonologique ? Un événement historique doit avoir une cause déterminante ; on ne nous dit pas ce qui vient, dans chaque cas, déclancher un changement dont la cause générale existait depuis longtemps. C'est là le point le plus difficile à éclaircir.

V. On cherche quelquefois une de ces causes déterminantes dans l'état général de la nation à un moment donné. Les langues traversent des époques plus mouvementées que d'autres : on prétend les rattacher aux périodes agitées de l'histoire extérieure et découvrir ainsi un lien entre l'instabilité politique et l'instabilité linguistique ; cela fait, on croit pouvoir appliquer aux changements phonétiques les conclusions concernant la langue en général. On observe par exemple que les plus graves bouleversements du latin dans son passage aux langues romanes coïncident avec l'époque très troublée des invasions. Pour ne pas s'égarer, il faut tenir la main à deux distinctions :

a) La stabilité politique n'influe pas sur la langue de la même façon que l'instabilité ; il n'y a là aucune réciprocité. Quand l'équilibre politique ralentit l'évolution de la langue, il s'agit d'une cause positive quoique extérieure, tandis que l'instabilité, dont l'effet est inverse, ne peut agir que négativement. L'immobilité, la fixation relative d'un idiome peut provenir de faits extérieurs à la langue (influence d'une cour, de l'école, d'une académie, de l'écriture, etc.), qui à leur tour se trouvent favorisés positivement par l'équilibre social et politique. Au contraire, si quelque bouleversement extérieur survenu dans l'état de la nation précipite l'évolution linguistique, c'est que la langue revient simplement à l'état de liberté où elle suit son cours régulier. L'immobilité du latin à l'époque classique est due à des faits extérieurs et ne peut se comparer avec les changements qu'il a subis plus tard, puisqu'ils se sont produits d'eux-mêmes, par l'absence de certaines conditions extérieures.

b) Il n'est question ici que des phénomènes phonétiques et non de toute espèce de modifications de la langue. On comprendrait que les changements grammaticaux relèvent de cet ordre de causes ; les faits de grammaire tiennent toujours à la pensée par quelque côté et subissent plus facilement le contre-coup des bouleversements extérieurs, ceux-ci ayant une répercussion plus immédiate sur l'esprit. Mais rien n'autorise à admettre qu'aux époques agitées de l'histoire d'une nation correspondent des évolutions précipitées des sons d'un idiome.

Du reste on ne peut citer aucune époque, même parmi celles où la langues est dans une immobilité factice, qui n'ait connu aucun changement phonétique.

VI. On a recouru aussi à l'hypothèse du « substrat linguistique antérieur » : certains changements seraient dus à une population indigène absorbée par des nouveaux venus. Ainsi la différence entre la langue d'oc et la langue d'oïl correspondrait à une proportion différente de l'élément celtique autochtone dans deux parties de la Gaule ; on a appliqué aussi cette théorie aux diversités dialectales de l'italien, que l'on ramène, suivant les régions, à des influences liguriennes, étrusques, etc. Mais d'abord cette hypothèse suppose des circonstances qui se rencontrent rarement ; en outre, il faut préciser : veut-on dire qu'en adoptant la langue nouvelle, les populations antérieures y ont introduit quelque chose de leurs habitudes phoniques ? Cela est admissible et assez naturel ; mais si l'on fait appel de nouveau aux facteurs impondérables de la race, etc., nous retombons dans les obscurités signalées plus haut.

VII. Une dernière explication — qui ne mérite guère ce nom — assimile les changements phonétiques aux changements de la mode. Mais ces derniers, personne ne les a expliqués : on sait seulement qu'ils dépendent des lois d'imitation, qui préoccupent beaucoup les psychologues. Toutefois, si cette explication ne résout pas le problème, elle a l'avantage de le faire rentrer dans une autre plus vaste : le principe des changements phonétiques serait purement psychologique. Seulement, où est le point de départ de l'imitation, voilà le mystère, aussi bien pour les changements phonétiques que pour ceux de la mode.

§ 5.

L'action des changements phonétiques est illimitée.

Si l'on cherche à évaluer l'effet de ces changements, on voit très vite qu'il est illimité et incalculable, c'est-à-dire qu'on ne peut pas prévoir où ils s'arrêteront. Il est puéril de croire que le mot ne peut se transformer que jusqu'à un certain point comme s'il y avait quelque chose en lui qui pût le préserver. Ce caractère des modifications phonétiques tient à la qualité arbitraire du signe linguistique, qui n'a aucun lien avec la signification.

On peut bien constater à un moment donné que les sons d'un mot ont eu à souffrir et dans quelle mesure, mais on ne saurait dire d'avance jusqu'à quel point il est devenu ou deviendra méconnaissable.

Le germanique a fait passer l'indo-européen *aiwom (cf. lat. aevom) à *aiwan, *aiwa, *aiw, comme tous les mots présentant la même finale ; ensuite *aiw est devenu en ancien allemand *ew*, comme tous les mots renfermant le groupe *aiw* ; puis, comme tout *w* final se change en *o*, on a eu *ēo* ; à son tour *ēo* a passé à *eo, io*, d'après d'autres règles tout aussi générales ; *io* a donné ensuite *ie, je*, pour aboutir en allemand moderne à *jē* (cf. « das schönste, was ich *je* gesehen habe »).

À ne considérer que le point de départ et le point d'arrivée, le mot actuel ne renferme plus un seul des éléments primitifs ; cependant chaque étape, prise isolément, est absolument certaine et régulière ; en outre chacune d'elles est limitée dans son effet, mais l'ensemble donne l'impression d'une somme illimitée de modifications. On ferait les mêmes constatations sur le latin *calidum*, en le comparant d'abord sans transition avec ce qu'il est devenu en français moderne (*šǫ*, écrit « chaud »), puis en rétablissant les étapes : *calidum, calidu, caldu, cald, calt, tšalt, tšaut, šaut, šǫt, šǫ*. Comparez encore lat. vulg. **waidanju* → *gẽ* (écrit, « gain »), *minus* — *mwẽ* (écrit « moins »), *hoc illī* → *wi* (écrit « oui »).

Le phénomène phonétique est encore illimité et incalculable en ce sens qu'il atteint n'importe quelle espèce de signe, sans faire de distinction entre un adjectif, un substantif, etc., entre un radical, un suffixe, une désinence, etc. Il doit en être ainsi *a priori*, car si la grammaire intervenait, le phénomène phonétique se confondrait avec le fait synchronique, chose radicalement impossible. C'est là ce qu'on peut appeler le caractère aveugle des évolutions de sons.

Ainsi en grec *s* est tombé après *n* non seulement dans **khānses* « oies », **mēnses* « mois » (d'où *khênes, mênes*), où il n'avait pas de valeur grammaticale, mais aussi dans les formes verbales du type **etensa, *ephansa*, etc. (d'où *éteina, éphēna*, etc.), où il servait à caractériser l'aoriste. En moyen haut allemand les voyelles posttoniques *ĭ ĕ ă ŏ* ont pris le timbre uniforme *e* (*gibil* → *Giebel*, *meistar* → *Meister*), bien que la différence de timbre caractérisât nombre de désinences ; c'est ainsi que l'acc. sing. *boton* et le gén. et dat. sing. *boten* se sont confondus en *boten*.

Si donc les phénomènes phonétiques ne sont arrêtés par aucune limite, ils doivent apporter une perturbation profonde dans l'organisme grammatical. C'est sous cet aspect que nous allons les considérer maintenant.

Chapitre III

Conséquences grammaticales de l'évolutions phonétique

§ 1.

Rupture du lien grammatical.

Une première conséquence du phénomène phonétique est de rompre le lien grammatical qui unit deux ou plusieurs termes. Ainsi il arrive qu'un mot n'est plus senti comme dérivé de l'autre. Exemples :

mansiō—**mansiōnāticus*

maison ∥ *ménage*

La conscience linguistique voyait autrefois dans *mansiōnāticus* le dérivé de *mansiō*, puis les vicissitudes phonétiques les ont séparés. De même :

$$\text{lat. pop.} \begin{cases} vervēx \longrightarrow vervēcārius \\ berbīx \longrightarrow berbīcārius \end{cases}$$

brebis ‖ berger

Cette séparation a naturellement son contre-coup sur la valeur : c'est ainsi que dans certains parlers locaux *berger* arrive à signifier spécialement « gardien de bœufs ».

De même encore :

Grātiānopolis — grātiānopolitānus

Grenoble ‖ Grésivaudan

decem — undecim

dix ‖ onze

Un cas analogue est celui de got. *bītan* « mordre » — *bitum* « nous avons mordu » — *bitr* « mordant, amer » ; par suite du changement $t \rightarrow ts$ (z), d'une part, et de la conservation du groupe tr d'autre part, le germanique occidental en a fait : *bīʒan, biʒum* ‖ *bitr*.

L'évolution phonétique rompt encore le rapport normal qui existait entre deux formes fléchies d'un même mot. Ainsi *comes* — *comitem* devient en vieux français *cuens* ‖ *comte*, *barō* — *barōnem* → *ber* ‖ *baron*, *presbiter* — *presbiterum* → *prestre* ‖ *provoire*.

Ailleurs, c'est une désinence qui se scinde en deux. L'indo-européen caractérisait tous les accusatifs singuliers par une même finale -m[2] (*ek_1wom, *owim, *podm, *mātérm, etc.). En latin, pas de changement radical à cet égard ; mais en grec le traitement très différent de la nasale sonante et consonante a créé deux séries distinctes de formes : *híppon, ó(w)in* : *póda, mătera*. L'accusatif pluriel présente un fait tout semblable (cf. *híppous* et *pódas*).

§ 2.

Effacement de la composition des mots.

Un autre effet grammatical du changement phonétique consiste en ce que les parties distinctes d'un mot, qui contribuaient à en fixer la valeur, cessent d'être analysables : le mot devient un tout indivisible. Exemples : franç. *ennemi* (cf. lat. *in-imīcus — amīcus*), en latin *perdere* (cf. plus ancien *per-dare — dare*), *amiciō* pour *ambjaciō — jaciô*), en allemand *Drittel* (pour *drit-teil — teil*).

On voit d'ailleurs que ce cas se ramène à celui du paragraphe précédent : si par exemple *ennemi* est inanalysable, cela revient à dire qu'on ne peut plus le rapprocher, comme *in-imīcus* du simple *amīcus* ; la formule

amīcus—inimīcus

   ami ‖ *ennemi*

est toute semblable à

mansiō—mansiōnāticus

  maison ‖   *ménage*

Cf. encore : *decem — undecim* : *dix* ‖ *onze*.

Les formes simples *hunc, hanc, hāc,* etc., du latin classique remontant à *hon-ce, han-ce, hā-ce,* comme le montrent des formes épigraphiques, sont le résultat de l'agglutination d'un pronom avec la particule *-ce* ; on pouvait autrefois rapprocher *hon-ce,* etc., de *ec-ce* ; mais plus tard *-e* étant tombé phonétiquement, cela n'a plus été possible ; ce qui revient à dire qu'on ne distingue plus les éléments de *hunc hanc, hāc,* etc.

L'évolution phonétique commence par troubler l'analyse avant* de la rendre tout à fait impossible. La flexion nominale indo-européenne offre un exemple de ce cas.

L'indo-européen déclinait nom. sing. **pod-s,* acc. **pod-m,* dat. **pod-ai,* loc. **pod-i,* nom. pl. **pod-es,* acc. **pod-ns,* etc.; la flexion de **ek$_1$wos,* fut d'abord exactement parallèle : **ek$_1$wo-s, *ek$_1$wo-m, *ek$_1$wo-ai, *ek$_1$wo-i, *ek$_1$wo-es, *ek$_1$wo-ns,* etc. A cette époque on dégageait aussi facilement **ek$_1$wo-* que **pod-*. Mais plus tard les contractions vocaliques modifient cet état : dat. **ek$_1$wōi,* loc. **ek$_1$woi,* nom. pl. **ek$_1$wōs.* Dès ce moment la netteté du radical **ek$_1$wo-* est compromise et l'analyse est amenée à prendre le change. Plus tard encore de nouveaux changements, tels que la différenciation des accusatifs (voir p. 212), effacent les dernières traces de l'état primitif. Les contemporains de Xénophon avaient probablement l'impression que le radical était *hipp-* et que les désinences étaient vocaliques (*hipp-os,* etc.), d'où séparation absolue des types **ek$_1$wo-s* et **pod-s.* Dans le domaine de la flexion, comme ailleurs, tout ce qui trouble l'analyse contribue à relâcher les liens grammaticaux.

§ 3.

Il n'y a pas de doublets phonétiques.

Dans les deux cas envisagés aux paragraphes 1 et 2, l'évolution sépare radicalement deux termes unis grammaticalement à l'origine. Ce phénomène pourrait donner lieu à une grave erreur d'interprétation.

Quand on constate l'identité relative de bas lat. *barō: barōnem* et la disparité de v. franç. *ber : baron*, n'est-on pas tenté de dire qu'une seule et même unité primitive (*bar-*) s'est développée dans deux directions divergentes et a produit deux formes ? Non, car un même élément ne peut pas être soumis simultanément et dans un même lieu à deux transformations différentes ; ce serait contraire à la définition même du changement phonétique. Par elle-même, l'évolution des sons n'a pas la vertu de créer deux formes au lieu d'une.

Voici les objections qu'on peut faire à notre thèse ; nous supposerons qu'elles sont introduites par des exemples :

Collocāre, dira-t-on, a donné *coucher* et *colloquer*. Non, seulement *coucher* ; *colloquer* n'est qu'un emprunt savant du mot latin (cf. *rançon* et *rédemption*, etc.).

Mais *cathedra* n'a-t-il pas donné *chaire* et *chaise*, deux mots authentiquement français ? En réalité, *chaise* est une forme dialectale. Le parler parisien changeait *r* intervocalique en *z* ; il disait par exemple : *pèse, mèse* pour *père, mère* ; le français littéraire n'a retenu que deux spécimens de cette prononciation locale : *chaise* et *bésicles* (doublet de *béricles* venant de *béryl*). Le cas est exactement comparable à celui du picard *rescapé*, qui vient de passer en français commun et qui se trouve ainsi contraster après coup avec *réchappé*. Si l'on a côte à côte *cavalier* et *chevalier*, *cavalcade* et *chevauchée*, c'est que *cavalier* et *cavalcade* ont été empruntés à l'italien. C'est au fond le même cas que *calidum*, donnant en français *chaud* et en italien *caldo*. Dans tous ces exemples il s'agit d'emprunts.

Si maintenant on prétend que le pronom latin *mē* est représenté en français par deux formes : *me* et *moi* (cf. «il *me* voit et « c'est *moi* qu'il voit »), on répondra : C'est lat. *mē* atone qui est devenu *me* ; *mē* accentué a donné *moi* ; or la présence ou l'absence de l'accent dépend, non des lois phonétiques qui ont fait passer *mē* à *me* et *moi*, mais du rôle de ce mot dans la phrase ; c'est une dualité grammaticale. De même en allemand, *ur- est resté *ur-* sous l'accent et est devenu *er-* en protonique (cf. *úrlaub : erlaúben*) ; mais ce jeu d'accent lui-même est lié aux types de composition où entrait *ur-*, et par conséquent à une condition grammaticale et synchronique. Enfin, pour revenir à notre exemple du début, les différences de formes et d'accent que présente le couple *bárō : barṓnem* sont évidemment antérieures au changement phonétique.

En fait on ne constate nulle part de doublets phonétiques. L'évolution des sons ne fait qu'accentuer des différences existant avant elle. Partout où ces différences ne sont pas dues à des causes extérieures comme c'est le cas pour les emprunts, elles supposent des dualités grammaticales et synchroniques absolument étrangères au phénomène phonétique.

§ 4.

L'alternance.

Dans deux mots tels que *maison : ménage*, on est peu tenté de chercher ce qui fait la différence des termes, soit parce que les éléments différentiels (*-ezõ* et *-en-*) se prêtent mal à la comparaison, soit parce qu'aucun autre couple ne présente une opposition parallèle. Mais il arrive souvent que les deux termes voisins ne diffèrent que par un ou deux éléments faciles à dégager, et que cette même différence se répète régulièrement dans une série de couples parallèles; il s'agit alors du plus vaste et du plus ordinaire des faits grammaticaux où les changements phonétiques jouent un rôle : on l'appelle *alternance*.

En français tout *ŏ* latin placé en syllabe ouverte est devenu *eu* sous l'accent et *ou* en protonique ; de là des couples tels que *pouvons : peuvent, œuvre : ouvrier, nouveau : neuf*, etc., dans lesquels on dégage sans effort un élément de différence et de variation régulière. En latin la rotacisation fait alterner *gerō* avec *gestus*, *oneris* avec *onus*, *maeror* avec *maestus*, etc. En germanique *s* étant traité différemment suivant la place de l'accent on a en moyen haut allemand *ferliesen : ferloren, kiesen : gekoren, friesen : gefroren*, etc. La chute de *e* indo-européen se reflète en allemand moderne dans les oppositions *beissen : biss, leiden : litt, reiten : ritt*, etc.

Dans tous ces exemples, c'est l'élément radical qui est atteint ; mais il va sans dire que toutes les parties du mot peuvent présenter des oppositions semblables. Rien de plus commun, par exemple, qu'un préfixe qui apparaît sous des formes diverses selon la nature de l'initiale du radical (cf. grec *apo-dídōmi : ap-érchomai*, franç. *inconnu : inutile*). L'alternance indo-européenne *e : o*, qui doit bien, en fin de compte, remonter à une cause phonétique, se trouve dans un grand nombre d'éléments suffixaux (grec *híppos : híppe, phér-o-men : phér-e-te, gén-os : gén-e-os* pour **gén-es-os*, etc.). Le vieux français a un traitement spécial pour *a* latin accentué après palatales ; d'où une alternance *e : ie* dans nombre de désinences (cf. *chant-er : jug-ier, chant-é: jug-ié, chan-tez : jug-iez,* etc.).

L'alternance peut donc être définie : *une correspondance entre deux sons ou groupes de sons déterminés, permutant régulièrement entre deux séries de formes coexistantes.*

De même que le phénomène phonétique n'explique pas à lui seul les doublets, il est aisé de voir qu'il n'est ni la cause unique ni la cause principale de l'alternance. Quand on dit que le latin *nov-* est devenu par changement phonétique *neuv-* et *nouv-* (*neuve* et *nouveau*), on forge une unité imaginaire et l'on méconnaît une dualité synchronique préexistante ; la position différente de *nov-* dans *nov-us* et dans *nov-ellus* est à la fois antérieure au changement phonétique et éminemment grammaticale (cf. *barō : barōnem*). C'est cette dualité qui est à l'origine de toute alternance et qui la rend possible. Le phénomène phonétique n'a pas brisé une unité, il n'a fait que rendre plus sensible par l'écart des sons une opposition de termes coexistants. C'est une erreur, partagée par beaucoup de linguistes, de croire que l'alternance est d'ordre phonétique, simplement parce que les sons en forment la matière et que leurs altérations interviennent dans sa genèse. En fait, qu'on la prenne à son point de départ ou son point d'arrivée, elle appartient toujours à la grammaire et à la synchronie.

§ 5.

Les lois d'alternance.

Les alternances sont-elles réductibles à des lois, et de quelle nature sont ces lois ?

Soit l'alternance *e : i,* si fréquente en allemand moderne : en prenant tous les cas en bloc et pêle-mêle (*geben : gibt, Feld : Gefilde, Welter : wittern, helfen : Hilfe, sehen : Sicht,* etc.), on ne peut formuler aucun principe général. Mais si de cette masse on extrait le couple *geben : gibt* pour l'opposer à *schelten : schilt, helfen : hilft, nehmen : nimmt,* etc., on s'aperçoit que cette alternance coïncide avec une, distinction de temps, de personne, etc. ; dans *lang : Länge, stark : Stärke, hart : Härte,* etc., l'opposition toute semblable *a : e* est liée à la formation de substantifs au moyen d'adjectifs, dans *Hand : Hände, Gast : Gäste,* etc., à la formation du pluriel, et ainsi de tous les cas, si fréquents, que les germanistes comprennent sous le nom d'ablaut (voyez encore *finden : fand,* ou *finden : Fund, binden : band* ou *binden : Bund, schiessen : schoss : Schuss, fliessen : floss : Fluss,* etc.). L'ablaut, ou variation vocalique radicale coïncidant avec une opposition grammaticale, est un exemple capital de l'alternance ; mais elle ne se distingue du phénomène général par aucun caractère particulier.

On voit que l'alternance est d'ordinaire distribuée entre plusieurs termes de façon régulière, et qu'elle coïncide avec une opposition importante de fonction, de catégorie, de détermination. On peut parler de lois grammaticales d'alternances ; mais ces lois ne sont qu'un résultat fortuit des faits phonétiques qui leur ont donné naissance. Ceux-ci créant une opposition phonique régulière entre deux séries de termes présentant une opposition de valeur, l'esprit s'empare de cette différence matérielle pour la rendre significative et lui faire porter la différence conceptuelle (voir p. 121 sv.). Comme toutes les lois synchroniques, celles-ci sont de simples principes de disposition sans force impérative. Il est très incorrect de dire, comme on le fait volontiers, que le *a* de *Nacht* se change en *ä* dans le pluriel *Nächte* ; cela donne l'illusion que de l'un à l'autre terme il intervient une transformation réglée par un principe impératif. En réalité nous avons affaire à une simple opposition de formes résultant de l'évolution phonétique. Il est vrai que l'analogie, dont il va être question, peut créer de nouveaux couples offrant la même différence phonique (cf. *Kranz : Kränze* sur *Gast : Gäste*, etc.). La loi semble alors s'appliquer comme une règle qui commande à l'usage au point de le modifier. Mais il ne faut pas oublier que dans la langue ces permutations sont à la merci d'influences analogiques contraires, et cela suffit à marquer que les règles de cet ordre sont toujours précaires et répondent entièrement à la définition de la loi synchronique.

Il peut arriver aussi que la condition phonétique qui a provoqué l'alternance soit encore manifeste. Ainsi les couples cités p. 217 avaient en vieux haut allemand la forme : *geban : gibit, feld : gafildi,* etc. À cette époque, quand le radical était suivi d'un *i*, il apparaissait lui-même avec *i* au lieu de *e*, tandis qu'il présentait *e* dans tous les autres cas. L'alternance de lat. *faciō : conficiō, amīcus : inimīcus, facilis : difficilis,* etc., est également liée à une condition phonique que les sujets partants auraient exprimée ainsi : l'*a* d'un mot du type *faciō, amīcus,* etc., alterne avec *i* dans les mots de même famille où cet *a* se trouve en syllabe intérieure.

Mais ces oppositions phoniques suggèrent exactement les mêmes observations que toutes les lois grammaticales : elles sont synchroniques ; dès qu'on l'oublie, on risque de commettre l'erreur d'interprétation déjà signalée p. 136. En face d'un couple comme *faciō : conficiō*, il faut bien se garder de confondre le rapport entre ces termes coexistants avec celui qui relie les termes successifs du fait diachronique (*confaciō* → *conficiō*). Si on est tenté de le faire, c'est que la cause de la différenciation phonétique est encore visible dans ce couple ; mais son action appartient au passé, et pour les sujets, il n'y a là qu'une simple opposition synchronique.

Tout ceci confirme ce qui a été dit du caractère strictement grammatical de l'alternance. On s'est servi, pour la désigner, du terme, d'ailleurs très correct, de permutation ; mais il vaut mieux l'éviter, précisément parce qu'on l'a souvent appliqué au changement phonétique et qu'il éveille une fausse idée de mouvement là où il n'y a qu'un état.

§ 6.

Alternance et lien grammatical.

Nous avons vu comment l'évolution phonétique, en changeant la forme des mots, a pour effet de rompre les liens grammaticaux qui peuvent les unir. Mais cela n'est vrai que pour les couples isolés tels que *maison : ménage, Teil : Drittel,* etc. Dès qu'il s'agit d'alternance, il n'en est plus de même.

Il est évident d'abord que toute opposition phonique un peu régulière de deux éléments tend à établir un lien entre eux. *Wetter* est instinctivement rapproché de *wittern*, parce qu'on est habitué à voir *e* alterner avec *i*. A plus forte raison, dès que les sujets parlants sentent qu'une opposition phonique est réglée par une loi générale, cette correspondance habituelle s'impose à leur attention et contribue à resserrer le lien grammatical plutôt qu'à le relâcher. C'est ainsi que l'ablaut allemand (voir p. 217), accentue la perception de l'unité radicale à travers les variations vocaliques.

Il en est de même pour les alternances non significatives, mais liées à une condition purement phonique. Le préfixe *re-* (*reprendre, regagner, retoucher,* etc.) est réduit à *r-* devant voyelle (*rouvrir, racheter,* etc.). De même le préfixe *in-*, très vivant bien que d'origine savante, apparaît dans les mêmes conditions sous deux formes distinctes : *ẽ-* (dans *inconnu, indigne, invertébré,* etc.), et *in-* (dans *inavouable, inutile, inesthétique,* etc.). Cette différence ne rompt aucunement l'unité de conception, parce que sens et fonction sont conçus comme identiques et que la langue est fixée sur les cas où elle emploiera l'une ou l'autre forme.

Chapitre IV

L'analogie

§ 1.

Définition et exemples.

Il résulte de ce qui précède que le phénomène phonétique est un facteur de trouble. Partout où il ne crée pas des alternances, il contribue à relâcher les liens grammaticaux qui unissent les mots entre eux ; la somme des formes en est augmentée inutilement ; le mécanisme linguistique s'obscurcit et se complique dans la mesure où les irrégularités nées du changement phonétique l'emportent sur les formes groupées sous des types généraux ; en d'autres termes dans la mesure où l'arbitraire absolu l'emporte sur l'arbitraire relatif (voir p. 183).

Heureusement l'effet de ces transformations est contrebalancé par l'analogie. C'est d'elle que relèvent toutes les modifications normales de l'aspect extérieur des mots qui ne sont pas de nature phonétique.

L'analogie suppose un modèle et son imitation régulière. *Une forme analogique est une forme faite à l'image d'une ou plusieurs autres d'après une règle déterminée.*

Ainsi le nominatif latin *honor* est analogique. On a dit d'abord *honōs : honōsem*, puis par rotacisation de l's *honōs : honōrem*. Le radical avait dès lors une double forme ; cette dualité a été éliminée par la forme nouvelle *honor*, créée sur le modèle de *ōrātor : ōrātōrem*, etc., par un procédé que nous étudierons plus bas et que nous ramenons dès maintenant au calcul de la quatrième proportionnelle :

ōrātōrem : ōrātor = honōrem :
      x.

x = honor.

On voit donc que, pour contrebalancer l'action diversifiante du changement phonétique (*honōs : honōrem*), l'analogie a de nouveau unifié les formes et rétabli la régularité (*honor : honōrem*).

En français on a dit longtemps : *il preuve, nous prouvons, ils preuvent*. Aujourd'hui on dit *il prouve, ils prouvent*, formes qui ne peuvent s'expliquer phonétiquement ; *il aime* remonte au latin *amat*, tandis que *nous aimons* est analogique pour *amons* ; on devrait dire aussi *amable* au lieu de *aimable*. En grec, *s* a disparu entre deux voyelles : -*eso*- aboutit à -*eo*- (cf. *géneos* pour *genesos). Cependant on trouve cet *s* intervocalique au futur et à l'aoriste de tous les verbes à voyelles : *lúsō, élūsa,* etc. C'est que l'analogie des formes du type *túpsō, étupsa,* où *s* ne tombait pas, a conservé le souvenir du futur et de l'aoriste en *s*. En allemand, tandis que *Gast : Gäste, Balg ; Bälge,* etc., sont phonétiques, *Kranz : Kränze* (plus anciennement *kranz : kranza*), *Hais : Hälse* (plus anc. *halsa*), etc., sont dus à l'imitation.

L'analogie s'exerce en faveur de la régularité et tend à unifier les procédés de formation et de flexion. Mais elle a ses caprices : à côté de *Kranz : Kränze,* etc., on a *Tag : Tage, Salz : Salze,* etc., qui ont résisté, pour une raison ou une autre, à l'analogie. Ainsi on ne peut pas dire d'avance jusqu'où s'étendra l'imitation d'un modèle, ni quels sont les types destinés à la provoquer. Ainsi ce ne sont pas toujours les formes les plus nombreuses qui déclenchent l'analogie. Dans le parfait grec, à côté de l'actif *pépheuga, pépheugas, pephéugamen,* etc., tout le moyen se fléchit sans *a* : *péphugmai, pephugmetha,* etc., et la langue d'Homère nous montre que cet *a* manquait anciennement au pluriel et au duel de l'actif (cf. hom. *idmen, éīkton,* etc.). L'analogie est partie uniquement de la première personne du singulier de l'actif et a gagné presque tout le paradigme du parfait indicatif. Ce cas est remarquable en outre parce qu'ici l'analogie rattache au radical un élément -*a*-, flexionnel à l'origine, d'où *pepheúga-men* ; l'inverse — élément radical rattaché au suffixe — est, comme nous le verrons p. 233, beaucoup plus fréquent.

Souvent, deux ou trois mots isolés suffisent pour créer une forme générale, une désinence, par exemple ; en vieux haut allemand, les verbes faibles du type *habēn, lobōn,* etc., ont un -*m* à la première pers. sing. du présent : *habēm, lobōm* ; cet *-m* remonte à quelques verbes analogues aux verbes en *-mi* du grec : *bim, stām, gēm, tuom,* qui à eux seuls ont imposé cette terminaison à toute la flexion faible. Remarquons qu'ici l'analogie n'a pas effacé une diversité phonétique, mais généralisé un mode de formation.

§ 2.

Les phénomènes analogiques ne sont pas des changements

Les premiers linguistes n'ont pas compris la nature du phénomène de l'analogie, qu'ils appelaient « fausse analogie ». Ils croyaient qu'en inventant *honor* le latin « s'était trompé » sur le prototype *honōs*. Pour eux, tout ce qui s'écarte de l'ordre donné est une irrégularité, une infraction à une forme idéale. C'est que, par une illusion très caractéristique de l'époque, on voyait dans l'état original de la langue quelque chose de supérieur et de parfait, sans même se demander si cet état n'avait pas été précédé d'un autre. Toute liberté prise à son égard était donc une anomalie. C'est l'école néogrammairienne qui a pour la première fois assigné à l'analogie sa vraie place en montrant qu'elle est, avec les changements phonétiques, le grand facteur de l'évolution des langues, le procédé par lequel elles passent d'un état d'organisation à un autre.

Mais quelle est la nature des phénomènes analogiques ? Sont-ils, comme on le croit communément, des changements ?

Tout fait analogique est un drame à trois personnages, qui sont : 1° le type transmis, légitime, héréditaire (par exemple *honōs*) ; 2° le concurrent (*honor*) ; 3° un personnage collectif, constitué par les formes qui ont créé ce concurrent (*honōrem, ōrātor, ōrātōrem*, etc.). On considère volontiers *honor* comme une modification, un « métaplasme » de *honōs* ; c'est de ce dernier mot qu'il aurait tiré la plus grande partie de sa substance. Or la seule forme qui ne soit rien dans la génération de *honor*, c'est précisément *honōs* !

On peut figurer le phénomène par le schéma :

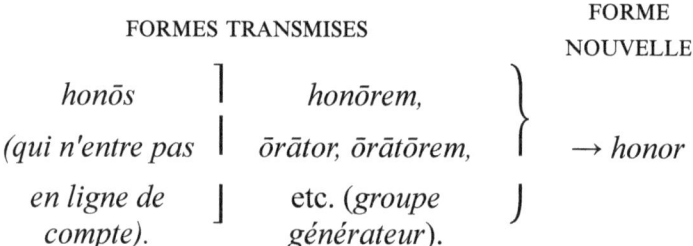

On le voit, il s'agit d'un « paraplasme », de l'installation d'un concurrent à côté d'une forme traditionnelle, d'une création enfin. Tandis que le changement phonétique n'introduit rien de nouveau sans annuler ce qui a précédé (*honōrem* remplace *honōsem*), la forme analogique n'entraîne pas nécessairement la disparition de celle qu'elle vient doubler. *Honor* et *honōs* ont coexisté pendant un temps et ont pu être employés l'un pour l'autre. Cependant, comme la langue répugne à maintenir deux signifiants pour une seule idée, le plus souvent la forme primitive, moins régulière, tombe en désuétude et disparaît. C'est ce résultat qui fait croire à une transformation : l'action analogique une fois achevée, l'ancien état (*honōs : honōrem*) et le nouveau (*honor : honōrem*) sont en apparence dans la même opposition que celle qui résulte de l'évolution des sons. Cependant, au moment où naît *honor*, rien n'est changé puisqu'il ne remplace rien ; la disparition de *honōs* n'est pas davantage un changement, puisque ce phénomène est indépendant du premier. Partout où l'on peut suivre la marche des événements linguistiques, on voit que l'innovation analogique et l'élimination de la forme ancienne sont deux choses distinctes et que nulle part on ne surprend une transformation.

L'analogie a si peu pour caractère de remplacer une forme par une autre, qu'on la voit souvent en produire qui ne remplacent rien. En allemand on peut tirer un diminutif en -*chen* de n'importe quel substantif à sens concret ; si une forme *Elefantchen* s'introduisait dais la langue, elle ne supplanterait rien de préexistant. De même en français, sur le modèle de *pension : pensionnaire, réaction : réactionnaire,* etc., quelqu'un peut créer *interventionnaire* ou *répressionnaire*, signifiant « qui est pour l'intervention », « pour la répression ». Ce processus est évidemment le même que celui qui tout à l'heure engendrait *honor* : tous deux appellent la même formule :

réaction : réactionnaire = répression :
      x.

    x = répressionnaire.

et dans l'un et l'autre cas il n'y a pas le moindre prétexte à parler de changement ; *répressionnaire* ne remplace rien. Autre exemple : d'une part, on entend dire analogiquement *finaux* pour *finals*, lequel passe pour plus régulier ; d'autre part, quelqu'un pourrait former l'adjectif *firmamental* et lui donner un pluriel *firmamentaux*. Dira-t-on que dans *finaux* il y a changement et création dans *firmamentaux* ? Dans les deux cas il y a création. Sur le modèle de *mur : emmurer*, on a fait *tour : entourer* et *jour : ajourer* (dans « un travail *ajouré* ») ; ces dérivés, relativement récents, nous apparaissent comme des créations. Mais si je remarque qu'à une époque antérieure on possédait *entorner* et *ajorner*, construits sur *torn* et *jorn*, devrai-je changer d'opinion et déclarer que *entourer* et *ajourer* sont des modifications de ces mots plus anciens ? Ainsi l'illusion du « changement » analogique vient de ce qu'on établit une relation avec un terme évincé par le nouveau : mais c'est une erreur, puisque les formations qualifiées de changements (type *honor*) sont de même nature que celles que nous appelons créations (type *répressionnaire*).

§ 3.

L'analogie principe des créations de la langue.

Si après avoir montré ce que l'analogie n'est pas, nous l'étudions à un point de vue positif, aussitôt il apparaît que son principe se confond tout simplement avec celui des créations linguistiques en général. Quel est-il ?

L'analogie est d'ordre psychologique ; mais cela ne suffit pas à la distinguer des phénomènes phonétiques, puisque ceux-ci peuvent être aussi considérés comme tels (voir p. 208). Il faut aller plus loin et dire que l'analogie est d'ordre grammatical : elle suppose la conscience et la compréhension d'un rapport unissant les formes entre elles. Tandis que l'idée n'est rien dans le phénomène phonétique, son intervention est nécessaire en matière d'analogie.

Dans le passage phonétique de *s* intervocalique à *r* en latin (cf. *honōsem* → *honōrem*), on ne voit intervenir ni la comparaison d'autres formes, ni le sens du mot : c'est le cadavre de la forme *honōsem* qui passe à *honōrem*. Au contraire, pour rendre compte de l'apparition de *honor* en face de *honōs*, il faut faire appel à d'autres formes, comme le montre la formule de la quatrième proportionnelle :

ōrātōrem : ōrātor = honōrem :
$$x$$
$x = honor,$

et cette combinaison n'aurait aucune raison d'être si l'esprit n'associait pas par leur sens les formes qui la composent.

Ainsi tout est grammatical dans l'analogie ; mais ajoutons tout de suite que la création qui en est l'aboutissement ne peut appartenir d'abord qu'à la parole ; elle est l'œuvre occasionnelle d'un sujet isolé. C'est dans cette sphère, et en marge de la langue, qu'il convient de surprendre d'abord le phénomène. Cependant il faut y distinguer deux choses : 1° la compréhension du rapport qui relie entre elles les formes génératrices ; 2° le résultat suggéré par la comparaison, la forme improvisée par le sujet parlant pour l'expression de la pensée. Seul ce résultat appartient à la parole.

L'analogie nous apprend donc une fois de plus à séparer la langue de la parole (voir p. 36 sv.) ; elle nous montre la seconde dépendant de la première et nous fait toucher du doigt le jeu du mécanisme linguistique, tel qu'il est décrit p. 179. Toute création doit être précédée d'une comparaison inconsciente des matériaux déposés dans le trésor de la langue où les formes génératrices sont rangées selon leurs rapports syntagmatiques et associatifs.

Ainsi toute une partie du phénomène s'accomplit avant qu'on voie apparaître la forme nouvelle. L'activité continuelle du langage décomposant les unités qui lui sont données contient en soi non seulement toutes les possibilités d'un parler conforme à l'usage, mais aussi toutes celles des formations analogiques. C'est donc une erreur de croire que le processus générateur ne se produit qu'au moment où surgit la création ; les éléments en sont déjà donnés. Un mot que j'improvise, comme *in-décorable*, existe déjà en puissance dans la langue ; on retrouve tous ses éléments dans les syntagmes tels que *décor-er, décor-ation : pardonn-able, mani-able : in-connu, in-sensé*, etc., et sa réalisation dans la parole est un fait insignifiant en comparaison de la possibilité de le former.

En résumé, l'analogie, prise en elle-même, n'est qu'un aspect du phénomène d'interprétation, une manifestation de l'activité générale qui distingue les unités pour les utiliser ensuite. Voilà pourquoi nous disons qu'elle est tout entière grammaticale et synchronique.

Ce caractère de l'analogie suggère deux observations qui confirment nos vues sur l'arbitraire absolu et l'arbitraire relatif (voir p. 180 sv.) :

1° On pourrait classer les mots d'après leur capacité relative d'en engendrer d'autres selon qu'ils sont eux-mêmes plus ou moins décomposables. Les mots simples sont, par définition, improductifs (cf. *magasin, arbre, racine,* etc.). *Magasinier* n'a pas été engendré par *magasin* ; il a été formé sur le modèle de *prisonnier : prison*, etc. De même, *emmagasiner* doit son existence à l'analogie de *emmailloter, encadrer, encapuchonner,* etc., qui contiennent *maillot, cadre, capuchon*, etc.

Il y a donc dans chaque langue des mots productifs et des mots stériles, mais la proportion des uns et des autres varie. Cela revient en somme à la distinction faite p. 183 entre les langues « lexicologiques » et les langues « grammaticales ». En chinois, la plupart des mots sont indécomposables ; au contraire, dans une langue artificielle, ils sont presque tous analysables. Un espérantiste a pleine liberté de construire sur une racine donnée des mots nouveaux.

2° Nous avons remarqué p. 222 que toute création analogique peut être représentée comme une opération analogue au calcul de la quatrième proportionnelle. Très souvent on se sert de cette formule pour expliquer le phénomène lui-même, tandis que nous avons cherché sa raison d'être dans l'analyse et la reconstruction d'éléments fournis par la langue.

Il y a conflit entre ces deux conceptions. Si la quatrième proportionnelle est une explication suffisante, à quoi bon l'hypothèse d'une analyse des éléments ? Pour former *indécorable*, nul besoin d'en extraire les éléments (*in-decor-able*) ; il suffit de prendre l'ensemble et de le placer dans l'équation :

pardonner; impardonnable, etc., = *décorer:*
x.

x= indécorable.

De la sorte on ne suppose pas chez le sujet une opération compliquée, trop semblable à l'analyse consciente du grammairien. Dans un cas comme *Krantz : Kränze* fait sur *Gast : Gäste,* la décomposition semble moins probable que la quatrième proportionnelle, puisque le radical du modèle est tantôt *Gast-*, tantôt *Gäst-* ; on a dû simplement reporter un caractère phonique de *Gäste* sur *Kränze*.

Laquelle de ces théories correspond à la réalité ? Remarquons d'abord que le cas de *Kranz* n'exclut pas nécessairement l'analyse. Nous avons constaté des alternances dans des racines et des préfixes (voir p. 216), et le sentiment d'une alternance peut bien exister à côté d'une analyse positive.

Ces deux conceptions opposées se reflètent dans deux doctrines grammaticales différentes. Nos grammaires européennes opèrent avec la quatrième proportionnelle ; elles expliquent par exemple la formation d'un prétérit allemand en partant de mots complets ; on a dit à l'élève : sur le modèle de *setzen : setzte*, formez le prétérit de *lachen*, etc. Au contraire la grammaire hindoue étudierait dans un chapitre déterminé les racines (*setz-, lach-,* etc.), dans un autre les terminaisons du prétérit (*-te,* etc.) ; elle donnerait les éléments résultant de l'analyse, et on aurait à recomposer les mots complets. Dans tout dictionnaire sanscrit les verbes sont rangés dans l'ordre que leur assigne leur racine.

Selon la tendance dominante de chaque groupe linguistique, les théoriciens de la grammaire inclineront vers l'une ou l'autre des ces méthodes.

L'ancien latin semble favoriser le procédé analytique, En voici une preuve manifeste. La quantité n'est pas la même dans *făctus* et *āctus*, malgré *făciō* et *ăgō* ; il faut supposer que *āctus* remonte à *ăgtos et attribuer l'allongement de la voyelle à la sonore qui suit ; cette hypothèse est pleinement confirmée par les langues romanes ; l'opposition *spĕciō : spĕctus* contre *tĕgō : tēctus* se reflète en français dans *dépit* (=*despĕctus*) et *toit* (*tēctum*) : cf. *conficiō : confĕctus* (franç. *confit*), contre *rĕgō : rēctus* (*dīrēctus* franç. *droit*). Mais *agtos, *tegtos, *regtos, ne sont pas hérités de l'indo-européen, qui disait certainement *ăktos, *tĕktos, etc. ; c'est le latin préhistorique qui les a introduits, malgré la difficulté qu'il y a à prononcer une sonore devant une sourde. Il n'a pu y arriver qu'en prenant fortement conscience des unités radicales *ag- teg-*. Le latin ancien avait donc à un haut degré le sentiment des pièces du mot (radicaux, suffixes, etc.) et de leur agencement. Il est probable que nos langues modernes ne l'ont pas de façon aussi aiguë, mais que l'allemand l'a plus que le français (voir p. 256).

Chapitre V

Analogie et évolution

§ 1.

Comment une innovation analogique entre dans la langue.

Rien n'entre dans la langue sans avoir été essayé dans la parole, et tous les phénomènes évolutifs ont leur racine dans la sphère de l'individu. Ce principe, déjà énoncé p. 138, s'applique tout particulièrement aux innovations analogiques. Avant que *honor* devienne un concurrent susceptible de remplacer *honōs*, il a fallu qu'un premier sujet l'improvise, que d'autres l'imitent et le répètent, jusqu'à ce qu'il s'impose à l'usage.

Il s'en faut que toutes les innovations analogiques aient cette bonne fortune. À tout instant on rencontre des combinaisons sans lendemain que la langue n'adoptera probablement pas. Le langage des enfants en regorge, parce qu'ils connaissent mal l'usage et n'y sont pas encore asservis ; ils disent *viendre* pour *venir*, *mouru* pour *mort*, etc. Mais le parler des adultes en offre aussi. Ainsi beaucoup de gens remplacent *trayait* par *traisait* (qui se lit d'ailleurs dans Rousseau). Toutes ces innovations sont en soi parfaitement régulières ; elles s'expliquent de la même façon que celles que la langue a acceptées ; ainsi *viendre* repose sur la proportion ;

éteindrai : éteindre = viendrai :
$$x.$$
$$x = viendre,$$

et *traisait* a été fait sur le modèle de *plaire : plaisait,* etc…

La langue ne retient qu'une minime partie des créations de la parole ; mais celles qui durent sont assez nombreuses pour que d'une époque à l'autre on voie la somme des formes nouvelles donner au vocabulaire et à la grammaire une tout autre physionomie.

Tout le chapitre précédent montre clairement que l'analogie ne saurait être à elle seule un facteur d'évolution ; il n'en est pas moins vrai que cette substitution constante de formes nouvelles à des formes anciennes est un des aspects les plus frappants de la transformation des langues. Chaque fois qu'une création s'installe définitivement et élimine son concurrent, il y a vraiment quelque chose de créé et quelque chose d'abandonné, et à ce titre l'analogie occupe une place prépondérante dans la théorie de l'évolution.

C'est sur ce point que nous voudrions insister.

§ 2.

Les innovations analogiques symptomes des changements d'interprétation.

La langue ne cesse d'interpréter et de décomposer les unités qui lui sont données. Mais comment se fait-il que cette interprétation varie constamment d'une génération à l'autre ?

Il faut chercher la cause de ce changement dans la masse énorme des facteurs qui menacent sans cesse l'analyse adoptée dans un état de langue. Nous en rappellerons quelques-uns.

Le premier et le plus important est le changement phonétique (voir chap. II). En rendant certaines analyses ambiguës et d'autres impossibles, il modifie les conditions de la décomposition, et du même coup ses résultats, d'où déplacement des limites des unités et modification de leur nature. Voyez ce qui a été dit plus haut, p. 195, des composés tels que *beta-hûs* et *redo-lîch*, et p. 213 de la flexion nominale en indo-européen.

Mais il n'y a pas que le fait phonétique. Il y a aussi l'agglutination, dont il sera question plus tard, et qui a pour effet de réduire à l'unité une combinaison d'éléments ; ensuite toutes sortes de circonstances extérieures au mot, mais susceptibles d'en modifier l'analyse. En effet puisque celle-ci résulte d'un ensemble de comparaisons, il est évident qu'elle dépend à chaque instant de l'entourage associatif du terme. Ainsi le superlatif indo-européen *swād-is-to-s* contenait deux suffixes indépendants : *-is-*, marquant l'idée de comparatif (exemple lat. *mag-is*), et *-to-*, qui désignait la place déterminée d'un objet dans une série (cf. grec *trí-to-s* « troisième »). Ces deux suffixes se sont agglutinés (cf. grec *hḗd-isto-s*, ou plutôt *hḗd-ist-os*).

Mais à son tour cette agglutination a été grandement favorisée par un fait étranger au superlatif : les comparatifs en *is-* sont sortis de l'usage, supplantés par les formations en *-jōs* ; *-is-* n'étant plus reconnu comme élément autonome, on ne l'a plus distingué dans *-isto-*.

Remarquons en passant qu'il y a une tendance générale à diminuer l'élément radical au profit de l'élément formatif, surtout lorsque le premier se termine par une voyelle. C'est ainsi qu'en latin le suffixe *-tāt-* (*vēri-tāt-em*, pour *vēro-tāt-em, cf. grec *deinó-tēt-a*) s'est emparé de l'*i* du thème, d'où l'analyse *vēr-itāt-em* ; de même *Rōmā-nus, Albā-nus* (cf. *aēnus* pour *aes-no-s) deviennent *Rōm-ānus*, etc.

Or, quelle que soit l'origine de ces changements d'interprétation, ils se révèlent toujours par l'apparition de formes analogiques. En effet, si les unités vivantes, ressenties par les sujets parlants à un moment donné, peuvent seuls donner naissance à des formations analogiques, réciproquement toute répartition déterminée d'unités suppose la possibilité d'en étendre l'usage. L'analogie est donc la preuve péremptoire qu'un élément formatif existe à un moment donné comme unité significative. *Merīdiōnālis* (Lactance) pour *merīdiālis*, montre qu'on divisait *septentri-ōnālis, regi-ōnālis*, et pour montrer que le suffixe *-tāt-* s'était grossi d'un élément *i* emprunté au radical on n'a qu'à alléguer *celer-itātem* ; *pāg-ānus*, formé sur *pāg-us*, suffit à montrer comment les Latins analysaient *Rōm-ānus* ; l'analyse de *redlich* (p. 195) est confirmée par l'existence de *sterblich*, formé avec une racine verbale, etc.

Un exemple particulièrement curieux montrera comment l'analogie travaille d'époque en époque sur de nouvelles unités. En français moderne *somnolent* est analysé *somnol-ent*, comme si c'était un participe présent ; la preuve, c'est qu'il existe un verbe *somnoler*. Mais en latin on coupait *somno-lentus*, comme *succu-lentus*, etc., plus anciennement encore *somn-olentus* (« qui sent le sommmeil », de *olēre* comme *vīn-olen-tus* « qui sent le vin »).

Ainsi l'effet le plus sensible et le plus important de l'analogie est de substituer à d'anciennes formations, irrégulières et caduques, d'autres plus normales, composées d'éléments vivants.

Sans doute les choses ne se passent pas toujours aussi simplement : l'action de la langue est traversée d'une infinité d'hésitations, d'à peu près, de demi-analyses. A aucun moment un idiome ne possède un système parfaitement fixe d'unités. Qu'on pense à ce qui a été dit p. 213 de la flexion de **ekwos* en face de celle de **pods*. Ces analyses imparfaites donnent lieu parfois à des créations analogiques troubles. Les formes indo-européennes **geus-etai*, **gus-tos*, **gus-tis* permettent de dégager une racine *geus- gus-* « goûter » ; mais en grec *s* intervocalique tombe, et l'analyse de *geúomai, geustós* en est troublée ; il en résulte un flottement, et c'est tantôt *geus-* tantôt *geu-* que l'on dégage ; à son tour l'analogie témoigne de cette fluctuation, et l'on voit même des bases en *eu-* prendre cet *s* final (exemple : *pneu-, pneûma,* adjectif verbal *pneustós*).

Mais même dans ces tâtonnements l'analogie exerce une action sur la langue. Ainsi, bien qu'elle ne soit pas en elle-même un fait d'évolution, elle reflète de moment en moment les changements intervenus dans l'économie de la langue et les consacre par des combinaisons nouvelles. Elle est la collaboratrice efficace de toutes les forces qui modifient sans cesse l'architecture d'un idiome, et à ce titre elle est un puissant facteur d'évolution.

§ 3.

L'analogie principe de rénovation et de conservation.

On est parfois tenté de se demander si l'analogie a vraiment l'importance que lui supposent les développements précédents, et si elle a une action aussi étendue que les changements phonétiques. En fait l'histoire de chaque langue permet de découvrir une fourmillement de faits analogiques accumulés les uns sur les autres, et, pris en bloc, ces continuels remaniements jouent dans l'évolution de la langue un rôle considérable, plus considérable même que celui des changements de sons.

Mais une chose intéresse particulièrement le linguiste : dans la masse énorme des phénomènes analogiques que représentent quelques siècles d'évolution, presque tous les éléments sont conservés ; seulement ils sont distribués autrement. Les innovations de l'analogie sont plus apparentes que réelles. La langue est une robe couverte de rapiéçages faits avec sa propre étoffe. Les quatre cinquièmes du français sont indo-européens, si l'on pense à la substance dont nos phrases se composent, tandis que les mots transmis dans leur totalité, sans changement analogique, de la langue mère jusqu'au français moderne, tiendraient dans l'espace d'une page (par exemple : *est* = *esti, les noms de nombres, certains vocables, tels que *ours, nez, père, chien,* etc.), L'immense majorité des mots sont, d'une manière ou d'une autre, des combinaisons nouvelles d'éléments phoniques arrachés à des formes plus anciennes. Dans ce sens, on peut dire que l'analogie, précisément parce qu'elle utilise toujours la matière ancienne pour ses innovations, est éminemment conservatrice.

Mais elle n'agit pas moins profondément comme facteur de conservation pure et simple ; on peut dire qu'elle intervient non seulement quand des matériaux préexistants sont distribués dans de nouvelles unités, mais aussi quand les formes restent identiques à elles-mêmes. Dans les deux cas il s'agit du même procès psychologique. Pour s'en rendre compte, il suffit de se rappeler que son principe est au fond identique à celui du mécanisme du langage (voir p. 226).

Le latin *agunt* s'est transmis à peu près intact depuis l'époque préhistorique (où l'on disait **agonti*) jusqu'au seuil de l'époque romane. Pendant cet intervalle, les générations successives l'ont repris sans qu'aucune forme concurrente soit venue le supplanter. L'analogie n'est-elle pour rien dans cette conservation ? Au contraire, la stabilité de *agunt* est aussi bien son œuvre que n'importe quelle innovation. *Agunt* est encadré dans un système ; il est solidaire de formes telles que *dīcunt, legunt,* etc., et d'autres telles que *agimus, agitis,* etc. Sans cet entourage il avait beaucoup de chances d'être remplacé par une forme composée de nouveaux éléments. Ce qui a été transmis, ce n'est pas *agunt*, mais *ag-unt* ; la forme ne change pas, parce que *ag-* et *-unt* étaient régulièrement vérifiés dans d'autres séries, et c'est ce cortège de formes associées qui a préservé *agunt* le long de la route. Comparez encore *sex-tus*, qui s'appuie aussi sur des séries compactes : d'une part *sex, sex-āginta,* etc., de l'autre *quar-tus, quin-tus,* etc.

Ainsi les formes se maintiennent parce qu'elles sont sans cesse refaites analogiquement ; un mot est compris à la fois comme unité et comme syntagme, et il est conservé pour autant que ses éléments ne changent pas. Inversement son existence n'est compromise que dans la mesure où ses éléments sortent de l'usage. Voyez ce qui se passe en français pour *dites* et *faites*, qui correspondent directement à latin *dic-itis, fac-itis,* mais qui n'ont plus de point d'appui dans la flexion verbale actuelle ; la langue cherche à les remplacer ; on entend dire *disez, faisez,* sur le modèle de *plaisez, lisez,* etc., et ces nouvelles finales sont déjà usuelles dans la plupart des composés (*contredisez*, etc.).

Les seules formes sur lesquelles l'analogie n'ait aucune prise sont naturellement les mots isolés, tels que les noms propres spécialement les noms de lieu (cf. *Paris, Genève, Agen,* etc.), qui ne permettent aucune analyse et par conséquent aucune interprétation de leurs éléments; aucune création concurrente ne surgit à côté d'eux.

Ainsi la conservation d'une forme peut tenir à deux causes exactement opposées : l'isolement complet ou l'étroit encadrement dans un système qui, resté intact dans ses parties essentielles, vient constamment à son secours. C'est dans le domaine intermédiaire des formes insuffisamment étayées par leur entourage que l'analogie novatrice peut déployer ses effets.

Mais qu'il s'agisse de la conservation d'une forme composée de plusieurs éléments, ou d'une redistribution de la matière linguistique dans de nouvelles constructions, le rôle de l'analogie est immense ; c'est toujours elle qui est en jeu.

Chapitre VI

L'étymologie populaire

Il nous arrive parfois d'estropier les mots dont la forme et le sens nous sont peu familiers, et parfois l'usage consacre ces déformations. Ainsi l'ancien français *coute-pointe* (de *coute*, variante de *couette*, « couverture » et *pointe*, part. passé de *poindre* « piquer »), a été changé en *courte-pointe*, comme si c'était un composé de l'adjectif *court* et du substantif *pointe*. Ces innovations, quelque bizarres qu'elles soient, ne se font pas tout à fait au hasard ; ce sont des tentatives d'expliquer approximativement un mot embarrassant en le rattachant à quelque chose de connu.

On a donné à ce phénomène le nom d'étymologie populaire. A première vue, il ne se distingue guère de l'analogie. Quand un sujet parlant, oubliant l'existence de *surdité*, crée analogiquement le mot *sourdité*, le résultat est le même que si, comprenant mal *surdité*, il l'avait déformé par souvenir de l'adjectif *sourd* ; et la seule différence serait alors que les constructions de l'analogie sont rationnelles, tandis que l'étymologie populaire procède un peu au hasard et n'aboutit qu'à des coq-à-l'âne.

Cependant cette différence, ne concernant que les résultats, n'est pas essentielle. La diversité de nature est plus profonde ; pour faire voir en quoi elle consiste, commençons par donner quelques exemples des principaux types d'étymologie populaire.

Il y a d'abord le cas où le mot reçoit une interprétation nouvelle sans que sa forme soit changée. En allemand *durchbläuen* « rouer de coups » remonte étymologiquement à *bliuwan* « fustiger » ; mais on le rattache à *blau*, à cause des « bleus » produits par les coups. Au moyen âge l'allemand a emprunté au français *aventure*, dont il a fait régulièrement *ābentüre*, puis *Abenteuer* ; sans déformer le mot, on l'a associé avec

Abend (« ce qu'on raconte le soir à la veillée »), si bien qu'au XVIIIe siècle on l'a écrit *Abendteuer*. L'ancien français *soufraite* « privation » (= *suffracta* de *subfrangere*) a donné l'adjectif *souffreteux*, qu'on rattache maintenant à *souffrir*, avec lequel il n'a rien de commun. *Lais* est le substantif verbal de *laisser* ; mais actuellement on y voit celui de *léguer* et l'on écrit *legs* ; il y a même des gens qui le prononcent *le-g-s* ; cela pourrait donner à penser qu'il y a là déjà un changement de forme résultant de l'interprétation nouvelle ; mais il s'agit d'une influence de la forme écrite, par laquelle on voulait, sans modifier la prononciation, marquer l'idée qu'on se faisait de l'origine du mot. C'est de la même façon que *homard*, emprunté à l'ancien nordique *humarr* (cf. danois *hummer*) a pris un *d* final par analogie avec les mots français en *-ard* ; seulement ici l'erreur d'interprétation relevée par l'orthographe porte sur la finale du mot, qui a été confondue avec un suffixe usuel (cf. *bavard*, etc.).

Mais le plus souvent on déforme le mot pour l'accommoder aux éléments qu'on croit y reconnaître ; c'est le cas de *choucroute* (de *Sauerkraut*) ; en allemand *dromedārius* est devenu *Trampeltier* « l'animal qui piétine » ; le composé est nouveau, mais il renferme des mots qui existaient déjà, *trampeln* et *Tier*. Le vieux haut allemand a fait du latin *margarita mari-greoz* « caillou de mer », en combinant deux mots déjà connus.

Voici enfin un cas particulièrement instructif : le latin *carbunculus* « petit charbon » a donné en allemand ' **Karfunkel (par association avec *funkeln* « étinceler ») et en français *escarboucle*, rattaché à *boucle*. *Calfeter*, *calfetrer* est devenu *calfeutrer* sous l'influence de *feutre*. Ce qui frappe à première vue dans ces exemples, c'est** que chacun renferme, à côté d'un élément intelligible existant par ailleurs, une partie qui ne représente rien d'ancien (*Kar-, escar-, cal-*). Mais ce serait une erreur de croire qu'il y a dans ces éléments une part de création, une chose qui ait surgi à propos du phénomène ; c'est le contraire qui est vrai : il s'agit de fragments que l'interprétation n'a pas su atteindre ; ce sont, si l'on veut, des étymologies populaires restées à moitié chemin. *Karfunkel* est sur le même pied que *Abenteuer* (si l'on admet que *-teuer* est un résidu resté sans explication) ; il est comparable aussi à *homard* où *hom-* ne rime à rien.

Ainsi le degré de déformation ne crée pas de différences essentielles entre les mots maltraités par l'étymologie populaire ; ils ont tous ce caractère d'être des interprétations pures et simples de formes incomprises par des formes connues.

On voit dès lors en quoi l'étymologie ressemble à l'analogie et en quoi elle en diffère.

Les deux phénomènes n'ont qu'un caractère en commun : dans l'un et l'autre on utilise des éléments significatifs fournis par la langue, mais pour le reste ils sont diamétralement opposés. L'analogie suppose toujours l'oubli de la forme antérieure ; à la base de la forme analogique *il traisait* (voir p. 231), il n'y a aucune analyse de la forme ancienne *il trayait* ; l'oubli de cette forme est même nécessaire pour que sa rivale apparaisse. L'analogie ne tire rien de la substance des signes qu'elle remplace. Au contraire l'étymologie populaire se réduit à une interprétation de la forme ancienne ; le souvenir de celle-ci, même confus, est le point de départ de la déformation qu'elle subit. Ainsi dans un cas c'est le souvenir, dans l'autre l'oubli qui est à la base de l'analyse, et cette différence est capitale.

L'étymologie populaire n'agit donc que dans des conditions particulières et n'atteint que les mots rares, techniques ou étrangers, que les sujets s'assimilent imparfaitement. L'analogie est, au contraire, un fait absolument général, qui appartient au fonctionnement normal de la langue. Ces deux phénomènes, si ressemblants par certains côtés, s'opposent dans leur essence ; ils doivent être soigneusement distingués.

Chapitre VII

L'agglutination

§ 1.

Définition.

A côté de l'analogie, dont nous venons de marquer l'importance, un autre facteur intervient dans la production d'unités nouvelles : c'est l'agglutination.

Aucun autre mode de formation n'entre sérieusement en ligne de compte : le cas des onomatopées (voir p. 101) et celui des mots forgés de toutes pièces par un individu sans intervention de l'analogie (par exemple *gaz*), voire même celui de l'étymologie populaire, n'ont qu'une importance minime ou nulle.

L'agglutination consiste en ce que deux ou plusieurs termes originairement distincts, mais qui se rencontraient fréquemment en syntagme au sein de la phrase, se soudent en une unité absolue ou difficilement analysable. Tel est le processus agglutinatif : *processus*, disons-nous, et non *procédé*, car ce dernier mot implique une volonté, une intention, et l'absence de volonté est justement un caractère essentiel de l'agglutination.

Voici quelques exemples. En français on a dit d'abord *ce ci* en deux mots, et plus tard *ceci* : mot nouveau, bien que sa matière et ses éléments constitutifs n'aient pas changé. Comparez encore : franç. *tous jours* → *toujours*, *au jour d' hui* → *aujourd'hui*, *dès jà* → *déjà*, *vert jus* → *verjus*. L'agglutination peut aussi souder les sous-unités d'un mot, comme nous l'avons vu p. 233 à propos du superlatif indo-européen **swād-is-to-s* et du superlatif grec *hḗd-isto-s*.

En y regardant de plus près, on distingue trois phases dans ce phénomène :

1° la combinaison de plusieurs termes en un syntagme, comparable à tous les autres ;

2° l'agglutination proprement dite, soit la synthèse des éléments du syntagme en une unité nouvelle. Cette synthèse se fait d'elle-même, en vertu d'une tendance mécanique : quand un concept composé est exprimé par une suite d'unités significatives très usuelle, l'esprit, prenant pour ainsi dire le chemin de traverse, renonce à l'analyse et applique le concept en bloc sur le groupe de signes qui devient alors une unité simple ;

3° tous les autres changements susceptibles d'assimiler toujours plus l'ancien groupe à un mot simple : unification de l'accent (*vért-jús* → *verjús*), changements phonétiques spéciaux, etc.

On a souvent prétendu que ces changements phonétiques et accentuels (3) précédaient les changements intervenus dans le domaine de l'idée (2), et qu'il fallait expliquer la synthèse sémantique par l'agglutination et la synthèse matérielles ; il n'en est probablement pas ainsi : c'est bien plutôt parce qu'on a aperçu une seule idée dans *vert jus*, *tous jours*, etc., qu'on en a fait des mots simples, et ce serait une erreur de renverser le rapport.

§ 2.

Agglutination et analogie.

Le contraste entre l'analogie et l'agglutination est frappant :

1° Dans l'agglutination deux ou plusieurs unités se confondent en une seule par synthèse (par exemple *encore*, de *hanc horam*), ou bien deux sous-unités n'en forment plus qu'une (cf. *hĕd-isto-s*, de **swād-is-to-s*,). Au contraire l'analogie part d'unités inférieures pour en faire une unité supérieure. Pour créer *pāg-ānus*, elle a uni un radical *pāg-* et un suffixe *-ānus*.

2° L'agglutination opère uniquement dans la sphère syntagmatique ; son action porte sur un groupe donné ; elle ne considère pas autre chose. Au contraire l'analogie fait appel aux séries associatives aussi bien qu'aux syntagmes.

3° L'agglutination n'offre surtout rien de volontaire, rien d'actif ; nous l'avons déjà dit : c'est un simple processus mécanique, où l'assemblage se fait tout seul. Au contraire, l'analogie est un procédé, qui suppose des analyses et des combinaisons, une activité intelligente, une intention.

On emploie souvent les termes de *construction* et de *structure* à propos de la formation des mots ; mais ces termes n'ont pas le même sens selon qu'ils s'appliquent à l'agglutination ou à l'analogie. Dans le premier cas, ils rappellent la cimentation lente d'éléments qui, en contact dans un syntagme, ont subi une synthèse pouvant aller jusqu'au complet effacement de leurs unités originelles. Dans le cas de l'analogie, au contraire, construction veut dire agencement obtenu d'un seul coup, dans un acte de parole, par la réunion d'un certain nombre d'éléments empruntés à diverses séries associatives.

On voit combien il importe de distinguer l'un et l'autre mode de formation. Ainsi en latin *possum* n'est pas autre chose que la soudure de deux mots *potis sum* « je suis le maître » : c'est un agglutiné ; au contraire, *signifer, agricola,* etc., sont des produits de l'analogie, des constructions faites sur des modèles fournis par la langue. C'est aux créations analogiques seules qu'il faut réserver les termes de *composés* et de *dérivés*[3].

Il est souvent difficile de dire si une forme analysable est née par agglutination ou si elle a surgi comme construction analogique. Les linguistes ont discuté à perte de vue sur les formes **es-mi, *es-ti, *ed-mi,* etc., de l'indo-européen. Les éléments *es-, ed-,* etc., ont-ils été, à une époque très ancienne, des mots véritables, agglutinés ensuite avec d'autres : *mi, ti,* etc., ou bien **es-mi, *es-ti,* etc., résultent-ils de combinaisons avec des éléments extraits d'autres unités complexes du même ordre, ce qui ferait remonter l'agglutination à une époque antérieure à la formation des désinences en indo-européen ? En l'absence de témoignages historiques, la question est probablement insoluble.

L'histoire seule peut nous renseigner. Toutes les fois qu'elle permet d'affirmer qu'un élément simple a été autrefois deux ou plusieurs éléments de la phrase, on est en face d'une agglutination : ainsi lat. *hunc,* qui remonte à *hom ce* (*ce* est attesté épigraphiquement). Mais dès que l'information historique est en défaut, il est bien difficile de déterminer ce qui est agglutination et ce qui relève de l'analogie.

Chapitre VIII

Unités, identités et réalités diachroniques

La linguistique statique opère sur des unités qui existent selon l'enchaînement synchronique. Tout ce qui vient d'être dit prouve que dans une succession diachronique on n'a pas affaire à des éléments délimités une fois pour toutes, tels qu'on pourrait les figurer par le graphique :

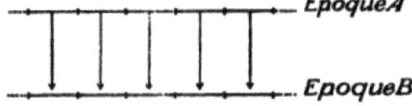

Au contraire, d'un moment à l'autre ils se répartissent autrement, en vertu des événements dont la langue est le théâtre, de sorte qu'ils répondraient plutôt à la figure :

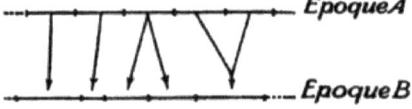

Cela résulte de tout ce qui a été dit à propos des conséquences de l'évolution phonétique, de l'analogie, de l'agglutination, etc.

Presque tous les exemples cités jusqu'ici appartiennent à la formation des mots ; en voici un autre emprunté à la syntaxe. L'indo-européen ne connaissait pas les prépositions ; les rapports qu'elles indiquent étaient marqués par des cas nombreux et pourvus d'une grande force significative. Il n'y avait pas non plus de verbes composés au moyen de préverbes, mais seulement des particules, petits mots qui s'ajoutaient à la phrase pour préciser et nuancer l'action du verbe. Ainsi, rien qui correspondît au latin *īre ob mortem* « aller au-devant de la mort », ni à *obīre mortem* ; on aurait dit : *īre mortem ob*. C'est encore l'état du grec primitif : 1° *óreos baínō káta* ; *óreos baínō* signifie à lui seul « je viens de la montagne », le génitif ayant la valeur de l'ablatif ; *káta* ajoute la nuance « en descendant ». À une autre époque on a eu 2° *katà óreos baínō*, où *katà* joue le rôle de préposition, ou encore 3° *kata-baínō óreos*, par agglutination du verbe et de la particule, devenue préverbe.

Il y a ici deux ou trois phénomènes distincts, mais qui reposent tous sur une interprétation des unités : 1° création d'une nouvelle espèce de mots, les prépositions, et cela par simple déplacement des unités reçues. Un ordre particulier, indifférent à l'origine, dû peut-être à une cause fortuite, a permis un nouveau groupement : *kata*, d'abord indépendant, s'unit avec le substantif *óreos*, et cet ensemble se joint à *baínō* pour lui servir de complément ; 2° apparition d'un type verbal nouveau (*katabaínō*) ; c'est un autre groupement psychologique, favorisé aussi par une distribution spéciale des unités et consolidé par l'agglutination ; 3° comme conséquence naturelle : affaiblissement du sens de la désinence du génitif (*óre-os*) ; c'est *katà* qui sera chargé d'exprimer l'idée essentielle que le génitif était seul à marquer autrefois : l'importance de la désinence *-os* en est diminuée d'autant. Sa disparition future est en germe dans le phénomène.

Dans les trois cas il s'agit donc bien d'une répartition nouvelle des unités. C'est la même substance avec d'autres fonctions ; car — chose à remarquer — aucun changement phonétique n'est intervenu pour provoquer l'un ou l'autre de ces déplacements. D'autre part, bien que la matière n'ait pas varié, il ne faudrait pas croire que tout se passe dans le domaine du sens : il n'y a pas de phénomène de syntaxe sans l'union d'une certaine chaîne de concepts à une certaine chaîne d'unités phoniques (voir p. 191), et c'est justement ce rapport qui a été modifié. Les sons subsistent, mais les unités significatives ne sont plus les mêmes.

Nous avons dit p. 109 que l'altération du signe est un déplacement de rapport entre le signifiant et le signifié. Cette définition s'applique non seulement à l'altération des termes du système, mais à l'évolution du système lui-même ; le phénomène diachronique dans son ensemble n'est pas autre chose.

Cependant, quand on a constaté un certain déplacement des unités synchroniques, on est loin d'avoir rendu compte de ce qui s'est passé dans la langue. Il y a un problème de l'*unité diachronique* en soi : il consiste à se demander, à propos de chaque événement, quel est l'élément soumis directement à l'action transformatrice. Nous avons déjà rencontré un problème de ce genre à propos des changements phonétiques (voir p. 133) ; ils n'atteignent que le phonème isolé, tandis que le mot, en tant qu'unité, lui est étranger. Comme il y a toutes sortes d'événements diachroniques, on aura à résoudre quantité de questions analogues, et les unités qu'on délimitera dans ce domaine ne correspondront pas nécessairement à celles du domaine synchronique. Conformément au principe posé dans la première partie, la notion d'unité ne peut pas être la même dans les deux ordres. En tous cas, elle ne sera pas complètement élucidée tant qu'on ne l'aura pas étudiée sous ses deux aspects, statique et évolutif. Seule la solution du problème de l'unité diachronique nous permettra de dépasser les apparences du phénomène d'évolution et d'atteindre son essence. Ici comme en synchronie la connaissance des unités est indispensable pour distinguer ce qui est illusion et ce qui est réalité (voir p. 153).

Mais une autre question, particulièrement délicate, est celle de l'*identité diachronique*. En effet, pour que je puisse dire qu'une unité a persisté identique à elle-même, ou que tout en persistant comme unité distincte, elle a changé de forme ou de sens — car tous ces cas sont possibles, — il faut que je sache sur quoi je me fonde pour affirmer qu'un élément pris à une époque, par exemple le mot français *chaud*, est la même chose qu'un élément pris à une autre époque, par exemple le latin *calidum*.

À cette question, on répondra sans doute que *calidum* a dû devenir régulièrement *chaud* par l'action des lois phonétiques, et que par conséquent *chaud = calidum*. C'est ce qu'on appelle une identité phonétique. Il en est de même pour *sevrer* et *sēparāre* ; on dira au contraire que *fleurir* n'est pas la même chose que *flōrēre* (qui aurait donné **flouroir*), etc.

Ce genre de correspondance semble au premier abord recouvrir la notion d'identité diachronique en général. Mais en fait, il est impossible que le son rende compte à lui seul de l'identité. On a sans doute raison de dire que lat. *mare* doit paraître en français sous la forme de *mer* parce que tout *a* est devenu *e* dans certaines conditions, parce que *e* atone final tombe, etc. ; mais affirmer que ce sont ces rapports $a \rightarrow e$, $e \rightarrow zéro$, etc., qui constituent l'identité, c'est renverser les termes, puisque c'est, au contraire au nom de la correspondance *mare : mer* que je juge que *a* est devenu *e*, que *e* final est tombé, etc.

Si deux personnes appartenant à des régions différentes de la France disent l'une *se fâcher*, l'autre *se fôcher*, la différence est très secondaire en comparaison des faits grammaticaux qui permettent de reconnaître dans ces deux formes distinctes une seule et même unité de langue. Or l'identité diachronique de deux mots aussi différents que *calidum* et *chaud* signifie simplement que l'on a passé de l'un à l'autre à travers une série d'identités synchroniques dans la parole, sans que jamais le lien qui les unit ait été rompu par les transformations phonétiques successives. Voilà pourquoi nous avons pu dire p. 150, qu'il est tout aussi intéressant de savoir comment *Messieurs !* répété plusieurs fois de suite dans un discours est identique à lui-même, que de savoir pourquoi *pas* (négation) est identique à *pas* (substantif) ou, ce qui revient au même, pourquoi *chaud* est identique à *calidum*. Le second problème n'est en effet qu'un prolongement et une complication du premier.

Appendices aux troisième et quatrième parties

A.

Analyse subjective et analyse objective.

L'analyse des unités de la langue, faite à tous les instants par les sujets parlants, peut être appelée *analyse subjective* ; il faut se garder de la confondre avec l'*analyse objective*, fondée sur l'histoire. Dans une forme comme grec *híppos*, le grammairien distingue trois éléments : une racine, un suffixe et une désinence (*hipp-o-s*) ; le grec n'en apercevait que deux (*hípp-os*, voir p. 213). L'analyse objective voit quatre sous-unités dans *amābās* (*am-ā-bā-s*) ; les Latins coupaient *amā-bā-s* ; il est même probable qu'ils regardaient *-bās* comme un tout flexionnel opposé au radical. Dans les mots français *entier* (lat. *in-teger* « intact »), *enfant* (lat. *in-fans* « qui ne parle pas »), *enceinte* (lat. *in-cincta* « sans ceinture »), l'historien dégagera un préfixe commun *en-*, identique au *in-* privatif du latin ; l'analyse subjective des sujets parlants l'ignore totalement.

Le grammairien est souvent tenté de voir des erreurs dans les analyses spontanées de la langue ; en fait l'analyse subjective n'est pas plus fausse que la « fausse » analogie (voir p. 223). La langue ne se trompe pas ; son point de vue est différent, voilà tout. Il n'y a pas de commune mesure entre l'analyse des individus parlants et celle de l'historien, bien que toutes deux usent du même procédé : la confrontation des séries qui présentent un même élément. Elles se justifient l'une et l'autre, et chacune conserve sa valeur propre ; mais en dernier ressort celle des sujets importe seule, car elle est fondée directement sur les faits de langue.

L'analyse historique n'en est qu'une forme dérivée. Elle consiste au fond à projeter sur un plan unique les constructions des différentes époques. Comme la décomposition spontanée, elle vise à connaître les sous-unités qui entrent dans un mot, seulement elle fait la synthèse de toutes les divisions opérées au cours du temps, en vue d'atteindre la plus ancienne. Le mot est comme une maison dont on aurait changé à plusieurs reprises la disposition intérieure et la destination. L'analyse objective totalise et superpose ces distributions successives ; mais pour ceux qui occupent la maison, il n'y en a jamais qu'une. L'analyse *hípp-o-s*, examinée plus haut, n'est pas fausse, puisque c'est la conscience des sujets qui l'a établie ; elle est simplement « anachronique », elle se reporte à une autre époque que celle où elle prend le mot. Ce *hípp-o-s* ne contredit pas le *hípp-os* du grec classique, mais il ne faut pas le juger de la même façon. Cela revient à poser une fois de plus la distinction radicale du diachronique et du synchronique.

Et ceci permet au surplus de résoudre une question de méthode encore pendante en linguistique. L'ancienne école partageait les mots en racines, thèmes, suffixes, etc., et donnait à ces distinctions une valeur absolue. À lire Bopp et ses disciples, on croirait que les Grecs avaient apporté avec eux depuis un temps immémorial un bagage de racines et de suffixes, et qu'ils s'occupaient à confectionner leurs mots en parlant, que *patḗr*, par exemple, était pour eux rac. *pa*+suff. *ter*, que *dṓsō* dans leur bouche représentait la somme de *dō* + *so* + une désinence personnelle, etc.

On devait nécessairement réagir contre ces aberrations, et le mot d'ordre, très juste, de cette réaction, fut : observez ce qui se passe dans les langues d'aujourd'hui, dans le langage de tous les jours, et n'attribuez aux périodes anciennes de la langue aucun processus, aucun phénomène qui ne soit pas constatable actuellement. Et comme le plus souvent la langue vivante ne permet pas de surprendre des analyses comme en faisait Bopp, les néogrammairiens, forts de leur principe, déclarent que racines, thèmes, suffixes, etc., sont de pures abstractions de notre esprit et que, si l'on en fait usage, c'est uniquement pour la commodité de l'exposition. Mais s'il n'y a pas de justification à l'établissement de ces catégories, pourquoi les établir ? Et quand on le fait, au nom de quoi déclare-t-on qu'une coupure comme *hípp-o-s*, par exemple, est préférable à une autre comme *hípp-os* ?

L'école nouvelle, après avoir reconnu les défauts de l'ancienne doctrine, ce qui était facile, s'est contentée de la rejeter en théorie, tandis qu'en pratique elle restait comme embarrassée dans un appareil scientifique dont, malgré tout, elle ne pouvait se passer. Dès qu'on raisonne ces « abstractions », on voit la part de réalité qu'elles représentent, et un correctif très simple suffit pour donner à ces artifices du grammairien un sens légitime et exact. C'est ce qu'on a essayé de faire plus haut, en montrant que, unie par un lien intérieur à l'analyse subjective de la langue vivante, l'analyse objective a une place légitime et déterminée dans la méthode linguistique.

B.

L'analyse subjective et la détermination des sous-unités.

En matière d'analyse, on ne peut donc établir une méthode ni formuler des définitions qu'après s'être placé dans le plan synchronique. C'est ce que nous voudrions montrer par quelques observations sur les parties du mot : préfixes, racines, radicaux, suffixes, désinences[4].

Commençons par la *désinence*, c'est-à-dire la caractéristique flexionnelle ou élément variable de fin de mot qui distingue les formes d'un paradigme nominal ou verbal. Dans *zeúgnū-mi, zeúgnū-s, zeúgnū-si, zeúgnu-men,* etc., « j'attelle, etc. », les désinences, *-mi, -s, -si,* etc., se délimitent simplement parce qu'elles s'opposent entre elles et avec la partie antérieure du mot (*zeugnū̆-*). On a vu (pp. 123 et 163) à propos du génitif tchèque *žen*, par opposition au nominatif *žena*, que l'absence de désinence peut jouer le même rôle qu'une désinence ordinaire. Ainsi en grec *zeúgnū !* « attelle ! » opposé à *zeúgnu-te !* « attelez ! », etc., ou le vocatif *rhêtor !* opposé à *rhḗtor-os*, etc., en français *marš* (écrit « marche ! »), opposé à *maršõ* (écrit « marchons ! »), sont des formes fléchies à désinence zéro.

Par l'élimination de la désinence on obtient le *thème de flexion* ou *radical*, qui est, d'une façon générale, l'élément commun dégagé spontanément de la comparaison d'une série de mots apparentés, fléchis ou non, et qui porte l'idée commune à tous ces mots. Ainsi en français dans la série *roulis, rouleau, rouler, roulage, roulement,* on perçoit sans peine un radical *roul-*. Mais l'analyse des sujets parlants distingue souvent dans une même famille de mots des radicaux de plusieurs espèces, ou mieux de plusieurs degrés. L'élément *zeugnú̄*, dégagé plus haut de *zeúgnū-mi, zeúgnū-s,* etc., est un radical du premier degré ; il n'est pas irréductible, car si on le compare avec d'autres séries (*zeúgnūmi, zeuktós, zeûksis, zeuktêr, zugón,* etc., d'une part, *zeúgnūmi, deíknūmi, órnūmi,* etc., d'autre part), la division *zeug-nu* se présentera d'elle-même. Ainsi *zeug-* (avec ses formes alternantes *zeug- zeuk- zug-*, voir p. 220)

est un radical du second degré ; mais il est, lui, irréductible, car on ne peut pas pousser plus loin la décomposition par comparaison des formes parentes.

On appelle *racine* cet élément irréductible et commun à tous les mots d'une même famille. D'autre part, comme toute décomposition subjective et synchronique ne peut séparer les éléments matériels qu'en envisageant la portion de sens qui revient à chacun d'eux, la racine est à cet égard l'élément où le sens commun à tous les mots parents atteint le maximum d'abstraction et de généralité. Naturellement, cette indétermination varie de racine à racine ; mais elle dépend aussi, dans une certaine mesure, du degré de réductibilité du radical ; plus celui-ci subit de retranchements, plus son sens a de chances de devenir abstrait. Ainsi *zeugmátion* désigne un « petit attelage », *zeûgma* un « attelage » sans détermination spéciale, enfin *zeug-* renferme l'idée indéterminée d'« atteler ».

Il s'ensuit qu'une racine, comme telle, ne peut constituer un mot et recevoir l'adjonction directe d'une désinence. En effet un mot représente toujours une idée relativement déterminée, au moins au point de vue grammatical, ce qui est contraire à la généralité et à l'abstraction propres à la racine. Que faut-il alors penser du cas très fréquent où racine et thème de flexion semblent se confondre, comme on le voit dans le grec *phlóks*, gén. *phlogós* « flamme », comparé à la racine *phleg- : phlog-* qui se trouve dans tous les mots de la même famille (cf. *phlég-ō*, etc.) ? N'est-ce pas en contradiction avec la distinction que nous venons d'établir ? Non, car il faut distinguer *phleg- : phlog-* à sens général et *phlog-* à sens spécial, sous peine de ne considérer que la forme matérielle à l'exclusion du sens. Le même élément phonique a ici deux valeurs différentes ; il constitue donc deux éléments linguistiques distincts (voir p. 147). De même que plus haut *zeúgnū !* « attelle ! », nous apparaissait comme un mot fléchi à désinence zéro, nous dirons que *phlóg-* « flamme » est un thème à *suffixe zéro*. Aucune confusion n'est possible : le radical reste distinct de la racine, même s'il lui est phoniquement identique.

La racine est donc une réalité pour la conscience des sujets parlants. Il est vrai qu'ils ne la détachent pas toujours avec une égale précision ; il y a sous ce rapport des différences, soit au sein d'une même langue, soit de langue à langue.

Dans certains idiomes, des caractères précis signalent la racine à l'attention des sujets. C'est le cas en allemand, où elle a un aspect assez uniforme ; presque toujours monosyllabique (cf. *streit-, bind-, haft-*, etc.), elle obéit à certaines règles de structure : les phonèmes n'y apparaissent pas dans un ordre quelconque ; certaines combinaisons de consonnes, telles que occlusive + liquide en sont proscrites en finale : *werk-* est possible, *wekr-* ne l'est pas ; on rencontre *helf-, werd-*, on ne trouverait pas *hefl-, wedr*.

Rappelons que les alternances régulières, surtout entre voyelles, renforcent bien plus qu'elles n'affaiblissent le sentiment de la racine et des sous-unités en général ; sur ce point aussi l'allemand, avec le jeu varié de ses ablauts (voir p. 217), diffère profondément du français. Les racines sémitiques ont, à un plus haut degré encore, des caractères analogues. Les alternances y sont très régulières et déterminent un grand nombre d'oppositions complexes (cf. hébreu *qāṭal, qṭaltem, qṭōl, qiṭlū*, etc., toutes formes d'un même verbe signifiant « tuer ») ; de plus elles présentent un trait qui rappelle le monosyllabisme allemand, mais plus frappant : elles renferment toujours trois consonnes (voir plus loin, p. 315 sv.).

Sous ce rapport, le français est tout différent. Il a peu d'alternances et, à côté de racines monosyllabiques (*roul-, march-, mang-*), il en a beaucoup de deux et même trois syllabes (*commenc-, hésit-, épouvant-*). En outre les formes de ces racines offrent, notamment dans leurs finales, des combinaisons trop diverses pour être réductibles à des règles (cf. *tu-er, régn-er, guid-er, grond-er, souffl-er, tard-er, entr-er, hurl-er*, etc.). Il ne faut donc pas s'étonner si le sentiment de la racine est fort peu développé en français.

La détermination de la racine entraîne par contre-coup celle des préfixes et suffixes. Le *préfixe* précède la partie du mot reconnue comme radicale, par exemple *hupo-* dans le grec *hupo-zeúgnūmi*. Le *suffixe* est l'élément qui s'ajoute à la racine pour en faire un radical (exemple : *zeug-mat-*), ou à un premier radical pour en faire un du second degré (par exemple *zeugmat-io-*). On a vu plus haut que cet élément, comme la désinence, peut être représenté par zéro. L'extraction du suffixe n'est donc qu'une autre face de l'analyse du radical.

Le suffixe a tantôt un sens concret, une valeur sémantique, comme dans *zeuk-tēr-*, où *-tēr-* désigne l'agent, l'auteur de l'action, tantôt une fonction purement grammaticale, comme dans *zeúg-nū(-mi)*, où *-nū-* marque l'idée de présent. Le préfixe peut aussi jouer l'un et l'autre rôle, mais il est rare que nos langues lui donnent la fonction grammaticale ; exemples : le *ge-* du participe passé allemand (*ge-setzt*, etc.), les préfixes perfectifs du slave (russe *na-pisát'*, etc.).

Le préfixe diffère encore du suffixe par un caractère qui, sans être absolu, est assez général : il est mieux délimité, parce qu'il se détache plus facilement de l'ensemble du mot. Cela tient à la nature propre de cet élément ; dans la majorité des cas, ce qui reste après élimination d'un préfixe fait l'effet d'un mot constitué (cf. *recommencer : commencer, indigne : digne, maladroit : adroit, contrepoids : poids,* etc.). Cela est encore plus frappant en latin, en grec, en allemand. Ajoutons que plusieurs préfixes fonctionnent comme mots indépendants : cf. franç. *contre, mal, avant, sur,* all. *unter, vor,* etc., grec *katá, pró,* etc. Il en va tout autrement du suffixe : le radical obtenu par la suppression de cet élément est un mot incomplet ; exemple : franç. *organisation : organis-*, all. *Trennung : trenn-*, grec *zeûgma* : *zeug-*, etc., et d'autre part, le suffixe lui-même n'a aucune existence autonome.

Il résulte de tout cela que le radical est le plus souvent délimité d'avance dans son commencement : avant toute comparaison avec d'autres formes, le sujet parlant sait où placer la limite entre le préfixe et ce qui le suit. Pour la fin du mot il n'en est pas de même : là aucune limite ne s'impose en dehors de la confrontation de formes ayant même radical ou même suffixe, et ces rapprochements aboutiront à des délimitations variables selon la nature des termes rapprochés.

Au point de vue de l'analyse subjective, les suffixes et les radicaux ne valent que par les oppositions syntagmatiques et associatives : on peut, selon l'occurrence, trouver un élément formatif et un élément radical dans deux parties opposées d'un mot, quelles qu'elles soient, pourvu qu'elles donnent lieu à une opposition. Dans le latin *dictātōrem*, par exemple, on verra un radical *dictātōr-(em)*, si on le compare à *consul-em, ped-em*, etc., mais un radical *dictā-(tōrem)* si on le rapproche de *lic-tō-rem, scrip-tōrem*, etc., un radical *dic-(tātōrem)*, si l'on pense à *pō-tātōrem, cantā-tōrem*. D'une manière générale, et dans des circonstances favorables, le sujet parlant peut être amené à faire toutes les coupures imaginables (par exemple : *dictāt-ōrem*, d'après *am-ōrem, ard-ōrem*, etc., dict-ātōrem, d'après ōr-ātōrem, ar-ātōrem, *etc.). On sait (voir p. 233) que les résultats de ces analyses spontanées se manifestent dans les formations analogiques de chaque époque ; ce sont elles qui permettent de distinguer les sous-unités (racines, préfixes, suffixes, désinences) dont la langue a conscience et les valeurs qu'elle y attache.*

C.

L'étymologie.

L'étymologie n'est ni une discipline distincte ni une partie de la linguistique évolutive ; c'est seulement une application spéciale des principes relatifs aux faits synchroniques et diachroniques. Elle remonte dans le passé des mots jusqu'à ce qu'elle trouve quelque chose qui les explique.

Quand on parle de l'origine d'un mot et qu'on dit qu'il « vient » d'un autre, on peut entendre plusieurs choses différentes : ainsi *sel* vient du latin *sal* par simple altération du son ; *labourer* « travailler la terre » vient de l'ancien français *labourer* « travailler en général » par altération du sens seul ; *couver* vient du latin *cubāre* « être couché » par altération du sens et du son ; enfin quand on dit que *pommier* vient de *pomme*, on marque un rapport de dérivation grammaticale. Dans les trois premiers cas on opère sur des identités diachroniques, le quatrième repose sur un rapport synchronique de plusieurs termes différents : or tout ce qui a été dit à propos de l'analogie montre que c'est là la partie la plus importante de la recherche étymologique.

L'étymologie de *bonus* n'est pas fixée parce qu'on remonte à *dvenos* ; mais si l'on trouve que *bis* remonte à *dvis* et qu'on puisse par là établir un rapport avec *duo*, cela peut être appelé une opération étymologique ; il en est de même du rapprochement de *oiseau* avec *avicellus*, car il permet de retrouver le lien qui unit *oiseau* à *avis*.

L'étymologie est donc avant tout l'explication des mots par la recherche de leurs rapports avec d'autres mots.

Expliquer veut dire : ramener à des termes connus, et en linguistique *expliquer un mot, c'est le ramener à d'autres mots,* puisqu'il n'y a pas de rapports nécessaires entre le son et le sens (principe de l'arbitraire du signe, voir p. 100).

L'étymologie ne se contente pas d'expliquer des mots isolés ; elle fait l'histoire des familles de mots, de même qu'elle fait celle des éléments formatifs, préfixes, suffixes, etc.

Comme la linguistique statique et évolutive, elle décrit des faits, mais cette description n'est pas méthodique, puisqu'elle ne se fait dans aucune direction déterminée. A propos d'un mot pris comme objet de la recherche, l'étymologie emprunte ses éléments d'information tour à tour à la phonétique, à la morphologie, à la sémantique, etc. Pour arriver à ses fins, elle se sert de tous les moyens que la linguistique met à sa disposition, mais elle n'arrête pas son attention sur la nature des opérations qu'elle est obligée de faire.

> 1. ↑ A cette raison didactique et extérieure s'en ajoute peut-être une autre : F. de Saussure n'a jamais abordé dans ses leçons la linguistique de la parole (v. p. 36 sv.). On se souvient qu'un nouvel usage commence toujours par une série de faits individuels (voir p. 138). On pourrait admettre que l'auteur refusait à ceux-ci le caractère de faits grammaticaux, en ce sens qu'un acte isolé est forcément étranger à la langue et à son système lequel ne dépend que de l'ensemble des habitudes collectives. Tant que les faits appartiennent à la parole, ils ne sont que des manières spéciales et tout occasionnelles d'utiliser le système établi. Ce n'est qu'au moment où une innovation, souvent répétée, se grave dans la mémoire et entre dans le système, qu'elle a pour effet de déplacer l'équilibre des valeurs et que la langue se trouve *ipso facto* et spontanément changée. On pourrait appliquer à l'évolution grammaticale ce qui est dit

pp. 36 et 121 de l'évolution phonétique : son devenir est extérieur au système, car celui-ci n'est jamais aperçu dans son évolution ; nous le trouvons autre de moment en moment. Cet essai d'explication est d'ailleurs une simple suggestion de notre part (*Éd.*).

2. ↑ Ou *-n* ? Cf. p. 130, note.

3. ↑ Ceci revient à dire que ces deux phénomènes combinent leur action dans l'histoire de la langue ; mais l'agglutination précède toujours, et c'est elle qui fournit des modèles à l'analogie. Ainsi le type de composés qui a donné en grec *hippó-dromo-s*, etc., est né par agglutination partielle à une époque de l'indo-européen où les désinences étaient inconnues (*ekwo dromo* équivalait alors à un composé anglais tel que *country house*) ; mais c'est l'analogie qui en a fait une formation productive avant la soudure absolue des éléments. Il en est de même du futur français (*je ferai*, etc.), né en latin vulgaire de l'agglutination de l'infinitif avec le présent du verbe habēre (*facere habeō* = « j'ai à faire »). Ainsi c'est par l'intervention de l'analogie que l'agglutination crée des types syntaxiques et travaille pour la grammaire ; livrée à elle-même, elle pousse la synthèse des éléments jusqu'à l'unité absolue et ne produit que des mots indécomposables et improductifs (type *hanc hōram* → *encore*), c'est-à-dire qu'elle travaille pour le lexique (*Éd.*).

4. ↑ F. de Saussure n'a pas abordé, du moins au point de vue synchronique, la question des mots composés. Cet aspect du problème doit donc être entièrement réservé ; il va sans dire que la distinction diachronique établie plus haut entre les composés et les agglutinés ne saurait être transportée telle quelle ici, où il s'agit d'analyser un état de langue. Il est à peine besoin de faire remarquer que cet exposé, relatif aux sous-unités, ne prétend pas résoudre la question plus délicate soulevée pp. 147 et 154, de la définition du mot considéré comme unité (*Éd.*).

Quatrième partie

Linguistique géographique

Chapitre premier

De la diversité des langues

En abordant la question des rapports du phénomène linguistique avec l'espace, on quitte la linguistique interne pour entrer dans la linguistique externe, dont le chapitre V de l'introduction a déjà marqué l'étendue et la variété.

Ce qui frappe tout d'abord dans l'étude des langues, c'est leur diversité, les différences linguistiques qui apparaissent dès qu'on passe d'un pays à un autre, ou même d'un district à un autre. Si les divergences dans le temps échappent souvent à l'observateur, les divergences dans l'espace sautent tout de suite aux yeux ; les sauvages eux-mêmes les saisissent, grâce aux contacts avec d'autres tribus parlant une autre langue. C'est même par ces comparaisons qu'un peuple prend conscience de son idiome.

Remarquons, en passant, que ce sentiment fait naître chez les primitifs l'idée que la langue est une habitude, une coutume analogue à celle du costume ou de l'armement. Le terme d'*idiome* désigne fort justement la langue comme reflétant les traits propres d'une communauté (le grec *idíōma* avait déjà le sens de « coutume spéciale »). Il y a là une idée juste, mais qui devient une erreur lorsqu'on va jusqu'à voir dans la langue un attribut, non plus de la nation, mais de la race, au même titre que la couleur de la peau ou la forme de la tête.

Ajoutons encore que chaque peuple croit à la supériorité de son idiome. Un homme qui parle une autre langue est volontiers considéré comme incapable de parler ; ainsi le mot grec *bárbaros* paraît avoir signifié « bègue » et être parent du latin *balbus* ; en russe, les Allemands sont appelés *Nêmtsy*, c'est-à-dire « les muets ».

Ainsi la diversité géographique a été la première constatation faite en linguistique ; elle a déterminé la forme initiale de la recherche scientifique en matière de langue, même chez les Grecs ; il est vrai qu'ils ne se sont attachés qu'à la la variété existant entre les différents dialectes helléniques ; mais c'est qu'en général leur intérêt ne dépassait guère les limites de la Grèce elle-même.

Après avoir constaté que deux idiomes diffèrent, on est amené instinctivement à y découvrir des analogies. C'est là une tendance naturelle des sujets parlants. Les paysans aiment à comparer leur patois avec celui du village voisin ; les personnes qui pratiquent plusieurs langues remarquent les traits qu'elles ont en commun. Mais, chose curieuse, la science a mis un temps énorme à utiliser les constatations de cet ordre ; ainsi les Grecs, qui avaient observé beaucoup de ressemblances entre le vocabulaire latin et le leur, n'ont su en tirer aucune conclusion linguistique.

L'observation scientifique de ces analogies permet d'affirmer dans certains cas que deux ou plusieurs idiomes sont unis par un lien de parenté, c'est-à-dire qu'ils ont une origine commune. Un groupe de langues ainsi rapprochées s'appelle une famille ; la linguistique moderne a reconnu successivement les familles indo-européenne, sémitique, bantoue[1], etc. Ces familles peuvent être à leur tour comparées entre elles et parfois des filiations plus vastes et plus anciennes se font jour. On a voulu trouver des analogies entre le finno-ougrien[2] et l'indo-européen, entre ce dernier et le sémitique, etc. Mais les comparaisons de ce genre se heurtent vite à des barrières infranchissables. Il ne faut pas confondre ce qui peut être et ce qui est démontrable. La parenté universelle des langues n'est pas probable, mais fût-elle vraie — comme le croit un linguiste italien, M. Trombetti[3] — elle ne pourrait pas être prouvée, à cause du trop grand nombre de changements intervenus.

Ainsi à côté de la diversité dans la parenté, il y a une diversité absolue, sans parenté reconnaissable ou démontrable. Quelle doit être la méthode de la linguistique dans l'un et l'autre cas ? Commençons par le second, le plus fréquent. Il y a, comme on vient de le dire, une multitude infinie de langues et de familles de langues irréductibles les unes aux autres. Tel est, par exemple, le chinois à l'égard des langues indo-européennes. Cela ne veut pas dire que la comparaison doive abdiquer ; elle est toujours possible et utile ; elle portera aussi bien sur l'organisme grammatical et sur les types généraux de l'expression de la pensée que sur le système des sons ; on comparera de même des faits d'ordre diachronique, l'évolution phonétique de deux langues, etc. A cet égard les possibilités, bien qu'en nombre incalculable, sont limitées par certaines données constantes, phoniques et psychiques, à l'intérieur desquelles toute langue doit se constituer ; et réciproquement, c'est la découverte de ces données constantes qui est le but principal de toute comparaison faite entre langues irréductibles les unes aux autres.

Quant à l'autre catégorie de diversités, celles qui existent au sein des familles de langues, elles offrent un champ illimité à la comparaison. Deux idiomes peuvent différer à tous les degrés : se ressembler étonnamment, comme le zend et le sanscrit, ou paraître entièrement dissemblables, comme le sanscrit et l'irlandais; toutes les nuances intermédiaires sont possibles : ainsi le grec et le latin sont plus rapprochés entre eux qu'ils ne le sont respectivement du sanscrit, etc. Les idiomes qui ne divergent qu'à un très faible degré sont appelés *dialectes* ; mais il ne faut pas donner à ce terme un sens rigoureusement exact ; nous verrons p. 278 qu'il y a entre les dialectes et les langues une différence de quantité, non de nature.

Chapitre II

Complications de la diversité géographique

§ 1.

Coexistence de plusieurs langues sur un même point.

La diversité géographique a été présentée jusqu'ici sous sa forme idéale : autant de territoires, autant de langues distinctes. Et nous étions en droit de procéder ainsi, car la séparation géographique reste le facteur le plus général de la diversité linguistique. Abordons maintenant les faits secondaires qui viennent troubler cette correspondance et dont le résultat est la coexistence de plusieurs langues sur un même territoire.

Il n'est pas ici question du mélange réel, organique, de l'interpénétration de deux idiomes aboutissant à un changement dans le système (cf. l'anglais après la conquête normande). Il ne s'agit pas non plus de plusieurs langues nettement séparées territorialement, mais comprises dans les limites d'un même État politique, comme c'est le cas en Suisse. Nous envisagerons seulement le fait que deux idiomes peuvent vivre côte à côte dans un même lieu et coexister sans se confondre. Cela se voit très souvent ; mais il faut distinguer deux cas.

Il peut arriver d'abord que la langue d'une nouvelle population vienne se superposer à celle de la population indigène. Ainsi dans l'Afrique du Sud, à côté de plusieurs dialectes nègres, on constate la présence du hollandais et de l'anglais, résultat de deux colonisations successives ; c'est de la même façon que l'espagnol s'est implanté au Mexique. Il ne faudrait pas croire que les empiétements linguistiques de ce genre soient spéciaux à l'époque moderne. De tout temps on a vu des nations se mélanger sans confondre leurs idiomes. Il suffit, pour s'en rendre compte, de jeter les yeux sur la carte de l'Europe actuelle :

en Irlande on parle le celtique et l'anglais ; beaucoup d'irlandais possèdent les deux langues. En Bretagne on pratique le breton et le français ; dans la région basque on se sert du français ou de l'espagnol en même temps que du basque. En Finlande le suédois et le finnois coexistent depuis assez longtemps ; le russe est venu s'y ajouter plus récemment ; en Courlande et en Livonie on parle le lette, l'allemand et le russe ; l'allemand, importé par des colons venus au moyen âge sous les auspices de la ligue hanséatique, appartient à une classe spéciale de la population ; le russe y a ensuite été importé par voie de conquête. La Lituanie a vu s'implanter à côté du lituanien le polonais, conséquence de son ancienne union avec la Pologne, et le russe, résultat de l'incorporation à l'empire moscovite. Jusqu'au XVIIIe siècle, le slave et l'allemand étaient en usage dans toute la région orientale de l'Allemagne à partir de l'Elbe. Dans certains pays la confusion des langues est plus grande encore ; en Macédoine on rencontre toutes les langues imaginables : le turc, le bulgare, le serbe, le grec, l'albanais, le roumain, etc., mêlés de façons diverses suivant les régions.

Ces langues ne sont pas toujours absolument mélangées ; leur coexistence dans une région donnée n'exclut pas une relative répartition territoriale. Il arrive, par exemple, que de deux langues l'une est parlée dans les villes, l'autre dans les campagnes ; mais cette répartition n'est pas toujours nette.

Dans l'antiquité, mêmes phénomènes. Si nous possédions la carte linguistique de l'Empire romain, elle nous montrerait des faits tout semblables à ceux de l'époque moderne. Ainsi, en Campanie, vers la fin de la

République, on parlait : l'osque, comme les inscriptions de Pompéi en font foi ; le grec, langue des colons fondateurs de Naples, etc. ; le latin ; peut-être même l'étrusque, qui avait régné sur cette région avant l'arrivée des Romains. À Carthage, le punique ou phénicien avait persisté à côté du latin (il existait encore à l'époque de l'invasion arabe), sans compter que le numide se parlait certainement sur territoire carthaginois. On peut presque admettre que dans l'antiquité, autour du bassin de la Méditerranée, les pays unilingues formaient l'exception.

Le plus souvent cette superposition de langues a été amenée par l'envahissement d'un peuple supérieur en force ; mais il y a aussi la colonisation, la pénétration pacifique ; puis le cas des tribus nomades qui transportent leur parler avec elles. C'est ce qu'ont fait les tziganes, fixés surtout en Hongrie, où ils forment des villages compacts ; l'étude de leur langue a montré qu'ils ont dû venir de l'Inde à une époque inconnue. Dans la Dobroudja, aux bouches du Danube, on trouve des villages tatares éparpillés, marquant de petites taches sur la carte linguistique de cette région.

§ 2.

Langue littéraire et idiome local.

Ce n'est pas tout encore : l'unité linguistique peut être détruite quand un idiome naturel subit l'influence d'une langue littéraire. Cela se produit infailliblement toutes les fois qu'un peuple arrive à un certain degré de civilisation. Par « langue littéraire » nous entendons non seulement la langue de la littérature, mais, dans un sens plus général, toute espèce de langue cultivée, officielle ou non, au service de la communauté tout entière. Livrée à elle-même, la langue ne connaît que des dialectes dont aucun n'empiète sur les autres, et par là elle est vouée à un fractionnement indéfini. Mais comme la civilisation, en se développant, multiplie les communications, on choisit, par une sorte de convention tacite, l'un des dialectes existants pour en faire le véhicule de tout ce qui intéresse la nation dans son ensemble. Les motifs de ce choix sont divers : tantôt on donne la préférence au dialecte de la région où la civilisation est le plus avancée, tantôt à celui de la province qui a l'hégémonie politique et où siège le pouvoir central ; tantôt c'est une cour qui impose son parler à la nation. Une fois promu au rang de langue officielle et commune, le dialecte privilégié reste rarement tel qu'il était auparavant. Il s'y mêle des éléments dialectaux d'autres régions ; il devient de plus en plus composite, sans cependant perdre tout à fait son caractère originel : ainsi dans le français littéraire on reconnaît bien le dialecte de l'Île-de-France, et le toscan dans l'italien commun. Quoi qu'il en soit, la langue littéraire ne s'impose pas du jour au lendemain, et une grande partie de la population se trouve être bilingue, parlant à la fois la langue de tous et le patois local. C'est ce qu'on voit dans bien des régions de la France, comme la Savoie, où le français est une langue importée et n'a pas encore étouffé les patois du terroir. Le fait est général en Allemagne et en Italie, où partout le dialecte persiste à côté de la langue officielle.

Les mêmes faits se sont passés dans tous les temps, chez tous les peuples parvenus à un certain degré de civilisation. Les Grecs ont eu leur *koinè*, issue de l'attique et de l'ionien, et à côté de laquelle les dialectes locaux ont subsisté. Même dans l'ancienne Babylone on croit pouvoir établir qu'il y a eu une langue officielle à côté des dialectes régionaux.

Une langue générale suppose-t-elle forcément l'usage de l'écriture ? Les poèmes homériques semblent prouver le contraire ; bien qu'ils aient vu le jour à une époque où l'on ne faisait pas ou presque pas usage de l'écriture, leur langue est conventionnelle et accuse tous les caractères d'une langue littéraire.

Les faits dont il a été question dans ce chapitre sont si fréquents qu'ils pourraient passer pour un facteur normal dans l'histoire des langues. Cependant nous ferons ici abstraction de tout ce qui trouble la vue de la diversité géographique naturelle, pour considérer le phénomène primordial, en dehors de toute importation de langue étrangère et de toute formation d'une langue littéraire. Cette simplification schématique semble faire tort à la réalité ; mais le fait naturel doit être d'abord étudié en lui-même.

D'après le principe que nous adoptons, nous dirons par exemple que Bruxelles est germanique, parce que cette ville est située dans la partie flamande de la Belgique ; on y parle le français, mais la seule chose qui nous importe est la ligne de démarcation entre le domaine du flamand et celui du wallon. D'autre part, à ce même point de vue, Liège sera roman parce qu'il se trouve sur territoire wallon ; le français n'y est qu'une langue étrangère superposée à un dialecte de même souche. Ainsi encore Brest appartient linguistiquement au breton ; le français qu'on y parle n'a rien de commun avec l'idiome indigène de la Bretagne ; Berlin, où l'on n'entend presque que le haut-allemand, sera attribué au bas-allemand, etc.

Chapitre III

Causes de la diversité géographique

§ 1.

Le temps, cause essentielle.

La diversité absolue (voir p. 263) pose un problème purement spéculatif. Au contraire la diversité dans la parenté nous place sur le terrain de l'observation et elle peut être ramenée à l'unité. Ainsi le français et le provençal remontent tous deux au latin vulgaire, dont l'évolution a été différente dans le nord et dans le sud de la Gaule. Leur origine commune résulte de la matérialité des faits.

Pour bien comprendre comment les choses se passent, imaginons des conditions théoriques aussi simples que possible, permettant de dégager la cause essentielle de la différenciation dans l'espace, et demandons-nous ce qui se passerait si une langue parlée sur un point nettement délimité — une petite île, par exemple — était transportée par des colons sur un autre point, également délimité, par exemple une autre île. Au bout d'un certain temps, on verra surgir entre la langue du premier foyer (F) et celle du second (F') des différences variées, portant sur le vocabulaire, la grammaire, la prononciation, etc.

Il ne faut pas s'imaginer que l'idiome transplanté se modifiera seul, tandis que l'idiome originaire demeurera immobile ; l'inverse ne se produit pas non plus d'une façon absolue ; une innovation peut naître d'un côté, ou de l'autre, ou des deux à la fois. Étant donné un caractère linguistique *a*, susceptible d'être remplacé par un autre (*b, c, d,* etc.), la différenciation peut se produire de trois façons différentes :

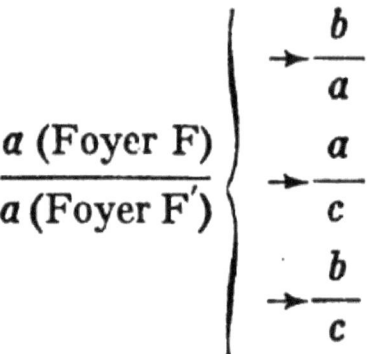

L'étude ne peut donc pas être unilatérale ; les innovations des deux langues ont une égale importance.

Qu'est-ce qui a créé ces différences ? Quand on croit que c'est l'espace seul, on est victime d'une illusion. Livré à lui-même, il ne peut exercer aucune action sur la langue. Au lendemain de leur débarquement en F', les colons partis de F parlaient exactement la même langue que la veille. On oublie le facteur temps, parce qu'il est moins concret que l'espace ; mais en réalité, c'est de lui que relève la différenciation linguistique. La diversité géographique doit être traduite en diversité temporelle.

Soient deux caractères différentiels *b* et *c* ; on n'a jamais passé du premier au second ni du second au premier ; pour trouver le passage de l'unité à la diversité, il faut remonter au primitif *a*, auquel *b* et *c* se sont substitués ; c'est lui qui a fait place aux formes postérieures ; d'où le schéma de différenciation géographique, valable pour tous les cas analogues :

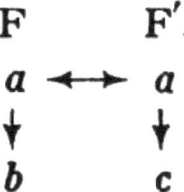

La séparation des deux idiomes est la forme tangible du phénomène, mais ne l'explique pas. Sans doute, ce fait linguistique ne se serait pas différencié sans la diversité des lieux, si minime soit-elle ; mais à lui seul, l'éloignement ne crée pas les différences. De même qu'on ne peut juger d'un volume par une surface, mais seulement à l'aide d'une troisième dimension, la profondeur, de même le schéma de la différence géographique n'est complet que projeté dans le temps.

On objectera que les diversités de milieu, de climat, de configuration du sol, les habitudes spéciales (autres par exemple chez un peuple montagnard et dans une population maritime), peuvent influer sur la langue et que dans ce cas les variations étudiées ici seraient conditionnées géographiquement. Ces influences sont contestables (voir p. 203) ; fussent-elles prouvées, encore faudrait-il faire ici une distinction. *La direction du mouvement* est attribuable au milieu ; elle est déterminée par des impondérables agissant dans chaque cas sans qu'on puisse les démontrer ni les décrire. Un *u* devient *ü* à un moment donné, dans un milieu donné ; pourquoi a-t-il changé à ce moment et dans ce lieu, et pourquoi est-il devenu *ü* et non pas *o*, par exemple ? Voilà ce qu'on ne saurait dire. Mais *le changement même*, abstraction faite de sa direction spéciale et de ses manifestations particulières, en un mot l'instabilité de la langue, relève du temps seul. La diversité géographique est donc un aspect secondaire du phénomène général. L'unité des idiomes apparentés ne se retrouve que dans le temps. C'est un principe dont le comparatiste doit se pénétrer s'il ne veut pas être victime de fâcheuses illusions.

§ 2.

Action du temps sur un territoire continu.

Soit maintenant un pays unilingue, c'est-à-dire où l'on parle uniformément la même langue et dont la population est fixe, par exemple la Gaule vers 450 après J.-C., où le latin était partout solidement établi. Que va-t-il se passer ?

1° L'immobilité absolue n'existant pas en matière de langage (voir p. 110 sv.), au bout d'un certain laps de temps la langue ne sera plus identique à elle-même.

2° L'évolution ne sera pas uniforme sur toute la surface du territoire, mais variera suivant les lieux ; on n'a jamais constaté qu'une langue change de la même façon sur la totalité de son domaine. Donc ce n'est pas le schéma :

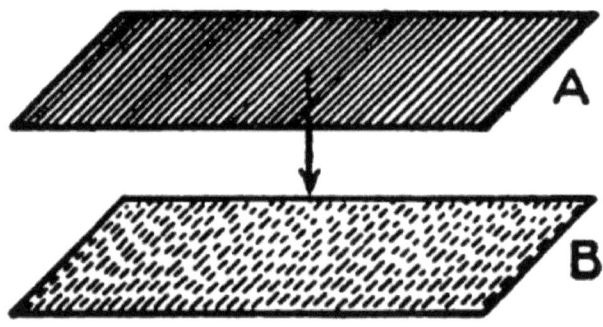

mais bien le schéma :

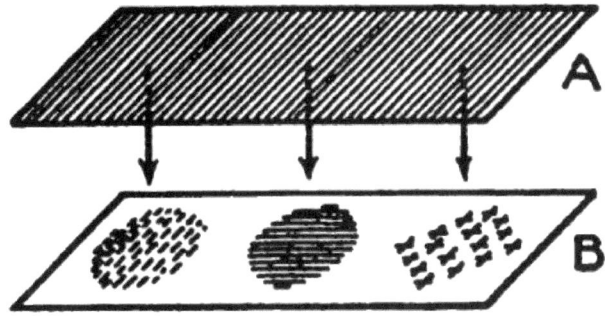

qui figure la réalité.

Comment débute et se dessine la diversité qui aboutira à la création des forme dialectales de toute nature ? La chose est moins simple qu'elle ne le paraît au premier abord. Le phénomène présente deux caractères principaux :

1° L'évolution prend la forme d'innovations successives et précises, constituant autant de faits partiels, qu'on pourra énumérer, décrire et classer selon leur nature (faits phonétiques, lexicologiques, morphologiques, syntaxiques, etc.).

2° Chacune de ces innovations s'accomplit sur une surface déterminée, à son aire distincte. De deux choses l'une : ou bien l'aire d'une innovation couvre tout le territoire, et elle ne crée aucune différence dialectale (c'est le cas le plus rarc) ; ou bien, comme il arrive ordinairement, la transformation n'atteint qu'une portion du domaine, chaque fait dialectal ayant son aire spéciale. Ce que nous disons ci-après des changements phonétiques doit s'entendre de n'importe quelle innovation. Si par exemple une partie du territoire est affectée du changement de *a* en *e* :

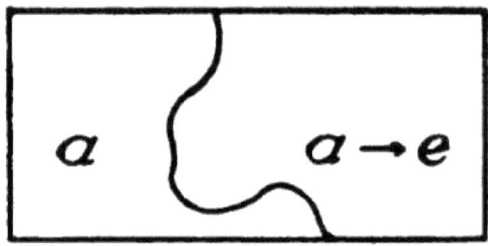

il se peut qu'un changement de *s* en *z* se produise sur ce même territoire, mais dans d'autres limites :

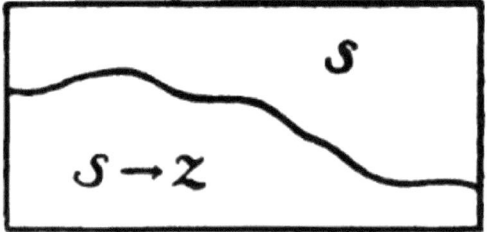

et c'est l'existence de ces aires distinctes qui explique la diversité des parlers sur tous les points du domaine d'une langue, quand elle est abandonnée à son évolution naturelle. Ces aires ne peuvent pas être prévues ; rien ne permet de déterminer d'avance leur étendue, on doit se borner à les constater. En se superposant sur la carte, où leurs limites s'entrecroisent, elles forment des combinaisons extrêmement compliqués. Leur configuration est parfois paradoxale ; ainsi *c* et *g* latins devant *a* se sont changés en *tš, dž,* puis *š, ž* (cf. *cantum* → *chant, virga* → *verge*), dans tout le nord de la France sauf en Picardie et dans une partie de la Normandie, où *c, g* sont restés intacts (cf. picard *cat* pour *chat, rescapé* pour *réchappé*, qui a passé récemment en français, *vergue* de *virga* cité plus haut, etc.).

Que doit-il résulter de l'ensemble de ces phénomènes ? Si à un moment donné une même langue règne sur toute l'étendue d'un territoire, au bout de cinq ou dix siècles les habitants de deux points extrêmes ne s'entendront probablement plus ; en revanche ceux d'un point quelconque continueront à comprendre le parler des régions avoisinantes. Un voyageur traversant ce pays d'un bout à l'autre ne constaterait, de localité en localité, que des variétés dialectales très minimes ; mais ces différences s'accumulant à mesure qu'il avance, il finirait par rencontrer une langue inintelligible pour les habitants de la région d'où il serait parti. Ou bien, si l'on part d'un point du territoire pour rayonner dans tous les sens, on verra la somme des divergences augmenter dans chaque direction, bien que de façon différente.

Les particularités relevées dans le parler d'un village se retrouveront dans les localités voisines, mais il sera impossible de prévoir jusqu'à quelle distance chacune d'elles s'étendra. Ainsi à Douvaine, bourg du département de la Haute-Savoie, le nom de Genève se dit *ðenva* ; cette prononciation s'étend très loin à l'est et au sud ; mais de l'autre côté du lac Léman on prononce *dzenva* ; pourtant il ne s'agit pas de deux dialectes nettement distincts, car pour un autre phénomène les limites seraient différentes ; ainsi à Douvaine on dit *daue* pour *deux*, mais cette prononciation a une aire beaucoup plus restreinte que celle de *ðenva* ; au pied du Salève, à quelques kilomètres de là, on dit *due*.

§ 3.

Les dialectes n'ont pas de limites naturelles.

L'idée qu'on se fait couramment des dialectes est tout autre. On se les représente comme des types linguistiques parfaitement déterminés, circonscrits dans tous les sens et couvrant sur la carte des territoires juxtaposés et distincts (*a, b, c, d,* etc.). Mais les transformations dialectales naturelles aboutissent à un résultat tout différent. Dès qu'on s'est mis à étudier chaque phénomène en lui-même et à déterminer son aire d'extension, il a bien fallu substituer à l'ancienne notion une autre, qu'on peut définir comme suit : il n'y a que des caractères dialectaux naturels, il n'y a pas de dialectes naturels ; ou, ce qui revient au même : il y a autant de dialectes que de lieux.

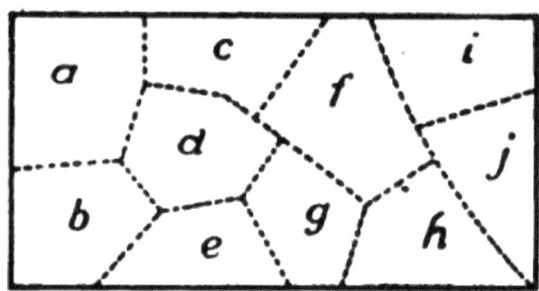

Ainsi la notion de dialecte naturel est en principe incompatible avec celle de région plus ou moins étendue. De deux choses l'une : ou bien l'on définit un dialecte par la totalité de ses caractères, et alors il faut se fixer sur un point de la carte et s'en tenir au parler d'une seule localité ; dès qu'on s'en éloignera, on ne trouvera plus exactement les mêmes particularités. Ou bien l'on définit le dialecte par un seul de ses caractères ; alors, sans doute, on obtient une surface, celle que recouvre l'aire de propagation du fait en question, mais il est à peine besoin de remarquer que c'est là un procédé artificiel, et que les limites ainsi tracées ne correspondent à aucune réalité dialectale.

La recherche des caractères dialectaux a été le point de départ des travaux de cartographie linguistique, dont le modèle est l'*Atlas linguistique de la France*, par Gilliéron ; il faut citer aussi celui de l'Allemagne par Wenker[4]. La forme de l'atlas est tout indiquée, car on est obligé d'étudier le pays région par région, et pour chacune d'elles une carte ne peut embrasser qu'un petit nombre de caractères dialectaux ; la même région doit être reprise un grand nombre de fois pour donner une idée des particularités phonétiques, lexicologiques, morphologiques, etc., qui y sont superposées, De semblables recherches supposent toute une organisation, des enquêtes systématiques faites au moyen de questionnaires, avec l'aide de correspondants locaux, etc. Il convient de citer à ce propos l'enquête sur les patois de la Suisse romande. Un des avantages des atlas linguistiques, c'est de fournir des matériaux pour des travaux de dialectologie : de nombreuses monographies parues récemment sont basées sur l'*Atlas* de Gilliéron.

On a appelé « lignes isoglosses » ou « d'isoglosses » les frontières des caractères dialectaux ; ce terme a été formé sur le modèle d'*isotherme* ; mais il est obscur et impropre, car il veut dire « qui a la même langue » ; si l'on admet que *glossème* signifie « caractère idiomatique », on pourrait parler plus justement de *lignes isoglossématiques*, si ce terme était utilisable ; mais nous préférons encore dire : *ondes d'innovation* en reprenant une image qui remonte à J. Schmidt et que le chapitre suivant justifiera.

Quand on jette les yeux sur une carte linguistique, on voit quelquefois deux ou trois de ces ondes coïncider à peu près, se confondre même sur un certain parcours :

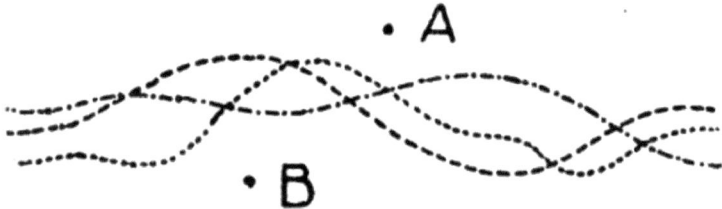

Il est évident que deux points A et B, séparés par une zone de ce genre, présentent une certaine somme de divergences et constituent deux parlers assez nettement différenciés. Il peut arriver aussi que ces concordances, au lieu d'être partielles, intéressent le périmètre tout entier de deux ou plusieurs aires :

Quand ces concordances sont suffisamment nombreuses on peut par approximation parler de dialecte. Elles s'expliquent par des faits sociaux, politiques, religieux, etc., dont nous faisons totalement abstraction ici ; elles voilent, sans jamais l'effacer complètement, le fait primordial et naturel de la différenciation par aires indépendantes.

§ 4.

Les langues n'ont pas de limites naturelles.

Il est difficile de dire en quoi consiste la différence entre une langue et un dialecte. Souvent un dialecte porte le nom de langue parce qu'il a produit une littérature ; c'est le cas du portugais et du hollandais. La question d'intelligibilité joue aussi son rôle ; on dira volontiers de personnes qui ne se comprennent pas qu'elles parlent des langues différentes. Quoi qu'il en soit, des langues qui se sont développées sur un territoire continu au sein de populations sédentaires permettent de constater les mêmes faits que les dialectes, sur une plus grande échelle ; on y retrouve les ondes d'innovation, seulement elles embrassent un terrain commun à plusieurs langues.

Dans les conditions idéales que nous avons supposées, on ne peut pas plus établir de frontières entre langue parentes qu'entre dialectes ; l'étendue du territoire est indifférente. De même qu'on ne saurait dire où finit le haut allemand, où commence le plattdeutsch, de même il est impossible de tracer une ligne de démarcation entre l'allemand et le hollandais, entre le français et l'italien. Il y a des points extrêmes où l'on dira avec assurance : « Ici règne le français, ici l'italien » ; mais dès qu'on entre dans les régions intermédiaires, on voit cette distinction s'effacer ; une zone compacte plus restreinte, qu'on imaginerait pour servir de transition entre les deux langues, comme par exemple le provençal entre le français et l'italien, n'a pas plus de réalité. Comment d'ailleurs se représenter, sous une forme ou une autre, une limite linguistique précise sur un territoire couvert d'un bout à l'autre de dialectes graduellement différenciés ? Les délimitations des langues s'y trouvent noyées, comme celles des dialectes, dans les transitions. De même que les dialectes ne sont que des subdivisions arbitraires de la surface totale de la langue, de même la limite qui est censée séparer deux langues ne peut être que conventionnelle.

Pourtant les passages brusques d'une langue à une autre sont très fréquents : d'où proviennent-ils ? De ce que des circonstances défavorables ont empêché ces transitions insensibles de subsister. Le facteur le plus troublant est le déplacement des populations. Les peuples ont toujours connu des mouvements de va-et-vient. En s'accumulant au cours des siècles, ces migrations ont tout embrouillé, et sur beaucoup de points le souvenir des transitions linguistiques s'est effacé. La famille indo-européenne en est un exemple caractéristique. Ces langues ont dû être au début dans des rapports très étroits et former une chaîne ininterrompue d'aires linguistiques dont nous pouvons reconstituer les principales dans leurs grandes lignes. Par ses caractères, le slave chevauche sur l'iranien et le germanique, ce qui est conforme à la répartition géographique de ces langues ; de même le germanique peut être considéré comme un anneau intermédiaire entre le slave et le celtique, qui à son tour a des rapports très étroits avec l'italique ; celui-ci est intermédiaire entre le celtique et le grec, si bien que, sans connaître la position géographique de tous ces idiomes, un linguiste pourrait sans hésitation assigner à chacun d'eux celle qui lui revient. Et cependant, dès que nous considérons une frontière entre deux groupes d'idiomes, par exemple la frontière germano-slave, il y a un saut brusque, sans aucune transition ; les deux idiomes se heurtent au lieu de se fondre l'un dans l'autre. C'est que les dialectes intermédiaires ont disparu. Ni les Slaves, ni les Germains ne sont restés immobiles ; ils ont émigré, conquis des territoires aux dépens les uns des autres ; les populations slaves et germaniques qui voisinent actuellement ne sont pas celles qui étaient autrefois en contact. Supposez que les Italiens de la Calabre viennent se fixer aux confins de la France ; ce déplacement détruirait naturellement la transition insensible que nous avons constatée entre l'italien et le français ; c'est un ensemble de faits analogues que nous présente l'indo-européen.

Mais d'autres causes encore contribuent à effacer les transitions, par exemple l'extension des langues communes aux dépens des patois (voir p. 267 sv.). Aujourd'hui le français littéraire (l'ancienne langue de l'Île-de-France) vient se heurter à la frontière avec l'italien officiel (dialecte toscan généralisé), et c'est une bonne fortune qu'on puisse encore trouver des patois de transition dans les Alpes occidentales, alors que sur tant d'autres frontières linguistiques tout souvenir de parlers intermédiaires a été effacé.

Chapitre IV

Propagation des ondes linguistiques

§ 1.

La force d'intercourse[5] et l'esprit de clocher.

La propagation des faits de langue est soumise aux mêmes lois que n'importe quelle habitude, la mode par exemple. Dans toute masse humaine deux forces agissent sans cesse simultanément et en sens contraires : d'une part l'esprit particulariste, l' « esprit de clocher » ; de l'autre, la force d' « intercourse », qui crée les communications entre les hommes.

C'est par l'esprit de clocher qu'une communauté linguistique restreinte reste fidèle aux traditions qui se sont développées dans son sein. Ces habitudes sont les premières que chaque individu contracte dans son enfance ; de là leur force et leur persistance. Si elles agissaient seules, elles créeraient en matière de langage des particularités allant à l'infini.

Mais leurs effets sont corrigés par l'action de la force opposée. Si l'esprit de clocher rend les hommes sédentaires, l'intercourse les oblige à communiquer entre eux. C'est lui qui amène dans un village les passants d'autres localités, qui déplace une partie de la population à l'occasion d'une fête ou d'une foire, qui réunit sous les drapeaux les hommes de provinces diverses, etc. En un mot, c'est un principe unifiant, qui contrarie l'action dissolvante de l'esprit de clocher.

C'est à l'intercourse qu'est due l'extension et la cohésion d'une langue. Il agit de deux manières : tantôt négativement : il prévient le morcellement dialectal en étouffant une innovation au moment où elle surgit sur un point ; tantôt positivement : il favorise l'unité en acceptant et propageant cette innovation. C'est cette seconde forme de l'intercourse qui justifie le mot *onde* pour désigner les limites géographiques d'un fait dialectal (voir p. 277) ; la ligne isoglossématique est comme le bord extrême d'une inondation qui se répand, et qui peut aussi refluer.

Parfois on constate avec étonnement que deux parlers d'une même langue, dans des régions fort éloignées l'une de l'autre, ont un caractère linguistique en commun ; c'est que le changement surgi d'abord à un endroit du territoire n'a pas rencontré d'obstacle à sa propagation et s'est étendu de proche en proche très loin de son point de départ. Rien ne s'oppose à l'action de l'intercourse dans une masse linguistique où il n'existe que des transitions insensibles.

Cette généralisation d'un fait particulier, quelles que soient ses limites, demande du temps, et ce temps, on peut quelquefois le mesurer. Ainsi la transformation de *þ* en *d*, que l'intercourse a répandue sur toute l'Allemagne continentale, s'est propagée d'abord dans le sud, entre 800 et 850, sauf en francique, où *þ* persiste sous la forme douce *đ* et ne cède le pas à *d* que plus tard. Le changement de *t* en *z* (pron. *ts*) s'est produit dans des limites plus restreintes et a commencé à une époque antérieure aux premiers documents écrits ; elle a dû partir des Alpes vers l'an 600 et s'étendre à la fois au nord et au sud, en Lombardie. Le *t* se lit encore dans une charte thuringienne du VIIIe siècle. A une époque plus récente, les *ī* et les *ū* germaniques sont devenus des diphtongues (cf. *mein* pour *mīn*, *braun* pour *brūn*) ; parti de Bohême vers 1400, le phénomène a mis 300 ans pour arriver au Rhin et couvrir son aire actuelle.

Ces faits linguistiques se sont propagés par contagion, et il est probable qu'il en est de même de toutes les ondes ; elles partent d'un point et rayonnent. Ceci nous amène à une seconde constatation importante.

Nous avons vu que le facteur temps suffit pour expliquer la diversité géographique. Mais ce principe ne se vérifie entièrement que si l'on considère le lieu où est née l'innovation.

Reprenons l'exemple de la mutation consonantique allemande. Si un phonème *t* devient *ts* sur un point du territoire germanique, le nouveau son tend à rayonner autour de son point d'origine, et c'est par cette propagation spatiale qu'il entre en lutte avec le *t* primitif ou avec d'autres sons qui ont pu en sortir sur d'autres points. A l'endroit où elle prend naissance, une innovation de ce genre est un fait phonétique pur ; mais ailleurs elle ne s'établit que géographiquement et par contagion. Ainsi le schéma

t
↓
ts

n'est valable dans toute sa simplicité qu'au foyer d'innovation ; appliqué à la propagation, il en donnerait une image inexacte.

Le phonéticien distinguera donc soigneusement les foyers d'innovation, où un phonème évolue uniquement sur l'axe du temps, et les aires de contagion qui, relevant à la fois du temps et de l'espace, ne sauraient intervenir dans la théorie des faits phonétiques purs. Au moment où un *ts*, venu du dehors, se substitue à *t,* il ne s'agit pas de la modification d'un prototype traditionnel, mais de l'imitation d'un parler voisin, sans égard à ce prototype ; quand une forme *herza* « cœur », venue des Alpes, remplace en Thuringe un plus archaïque *herta*, il ne faut pas parler de changement phonétique, mais d'emprunt de phonème.

§ 2.

Les deux forces ramenées a un principe unique.

Sur un point donné du territoire — nous entendons par là une surface minimale assimilable à un point (voir p. 276), un village par exemple, — il est très facile de distinguer ce qui relève de chacune des forces en présence, l'esprit de clocher et l'intercourse ; un fait ne peut dépendre que de l'une à l'exclusion de l'autre ; tout caractère commun avec un autre parler relève de l'intercourse ; tout caractère qui n'appartient qu'au parler du point envisagé est dû à la force de clocher.

Mais dès qu'il s'agit d'une surface, d'un canton par exemple, une difficulté nouvelle surgit : on ne peut plus dire auquel des deux facteurs se rapporte un phénomène donné ; tous deux, bien qu'opposés, sont impliqués dans chaque caractère de l'idiome. Ce qui est différenciateur pour un canton A est commun à toutes ses parties ; là, c'est la force particulariste qui agit, puisqu'elle interdit à ce canton d'imiter quelque chose du canton voisin B, et qu'inversement elle interdit à B d'imiter A. Mais la force unifiante, c'est-à-dire l'intercourse, est aussi en jeu, car elle se manifeste entre les différentes parties de A (A^1, A^2, A^3, etc.). Ainsi, dans le cas d'une surface, les deux forces agissent simultanément, bien que dans des proportions diverses. Plus l'intercourse favorise une innovation, plus son aire s'étend ; quant à l'esprit de clocher, son action consiste à maintenir un fait linguistique dans les limites qu'il a acquises, en le défendant contre les concurrences du dehors. Il est impossible de prévoir ce qui résultera de l'action de ces deux forces. Nous avons vu p. {282 que dans le domaine du germanique, qui va des Alpes à la mer du Nord, le passage de *þ* à *d* a été général, tandis que le changement de *t* en *ts* (*z*) n'a atteint que le sud ; l'esprit de clocher a créé une opposition entre le sud et le nord ; mais, à l'intérieur de ces limites, grâce à l'intercourse, il y a solidarité linguistique. Ainsi en principe il n'y a pas de différence fondamentale entre ce second phénomène et le premier. Les mêmes forces sont en présence ; seule l'intensité de leur action varie.

Cela signifie que pratiquement, dans l'étude des évolutions linguistiques produites sur une surface, on peut faire abstraction de la force particulariste, ou, ce qui revient au même, la considérer comme l'aspect négatif de la force unifiante. Si celle-ci est assez puissante, elle établira l'unité sur la surface entière ; sinon le phénomène s'arrêtera en chemin, ne couvrant qu'une partie du territoire ; cette aire restreinte n'en représentera pas moins un tout cohérent par rapport à ses propres parties. Voilà pourquoi on peut tout ramener à la seule force unifiante sans faire intervenir l'esprit de clocher, celui-ci n'étant pas autre chose que la force d'intercourse propre à chaque région.

§ 3.

La différenciation linguistique sur des territoires séparés.

Quand on s'est rendu compte que, dans une masse unilingue, la cohésion varie selon les phénomènes, que les innovations ne se généralisent pas toutes, que la continuité géographique n'empêche pas de perpétuelles différenciations, alors seulement on peut aborder le cas d'une langue qui se développe parallèlement sur deux territoires séparés.

Ce phénomène est très fréquent : ainsi dès l'instant où le germanique a pénétré du continent dans les Îles Britanniques, son évolution s'est dédoublée ; d'un côté, les dialectes allemands ; de l'autre, l'anglo-saxon, d'où est sorti l'anglais. On peut citer encore le français transplanté au Canada. La discontinuité n'est pas toujours l'effet de la colonisation ou de la conquête : elle peut se produire aussi par isolement : le roumain a perdu le contact avec la masse latine grâce à l'interposition de populations slaves. La cause importe peu d'ailleurs ; la question est avant tout de savoir si la séparation joue un rôle dans l'histoire des langues et si elle produit des effets autres que ceux qui apparaissent dans la continuité.

Plus haut, pour mieux dégager l'action prépondérante du facteur temps, nous avons imaginé un idiome qui se développerait parallèlement sur deux points sans étendue appréciable, par exemple deux petites îles, où l'on peut faire abstraction de la propagation de proche en proche. Mais dès qu'on se place sur deux territoires d'une certaine superficie, ce phénomène reparaît et amène des différenciations dialectales, de sorte que le problème n'est simplifié à aucun degré du fait de domaines discontinus. Il faut se garder d'attribuer à la séparation ce qui peut s'expliquer sans elle.

C'est l'erreur qu'ont commise les premiers indo-européanistes (voir p. 14). Placés devant une grande famille de langues devenues très différentes les unes des autres, ils n'ont pas pensé que cela pût s'être produit autrement que par fractionnement géographique. L'imagination se représente plus facilement des langues distinctes dans les lieux séparés, et pour un observateur superficiel c'est l'explication nécessaire et suffisante de la différentiation. Ce n'est pas tout : on associait la notion de langue à celle de nationalité, celle-ci expliquant celle-là ; ainsi on se représentait les Slaves, les Germains, les Celtes, etc., comme autant d'essaims sortis d'une même ruche ; ces peuplades, détachées par migration de la souche primitive, auraient porté avec elles l'indo-européen commun sur autant de territoires différents.

On ne revint que fort tard de cette erreur ; en 1877 seulement, un ouvrage de Johannes Schmidt : *Die Verwandtschaftsverhältnisse der Indogermanen*, ouvrit les yeux des linguistes en inaugurant la théorie de la continuité ou des ondes (*Wellentheorie*). On comprit que le fractionnement sur place suffit pour expliquer les rapports réciproques entre les langues indo-européennes, sans qu'il soit nécessaire d'admettre que les divers peuples eussent quitté leurs positions respectives (voir p. 279) ; les différenciations dialectales ont pu et dû se produire avant que les nations se soient répandues dans les directions divergentes. Ainsi la théorie des ondes ne nous donne pas seulement une vue plus juste de la préhistoire de l'indo-européen ; elle nous éclaire sur les lois primordiales de tous les phénomènes de différenciation et sur les conditions qui régissent la parenté des langues.

Mais cette théorie des ondes s'oppose à celle des migrations sans l'exclure nécessairement. L'histoire des langues indo-européennes nous offre maint exemple de peuples qui se sont détachés de la grande famille par déplacement, et cette circonstance a dû avoir des effets spéciaux ; seulement ces effets s'ajoutent à ceux de la différenciation dans la continuité ; il est très difficile de dire en quoi ils consistent, et ceci nous ramène au problème de l'évolution d'un idiome sur territoires séparés.

Prenons l'ancien anglais. Il s'est détaché du tronc germanique à la suite d'une migration. Il est probable qu'il n'aurait pas sa forme actuelle si, au Ve siècle, les Saxons étaient restés sur le continent. Mais quels ont été les effets spécifiques de la séparation ? Pour en juger, il faudrait d'abord se demander si tel ou tel changement n'aurait pas pu naître aussi bien dans la continuité géographique. Supposons que les Anglais aient occupé le Jutland au lieu des Îles Britanniques ; peut-on affirmer qu'aucun des faits attribués à la séparation absolue ne se serait produit dans l'hypothèse du territoire contigu ? Quand on dit que la discontinuité a permis à l'anglais de conserver l'ancien þ, tandis que ce son devenait *d* sur tout le continent (exemple : angl. *thing* et all. *Ding*), c'est comme si l'on prétendait qu'en germanique continental ce changement s'est généralisé grâce à la continuité géographique, alors que cette généralisation aurait très bien pu échouer en dépit de la continuité. L'erreur vient, comme toujours, de ce qu'on oppose le dialecte isolé aux dialectes continus. Or en fait, rien ne prouve qu'une colonie anglaise supposée établie au Jutland aurait nécessairement subi la contagion du *d*. Nous avons vu par exemple que sur le domaine linguistique français *k* (+*a*) a subsisté dans un angle formé par la Picardie et la Normandie, tandis que partout ailleurs il se changeait en la chuintante *š* (*ch*). Ainsi l'explication par l'isolement reste insuffisante et superficielle. Il n'est jamais nécessaire d'y faire appel pour expliquer une différenciation ; ce que l'isolement peut faire, la continuité géographique le fait tout aussi bien ; s'il y a une différence entre ces deux ordres de phénomènes, nous ne pouvons pas la saisir.

Cependant, en considérant deux idiomes parents, non plus sous l'aspect négatif de leur différenciation, mais sous l'aspect positif de leur solidarité, on constate que dans l'isolement tout rapport est virtuellement rompu à partir du moment de la séparation, tandis que dans la continuité géographique une certaine solidarité subsiste, même entre parlers nettement différents, pourvu qu'ils soient reliés par des dialectes intermédiaires.

Aussi, pour apprécier les degrés de parenté entre les langues, il faut faire une distinction rigoureuse entre la continuité et l'isolement. Dans ce dernier cas les deux idiomes conservent de leur passé commun un certain nombre de traits attestant leur parenté, mais comme chacun d'eux a évolué d'une manière indépendante, les caractères nouveaux surgis d'un côté ne pourront pas se retrouver dans l'autre (en réservant le cas où certains caractères nés après la séparation se trouvent par hasard identiques dans les deux idiomes). Ce qui est en tout cas exclu, c'est la communication de ces caractères par contagion. D'une manière générale, une langue qui a évolué dans la discontinuité géographique présente vis-à-vis des langues parentes un ensemble de traits qui n'appartiennent qu'à elle, et quand à son tour cette langue s'est fractionnée, les divers dialectes qui en sont sortis attestent par des traits communs la parenté plus étroite qui les relie entre eux à l'exclusion des dialectes de l'autre territoire. Ils forment réellement une branche distincte détachée du tronc.

Tout autres sont les rapports entre langues sur territoire continu ; les traits communs qu'elles présentent ne sont pas forcément plus anciens que ceux qui les diversifient ; en effet, à tout moment une innovation partie d'un point quelconque a pu se généraliser et embrasser même la totalité du territoire. En outre, puisque les aires d'innovation varient d'étendue d'un cas à l'autre, deux idiomes voisins peuvent avoir une particularité commune sans former un groupe à part dans l'ensemble, et chacun d'eux peut être relié aux idiomes contigus par d'autres caractères, comme le montrent les langues indo-européennes.

1. ↑ Le bantou est un ensemble de langues parlées par des populations de l'Afrique sud-équatoriale, notamment les Cafres (*Éd.*).
2. ↑ Le finno-ougrien, qui comprend entre autres le finnois proprement dit ou suomi, le mordvin, le lapon, etc., est une famille de langues parlées dans la Russie septentrionale et la Sibérie, et remontant certainement à un idiome primitif commun ; on la rattache au groupe très vaste des langues dites ouralo-altaïques, dont la communauté d'origine n'est pas prouvée, malgré certains traits qui se retrouvent dans toutes (*Éd.*).
3. ↑ Voir son ouvrage *L'unita d'origine del linguaggio*, Bologna, 1905, (*Éd.*).
4. ↑ Cf. encore WEIGAND ; *Linguistischer Atlas des dakorumänischen Gebiets* (1909) et MILLARDET : *Petit atlas linguistique d'une région des Landes* (1910).
5. ↑ Nous avons cru pouvoir conserver cette pittoresque expression de l'auteur, bien qu'elle soit empruntée à l'anglais (*intercourse*, prononcez interkors, « relations sociales, commerce, communications »), et qu'elle se

justifie moins dans l'exposé théorique que dans l'explication orale (*Ed.*).

Cinquième partie

Questions de linguistique rétrospective

Conclusion

Chapitre premier

Les deux perspectives de la linguistique diachronique

Tandis que la linguistique synchronique n'admet qu'une seule perspective, celle des sujets parlants, et par conséquent une seule méthode, la linguistique diachronique suppose à la fois une perspective prospective, qui suit le cours du temps, et une perspective rétrospective, qui le remonte (voir p. 128).

La première correspond à la marche véritable des événements ; c'est celle qu'on emploie nécessairement pour écrire un chapitre quelconque de linguistique historique, pour développer n'importe quel point de l'histoire d'une langue. La méthode consiste uniquement à contrôler les documents dont on dispose. Mais dans une foule de cas cette manière de pratiquer la linguistique diachronique est insuffisante ou inapplicable.

En effet, pour pouvoir fixer l'histoire d'une langue dans tous ses détails en suivant le cours du temps, il faudrait posséder une infinité de photographies de la langue, prises de moment en moment. Or cette condition n'est jamais remplie : les romanistes, par exemple, qui ont le privilège de connaître le latin, point de départ de leur recherche, et de posséder une masse imposante de documents appartenant à une longue série de siècles, constatent à chaque instant les lacunes énormes de leur documentation. Il faut alors renoncer à la méthode prospective, au document direct, et procéder en sens inverse, en remontant le cours du temps par la rétrospection. Dans cette seconde vue on se place à une époque donnée pour rechercher, non pas ce qui résulte d'une forme, mais quelle est la forme plus ancienne qui a pu lui donner naissance.

Tandis que la prospection revient à une simple narration et se fonde tout entière sur la critique des documents, la rétrospection demande une méthode reconstructive, qui s'appuie sur la comparaison. On ne peut établir la forme primitive d'un signe unique et isolé, tandis que deux signes différents mais de même origine, comme latin *pater*, sanscrit *pitar-*, ou le radical de latin *ger-ō* et celui de *gestus*, font déjà entrevoir par leur comparaison l'unité diachronique qui les relie l'une et l'autre à un prototype susceptible d'être reconstitué par induction. Plus les termes de comparaison seront nombreux, plus ces inductions seront précises, et elles aboutiront — si les données sont suffisantes — à de véritables reconstructions.

Il en est de même pour les langues dans leur ensemble. On ne peut rien tirer du basque parce que, étant isolé, il ne se prête à aucune comparaison. Mais d'un faisceau de langues apparentées, comme le grec, le latin, le vieux slave, etc., a on pu par comparaison dégager les éléments primitifs communs qu'elles contiennent et reconstituer l'essentiel de la langue indo-européenne, telle qu'elle existait avant d'être différenciée dans l'espace. Et ce qu'on a fait en grand pour la famille tout entière, on l'a répété dans des proportions plus restreintes, — et toujours par le même procédé, — pour chacune de ses parties, partout où cela a été nécessaire et possible. Si par exemple de nombreux idiomes germaniques sont attestés directement par des documents, le germanique commun d'où ces divers idiomes sont sortis ne nous est connu qu'indirectement par la méthode rétrospective. C'est de la même manière encore que les linguistes ont recherché, avec des succès divers, l'unité primitive des autres familles (voir p. 263).

La méthode rétrospective nous fait donc pénétrer. dans le passé d'une langue au delà des plus anciens documents. Ainsi l'histoire prospective du latin ne commence guère qu'au IIIe ou au IVe siècle avant l'ère chrétienne ; mais la reconstitution de l'indo-européen a permis de se faire une idée de ce qui a dû se passer dans la période qui s'étend entre l'unité primitive et les premiers documents latins connus, et ce n'est qu'après coup qu'on a pu en tracer le tableau prospectif.

Sous ce rapport, la linguistique évolutive est comparable à la géologie, qui, elle aussi, est une science historique ; il lui arrive de décrire des états stables (par exemple l'état actuel du bassin du Léman), en faisant abstraction de ce qui a pu précéder dans le temps, mais elle s'occupe surtout d'événements, de transformations, dont l'enchaînement forme des diachronies. Or en théorie on peut concevoir une géologie prospective, mais en fait et le plus souvent, le coup d'œil ne peut être que rétrospectif ; avant de raconter ce qui s'est passé sur un point de la terre, on est obligé de reconstruire la chaîne des événements et de rechercher ce qui a amené cette partie du globe à son état actuel.

Ce n'est pas seulement la méthode des deux perspectives qui diffère de façon éclatante ; même au point de vue didactique, il n'est pas avantageux de les employer simultanément dans un même exposé. Ainsi l'étude des changements phonétiques offre deux tableaux très différents selon que l'on procède de l'une ou de l'autre manière. En opérant prospectivement, on se demandera ce qu'est devenu en français le *ĕ* du latin classique ; on verra alors un son unique se diversifier en évoluant dans le temps et donner naissance à plusieurs phonèmes : cf. *pĕdem* → *pye* (*pied*), *vĕntum* → *vã* (*vent*), *lĕctum* → *li* (*lit*), *nĕcāre* → *nwayę* (*noyer*), etc. ; si l'on recherche, au contraire, rétrospectivement ce que représente en latin un *ę* ouvert français, on constatera qu'un son unique est l'aboutissement de plusieurs phonèmes distincts à l'origine : cf. *tęr* (*terre*) = *tĕrram*, *vęrž* (*verge*) = *vĭrgam*, *fę* (*fait*) = *factum*, etc. L'évolution des éléments formatifs pourrait être présentée également de deux manières, et les deux tableaux seraient aussi différents ; tout ce que nous avons dit p. 232 sv. des formations analogiques le prouve *a priori*. Si l'on recherche par exemple (rétrospectivement) les origines du suffixe de participe français en *-é*, on remonte au latin *-ātum* ; celui-ci, par ses origines, se rattache d'abord aux verbes dénominatifs latins en *-āre*, qui eux-mêmes remontent en grande partie aux substantifs féminins en *-a* (cf. *plantāre* : *planta*, grec *tīmáō* : *tīmá*, etc.) ; d'autre part, *-ātum* n'existerait pas si le suffixe indo-européen *-to-* n'avait pas été par lui-même vivant et productif (cf. grec *klu-tó-s*, latin *in-clu-tu-s*, sanscrit *çru-ta-s*, etc.) ; *-ātum* renferme encore l'élément formatif *-m* de l'accusatif singulier (voir p. 212). Si, inversement, on se demande (prospectivement) dans quelles formations françaises se retrouve le suffixe primitif *-to-*, on pourrait mentionner non seulement les divers suffixes, productifs ou non, du participe passé (*aimé* = latin *amātum*, *fini* = latin *finītum*, *clos* = latin *clausum* pour **claudtum*, etc.), mais encore bien d'autres, comme *-u* = latin *-ūtum* (cf. *cornu* = *cornūtum*), *-tif* (suffixe savant) = latin *-tīvum* (cf. *fugitif* = *fugitīvum*, *sensitif, négatif,* etc.), et une quantité de mots qu'on n'analyse plus, tels que *point* = latin *punctum*, *dé* = latin *datum*, *chétif* = latin *captīvum*, etc.

Chapitre II

La langue la plus ancienne et le prototype

À ses premiers débuts, la linguistique indo-européenne n'a pas compris le vrai but de la comparaison, ni l'importance de la méthode reconstitutive (voir p. 16). C'est ce qui explique une de ses erreurs les plus frappantes : le rôle exagéré et presque exclusif qu'elle accorde au sanscrit dans la comparaison ; comme c'est le plus ancien document de l'indo-européen, ce document a été promu à la dignité de prototype. Autre chose est de supposer l'indo-européen engendrant le sanscrit, le grec, le slave, le celtique, l'italique, autre chose est de mettre l'une de ces langues à la place de l'indo-européen. Cette confusion grossière a eu des conséquences aussi diverses que profondes. Sans doute cette hypothèse n'a jamais été formulée aussi catégoriquement que nous venons de le faire, mais en pratique on l'admettait tacitement. Bopp écrivait qu' « il ne croyait pas que le sanscrit pût être la source commune », comme s'il était possible de formuler, même dubitativement, une semblable supposition.

Ceci amène à se demander ce qu'on veut dire quand on parle d'une langue qui serait plus ancienne ou plus vieille qu'une autre. Trois interprétations sont possibles, en théorie :

1° On peut d'abord penser à l'origine première, au point de départ d'une langue ; mais le plus simple raisonnement montre qu'il n'y en a aucune à laquelle on puisse assigner un âge, parce que n'importe laquelle est la continuation de ce qui se parlait avant elle. Il n'en est pas du langage comme de l'humanité : la continuité absolue de son développement empêche d'y distinguer des générations, et Gaston Paris s'élevait avec raison contre la conception de langues filles et de langues mères, parce qu'elle suppose des interruptions. Ce n'est donc pas dans ce sens qu'on peut dire qu'une langue est plus vieille qu'une autre.

2° On peut aussi donner à entendre qu'un état de langue a été surpris à une époque plus ancienne qu'une autre : ainsi le perse des inscriptions achéménides est plus ancien que le persan de Firdousi. Tant qu'il s'agit, comme dans ce cas particulier, de deux idiomes positivement issus l'un de l'autre et également bien connus, il va sans dire que le plus ancien doit seul entrer en ligne de compte. Mais si ces deux conditions ne sont pas remplies, cette ancienneté-là n'a aucune importance ; ainsi le lituanien, attesté depuis

1540 seulement, n'est pas moins précieux à cet égard que le paléoslave, consigné au Xe siècle, ou même que le sanscrit du Rigvéda.

3° Le mot « ancien » peut désigner enfin un état de langue plus archaïque, c'est-à-dire dont les formes sont restées plus près du modèle primitif, en dehors de toute question de date. Dans ce sens, on pourrait dire que le lituanien du XVIe siècle est plus ancien que le latin du IIIe siècle avant l'ère.

Si l'on attribue au sanscrit une plus grande ancienneté qu'à d'autres langues, cela ne peut donc être que dans le deuxième ou le troisième sens ; or il se trouve qu'il l'est dans l'un comme dans l'autre. D'une part, on accorde que les hymnes védiques dépassent en antiquité les textes grecs les plus anciens ; d'autre part, chose qui importe particulièrement, la somme de ses caractères archaïques est considérable en comparaison de ce que d'autres langues ont conservé (voir p. 15).

Par suite de cette idée assez confuse d'antiquité qui fait du sanscrit quelque chose d'antérieur à toute la famille, il arriva plus tard que les linguistes, même guéris de l'idée qu'il est une langue mère, continuèrent à donner une importance trop grande au témoignage qu'il fournit comme langue collatérale.

Dans ses *Origines indo-européennes* (voir p. 306), Ad. Pictet, tout en reconnaissant explicitement l'existence d'un peuple primitif qui parlait sa langue à lui, n'en reste pas moins convaincu qu'il faut consulter avant tout le sanscrit, et que son témoignage surpasse en valeur celui de plusieurs autres langues indo-européennes réunies. C'est cette illusion qui a obscurci pendant de longues années des questions de première importance, comme celle du vocalisme primitif.

Cette erreur s'est répétée en petit et en détail. En étudiant des rameaux particuliers de l'indo-européen on était porté à voir dans l'idiome le plus anciennement connu le représentant adéquat et suffisant du groupe entier, sans chercher à mieux connaître l'état primitif commun. Par exemple, au lieu de parler de germanique, on ne se faisait pas scrupule de citer tout simplement le gotique, parce qu'il est antérieur de plusieurs siècles aux autres dialectes germaniques ; il devenait par usurpation le prototype, la source des autres dialectes. Pour le slave, on se fondait exclusivement sur le slavon ou paléoslave, connu au Xe siècle, parce que les autres sont connus à date plus basse.

En fait il est extrêmement rare que deux formes de langue fixées par l'écriture à des dates successives se trouvent représenter exactement le même idiome à deux moments de son histoire. Le plus souvent on est en présence de deux dialectes qui ne sont pas la suite linguistique l'un de l'autre. Les exceptions confirment la règle : la plus illustre est celle des langues romanes vis-à-vis du latin : en remontant du français au latin, on se trouve bien dans la verticale ; le territoire de ces langues se trouve être par hasard le même que celui où l'on parlait latin, et chacune d'elles n'est que du latin évolué. De même nous avons vu que le perse des inscriptions de Darius est le même dialecte que le persan du moyen âge. Mais l'inverse est beaucoup plus fréquent : les témoignages des diverses époques appartiennent à des dialectes différents de la même famille. Ainsi le germanique s'offre successivement dans le gotique d'Ulfilas, dont on ne connaît pas la suite, puis dans les textes du vieux haut allemand, plus tard dans ceux de l'anglo-saxon, du norrois, etc. ; or aucun de ces dialectes ou groupes de dialectes n'est la continuation de celui qui est attesté antérieurement. Cet état de choses peut être figuré par le schéma suivant, où les lettres représentent les dialectes et les lignes pointillées les époques successives :

```
. . . . . . . . . A .        .         .    Époque 1
. . . . . B . . . | .        .         .    Époque 2
. . C . . | . D . | .        .         .    Époque 3
. . ↓ . . ↓ . ↓ . ↓ .        E         .    Époque 4
```

La linguistique n'a qu'à se féliciter de cet état de choses ; autrement le premier dialecte connu (A) contiendrait d'avance tout ce qu'on pourrait déduire de l'analyse des états subséquents, tandis qu'en cherchant le point de convergence de tous ces dialectes (A, B, C, D, etc.), on rencontrera une forme plus ancienne que A, soit un prototype X, et la confusion de A et de X sera impossible.

Chapitre III

Les reconstructions

§ 1.

Leur nature et leur but.

Si le seul moyen de reconstruire est de comparer, réciproquement la comparaison n'a pas d'autre but que d'être une reconstruction. Sous peine d'être stériles, les correspondances constatées entre plusieurs formes doivent être placées dans la perspective du temps et aboutir au rétablissement d'une forme unique ; nous avons insisté à plusieurs reprises sur ce point (p. 16 sv., 272). Ainsi pour expliquer le latin *medius* en face du grec *mésos*, il a fallu, sans remonter jusqu'à l'indo-européen, poser un terme plus ancien **methyos* susceptible d'être relié historiquement à *medius* et à *mésos*. Si au lieu de comparer deux mots de langues différentes, on confronte deux formes prises dans une seule, la même constatation s'impose : ainsi en latin *gerō* et *gestus* font remonter à un radical **ges-* jadis commun aux deux formes.

Remarquons en passant que la comparaison portant sur des changements phonétiques doit s'aider constamment de considérations morphologiques. Dans l'examen de latin *patior* et *passus*, je fais intervenir *factus, dictus,* etc., parce que *passus* est une formation de même nature ; c'est en me fondant sur le rapport morphologique entre *faciō* et *factus*, *dīcō* et *dictus*, etc., que je peux établir le même rapport à une époque antérieure entre *patior* et **pat-tus*. Réciproquement, si la comparaison est morphologique, je dois l'éclairer par le secours de la phonétique : le latin *meliōrem* peut être comparé au grec *hēdíō* parce que phonétiquement l'un remonte à **meliosem, *meliosm* et l'autre à **hādioa *hādiosa, *hādiosm*.

La comparaison linguistique n'est donc pas une opération mécanique ; elle implique le rapprochement de toutes les données propres à fournir une explication. Mais elle devra toujours aboutir à une conjecture tenant dans une formule quelconque, et visant à rétablir quelque chose d'antérieur ; toujours la comparaison reviendra à une reconstruction de formes.

Mais la vue sur le passé vise-t-elle la reconstruction des formes complètes et concrètes de l'état antérieur ? Se borne-t-elle au contraire à des affirmations abstraites, partielles, portant sur les parties des mots, comme par exemple à cette constatation que le *f* latin dans *fūmus* correspond à un italique commun *þ*, ou que le premier élément du grec *állo*, latin *aliud*, était déjà en indo-européen un *a* ? Elle peut fort bien limiter sa tâche à ce second ordre de recherches ; on peut même dire que sa méthode analytique n'a pas d'autre but que ces constatations partielles. Seulement, de la somme de ces faits isolés, on peut tirer des conclusions plus générales : par exemple une série de faits analogues à celui du latin *fūmus* permet de poser avec certitude que *þ* figurait dans le système phonologique de l'italique commun ; de même, si l'on peut affirmer que l'indo-européen montre dans la flexion dite pronominale une terminaison de neutre singulier -*d*, différente de celle des adjectifs -*m*, c'est là un fait morphologique général déduit d'un ensemble de constatations isolées (cf. latin *istud, aliud* contre *bonum*, grec *tó* = *tod, *állo* = *allod contre *kalón*, angl. *that*, etc.). On peut aller plus loin : ces divers faits une fois reconstitués, on procède à la synthèse de tous ceux qui concernent une forme totale, pour reconstruire des mots complets (par exemple indo-europ. *alyod), des paradigmes de flexion, etc. Pour cela on réunit en un faisceau des affirmations parfaitement isolables ; si par exemple on compare les diverses parties d'une forme reconstruite comme *$alyod$, on remarque une grande différence entre le -*d*, qui soulève une question de grammaire, et *a*-, qui n'a aucune signification de ce genre. Une forme reconstruite n'est pas un tout solidaire, mais une somme toujours décomposable de raisonnements phonétiques, et chacune de ses parties est révocable et reste soumise à l'examen. Aussi les formes restituées ont-elles toujours été le reflet fidèle des conclusions générales qui leur sont applicables. L'indo-européen pour « cheval » a été supposé successivement *$akvas$, *ak_1vas, *ek_1vos, enfin *ek_1wos ; seul *s* est resté incontesté, ainsi que le nombre des phonèmes.

Le but des reconstructions n'est donc pas de restituer une forme pour elle-même, ce qui serait d'ailleurs assez ridicule, mais de cristalliser, de condenser un ensemble de conclusions que l'on croit justes, d'après les résultats qu'on a pu obtenir à chaque moment ; en un mot, d'enregistrer les progrès de notre science. On n'a pas à justifier les linguistes de l'idée assez bizarre qu'on leur prête de restaurer de pied en cap l'indo-européen, comme s'ils voulaient en faire usage. Ils n'ont pas même cette vue quand ils abordent les langues connues historiquement (on n'étudie pas le latin linguistiquement pour le bien parler), à plus forte raison pour les mots séparés de langues préhistoriques.

D'ailleurs, même si la reconstruction restait sujette à revision, on ne saurait s'en passer pour avoir une vue sur l'ensemble de la langue étudiée, sur le type linguistique auquel elle appartient. C'est un instrument indispensable pour représenter avec une relative facilité une foule de faits généraux, synchroniques et diachroniques. Les grandes lignes de l'indo-européen s'éclairent immédiatement par l'ensemble des reconstructions : par exemple, que les suffixes étaient formés de certains éléments (*t, s, r,* etc.) à l'exclusion d'autres, que la variété compliquée du vocalisme des verbes allemands (cf. *werden, wirst, ward, wurde, worden*) cache dans la règle une même alternance primitive : *e—o—zéro*. Par contre-coup l'histoire des périodes ultérieures s'en trouve grandement facilitée : sans reconstruction préalable, il serait bien plus difficile d'expliquer les changements survenus au cours du temps depuis la période antéhistorique.

§ 2.

Degré de certitude des reconstitutions.

Il y a des formes reconstruites qui sont tout à fait certaines, d'autres qui restent contestables ou franchement problématiques. Or, comme on vient de le voir, le degré de certitude des formes totales dépend de la certitude relative qu'on peut attribuer aux restitutions partielles qui interviennent dans cette synthèse. À cet égard, deux mots ne sont presque jamais sur le même pied ; entre des formes indo-européennes aussi lumineuses que **esti* « il est » et **didōti* « il donne », il y a une différence ; car dans la seconde la voyelle de redoublement permet un doute (cf. sanscrit *dadāti* et grec *dídōsi*).

En général on est porté à croire les reconstitutions moins sûres qu'elles ne le sont. Trois faits sont propres à augmenter notre confiance :

Le premier, qui est capital, a été signalé p. 65 sv. : un mot étant donné, on peut distinguer nettement les sons qui le composent, leur nombre et leur délimitation ; on a vu, p.

83, ce qu'il faut penser des objections que feraient certains linguistes penchés sur le microscope phonologique. Dans un groupe tel que *-sn-* il y a sans doute des sons furtifs ou de transition ; mais il est antilinguistique d'en tenir compte ; l'oreille ordinaire ne les distingue pas, et surtout les sujets parlants sont toujours d'accord sur le nombre des éléments. Aussi pouvons-nous dire que dans la forme indo-européenne *ek_1wos il n'y avait que cinq éléments distincts, différentiels, auxquels les sujets devaient faire attention.

Le second fait concerne le système de ces éléments phonologiques dans chaque langue. Tout idiome opère avec une gamme de phonèmes dont le total est parfaitement délimité (voir p. 58). Or, en indo-européen, tous les éléments du système apparaissent au moins dans une douzaine de formes attestées par reconstruction, quelquefois dans des milliers. On est donc sûr de les connaître tous.

Enfin, pour connaître les unités phoniques d'une langue il n'est pas indispensable de caractériser leur qualité positive ; il faut les considérer comme des entités différentielles dont le propre est de ne pas se confondre les unes avec les autres (voir p. 164). Cela est si bien l'essentiel qu'on pourrait désigner les éléments phoniques d'un idiome à reconstituer par des chiffres ou des signes quelconques. Dans *$ĕk_1wŏs$, il est inutile de déterminer la qualité absolue de *ĕ*, de se demander s'il était ouvert ou fermé, articulé plus ou moins en avant, etc. ; tant qu'on n'aura pas reconnu plusieurs sortes de *ĕ*, cela reste sans importance, pourvu qu'on ne le confonde pas avec un autre des éléments distingués de la langue (*ă, ŏ, ē,* etc.). Cela revient à dire que le premier phonème de *$ĕk_1wŏs$ ne différait pas du second de *$mĕdhyŏs$, du troisième de *$ăgĕ$, etc., et qu'on pourrait, sans spécifier sa nature phonique, le cataloguer et le représenter par son numéro daus le tableau des phonèmes indo-européens. Ainsi la reconstruction de *$ĕk_1wŏs$ veut dire que le correspondant indo-européen de latin *equos*, sanscrit *açva-s*, etc., était formé de cinq phonèmes déterminés pris dans la gamme phonologique de l'idiome primitif.

Dans les limites que nous venons de tracer, nos reconstitutions conservent donc leur pleine valeur.

Chapitre IV

Le témoignage de la langue en anthropologie et en préhistoire

§ 1.

Langue et race.

Le linguiste peut donc, grâce à la méthode rétrospective, remonter le cours des siècles et reconstituer des langues parlées par certains peuples bien avant leur entrée dans l'histoire. Mais ces reconstructions ne pourraient-elles pas nous renseigner en outre sur ces peuples eux-mêmes, leur race, leur filiation, leurs rapports sociaux, leurs mœurs, leurs institutions, etc. ? En un mot, la langue apporte-t-elle des lumières à l'anthropologie, à l'ethnographie, à la préhistoire ? On le croit très généralement ; nous pensons qu'il y a là une grande part d'illusion. Examinons brièvement quelques aspects de ce problème général.

D'abord la race : ce serait une erreur de croire que de la communauté de langue on peut conclure à la consanguinité, qu'une famille de langues recouvre une famille anthropologique. La réalité n'est pas si simple. Il y a par exemple une race germanique, dont les caractères anthropologiques sont très nets : chevelure blonde, crâne allongé, stature élevée, etc. ; le type Scandinave en est la forme la plus parfaite. Pourtant il s'en faut que toutes les populations parlant des langues germaniques répondent à ce signalement ; ainsi les Alémanes, au pied des Alpes, ont un type anthropologique bien différent de celui des Scandinaves. Pourrait-on admettre du moins qu'un idiome appartient en propre à une race et que, s'il est parlé par des peuples allogènes, c'est qu'il leur a été imposé par la conquête ? Sans doute, on voit souvent des nations adopter ou subir la langue de leurs vainqueurs, comme les Gaulois après la victoire des Romains ; mais cela n'explique pas tout : dans le cas des Germains, par exemple, même en admettant qu'ils aient subjugué tant de populations diverses, ils ne peuvent pas les avoir toutes absorbées ; pour cela il faudrait supposer une longue domination préhistorique, et d'autres circonstances encore que rien n'établit.

Ainsi la consanguinité et la communauté linguistique semblent n'avoir aucun rapport nécessaire, et il est impossible de conclure de l'une à l'autre ; par conséquent, dans les cas très nombreux où les témoignages de l'anthropologie et de la langue ne concordent pas, il n'est pas nécessaire de les opposer ni de choisir entre eux ; chacun d'eux garde sa valeur propre.

§ 2.

Ethnisme.

Que nous apprend donc ce témoignage de la langue ? L'unité de race ne peut être, en elle-même, qu'un facteur secondaire et nullement nécessaire de communauté linguistique ; mais il y a une autre unité, infiniment plus importante, la seule essentielle, celle qui est constituée par le lien social : nous l'appellerons *ethnisme*. Entendons par là une unité reposant sur des rapports multiples de religion, de civilisation, de défense commune, etc., qui peuvent s'établir même entre peuples de races différentes et en l'absence de tout lien politique.

C'est entre l'ethnisme et la langue que s'établit ce rapport de réciprocité déjà constaté p. 40 : le lien social tend à créer la communauté de langue et imprime peut-être à l'idiome commun certains caractères ; inversement, c'est la communauté de langue qui constitue, dans une certaine mesure, l'unité ethnique. En général celle-ci suffit toujours pour expliquer la communauté linguistique. Par exemple, au début du moyen âge il y a eu un ethnisme roman reliant, sans lien politique, des peuples d'origines très diverses. Réciproquement, sur la question de l'unité ethnique, c'est avant tout la langue qu'il faut interroger ; son témoignage prime tous les autres. En voici un exemple : dans l'Italie ancienne, on trouve les Étrusques à côté des Latins ; si l'on cherche ce qu'ils ont de commun, dans l'espoir de les ramener à une même origine, on peut faire appel à tout ce que ces deux peuples ont laissé : monuments, rites religieux, institutions politiques, etc. ; mais on n'arrivera jamais à la certitude que donne immédiatement la langue : quatre lignes d'étrusque suffisent pour nous montrer que le peuple qui le parlait était absolument distinct du groupe ehtnique qui parlait latin.

Ainsi, sous ce rapport et dans les limites indiquées, la langue est un document historique ; par exemple le fait que les langues indo-européennes forment une famille nous fait conclure à un ethnisme primitif, dont toutes les nations parlant aujourd'hui ces langues sont, par filiation sociale, les héritières plus ou moins directes.

§ 3.

Paléontologie linguistique.

Mais si la communauté de langue permet d'affirmer la communauté sociale, la langue nous fait-elle connaître la nature de cet ethnisme commun ?

Pendant longtemps on a cru que les langues sont une source inépuisable de documents sur les peuples qui les parlent et sur leur préhistoire. Adolphe Pictet, un des pionniers du celtisme, est surtout connu par son livre *Les Origines indo-européennes* (1859-63). Cet ouvrage a servi de modèle à beaucoup d'autres ; il est demeuré le plus attrayant de tous. Pictet veut retrouver dans les témoignages fournis par les langues indo-européennes les traits fondamentaux de la civilisation des « Aryâs », et il croit pouvoir en fixer les aspects les plus divers : choses matérielles (outils, armes, animaux domestiques), vie sociale (était-ce un peuple nomade ou agricole ?), famille, gouvernement ; il cherche à connaître le berceau des Aryâs, qu'il place en Bactriane ; il étudie la flore et la faune du pays qu'ils habitaient. C'est là l'essai le plus considérable qu'on ait fait dans cette direction ; la science ainsi inaugurée reçut le nom de paléontologie linguistique.

D'autres tentatives ont été faites depuis dans le même sens ; une des plus récentes est celle de Hermann Hirt (*Die Indogermanen*, 1905-1907) [1]. Il s'est fondé sur la théorie de J. Schmidt (voir p. 287) pour déterminer la contrée habitée par les Indo-européens ; mais il ne dédaigne pas de recourir à la paléontologie linguistique : des faits de vocabulaire lui montrent que les Indo-européens étaient agriculteurs, et il refuse de les placer dans la Russie méridionale, comme plus propre à la vie nomade ; la fréquence des noms d'arbres, et surtout de certaines essences (sapin, bouleau, hêtre, chêne), lui donne à penser que leur pays était boisé et qu'il se trouvait entre le Harz et la Vistule, plus spécialement dans la région de Brandebourg et de Berlin. Rappelons aussi que, même avant Pictet, Adalbert Kuhn et d'autres avaient utilisé la linguistique pour reconstruire la mythologie et la religion des Indo-européens.

Or il ne semble pas qu'on puisse demander à une langue des renseignements de ce genre, et si elle ne peut les fournir, cela tient, selon nous, aux causes suivantes :

D'abord l'incertitude de l'étymologie ; on a compris peu à peu combien sont rares les mots dont l'origine est bien établie, et l'on est devenu plus circonspect. Voici un exemple des témérités d'autrefois : étant donnés *servus* et *servāre*, on les rapproche — on n'en a peut-être pas le droit ; puis on donne au premier la signification de « gardien », pour en conclure que l'esclave a été à l'origine le gardien de la maison. Or on ne peut pas même affirmer que *servāre* ait eu d'abord le sens de « garder ». Ce n'est pas tout : les sens des mots évoluent : la signification d'un mot change souvent en même temps qu'un peuple change de résidence. On a cru voir aussi dans l'absence d'un mot la preuve que la civilisation primitive ignorait la chose désignée par ce mot ; c'est une erreur. Ainsi le mot pour « labourer » manque dans les idiomes asiatiques ; mais cela ne signifie pas que cette occupation fût inconnue à l'origine : le labour a pu tout aussi bien tomber en désuétude ou se faire par d'autres procédés, désignés par d'autres mots.

La possibilité des emprunts est un troisième facteur qui trouble la certitude. Un mot peut passer après coup dans une langue en même temps qu'une chose est introduite chez le peuple qui la parle, ainsi le chanvre n'a été connu que très tard dans le bassin de la Méditerranée, plus tard encore dans les pays du Nord ; à chaque fois le nom du chanvre passait avec la plante. Dans bien des cas, l'absence de données extra-linguistiques ne permet pas de savoir si la présence d'un même mot dans plusieurs langues est due à l'emprunt ou prouve une tradition primitive commune.

Ce n'est pas à dire qu'on ne puisse dégager sans hésitation quelques traits généraux et même certaines données précises : ainsi les termes communs indiquant la parenté sont abondants et se sont transmis avec une grande netteté ; ils permettent d'affirmer que, chez les Indo-européens, la famille était une institution aussi complexe que régulière : car leur langue connaît en cette matière des nuances que nous ne pouvons rendre. Dans Homère *ináteres* veut dire « belles-sœurs » dans le sens de « femmes de plusieurs frères » et *galóōi* « belles-sœurs » dans le sens de « femme et sœur du mari entre elles » ; or le latin *janitrīcēs* correspond à *eináteres* pour la forme et la signification. De même le « beau-frère, mari de la sœur » ne porte pas le même nom que les « beaux-frères, maris de plusieurs sœurs entre eux ». Ici on peut donc vérifier un détail minutieux, mais en général on doit se contenter d'un renseignement général. Il en est de même des animaux : pour des espèces importantes comme l'espèce bovine, non seulement on peut tabler sur la coïncidence de grec *boûs*, all. *Kuh*, sanscrit *gau-s* etc., et reconstituer un indo-européen *$g_1ōu\text{-}s$, mais la flexion a les mêmes caractères dans toutes les langues, ce qui ne serait pas possible s'il s'agissait d'un mot emprunté postérieurement à une autre langue.

Qu'on nous permette d'ajouter ici, avec un peu plus de détails, un autre fait morphologique qui a ce double caractère d'être limité à une zone déterminée et de toucher à un point d'organisation sociale.

Malgré tout ce qui a été dit sur le lien de *dominus* avec *domus*, les linguistes ne se sentent pas pleinement satisfaits, parce qu'il est au plus haut point extraordinaire de voir un suffixe *-no-* former des dérivés secondaires ; on n'a jamais entendu parler d'une formation comme serait en grec **oiko-no-s* ou **oike-no-s* de *oîkos*, ou en sanscrit **açva-na-* de *açva-*. Mais c'est précisément cette rareté qui donne au suffixe de *dominus* sa valeur et son relief. Plusieurs mots germaniques sont, selon nous, tout à fait révélateurs :

1° **þeuđa-na-z* « le chef de la **þeuđō*, le roi », got. *þiudans*, vieux saxon *thiodan* (**þeuđō*, got. *þiuda*, = osque *touto* « peuple »).

2° **$dru_\chi ti$-na-z* (partiellement changé en **$dru_\chi tī$-na-z*) « le chef de la **$dru_\chi ti$-z*, de l'armée », d'où le nom chrétien pour « le Seigneur, c'est-à-dire Dieu », v. norr. *Dróttinn*, anglo-saxon *Dryhten*, tous les deux avec la finale *-ĭna-z*.

3° **kindi-na-z* « le chef de la **kindi-z* = lat. *gens* ». Comme le chef d'une *gens* était, par rapport à celui d'une **þeuđō*, un vice-roi, ce terme germanique de *kindins* (absolument perdu par ailleurs) est employé par Ulfilas pour désigner le gouverneur romain d'une province, parce que le légat de l'empereur était, dans ses idées germaniques, la même chose qu'un chef de clan vis-à-vis d'un *þiudans* ; si intéressante que soit l'assimilation au point de vue historique, il n'est pas douteux que le mot *kindins*, étranger aux choses romaines, témoigne d'une division des populations germaniques en *kindi-z*.

Ainsi un suffixe secondaire *-no-* s'ajoute à n'importe quel thème en germanique pour donner le sens de « chef de telle ou telle communauté ». Il ne reste plus alors qu'à constater que latin *tribūnus* signifie de même littéralement « le chef de la *tribus* » comme *þiudans* le chef de la *þiuda*, et de même enfin *domi-nus* « chef de la *domus* », dernière division de la *touta* = *þiuda*. *Dominus*, avec son singulier suffixe, nous semble une preuve très difficilement réfutable non seulement d'une communauté linguistique mais aussi d'une communauté d'institutions entre l'ethnisme italiote et l'ethnisme germain.

Mais il faut se rappeler encore une fois que les rapprochements de langue à langue livrent rarement des indices aussi caractéristiques.

§ 4.

Type linguistique et mentalité du groupe social.

Si la langue ne fournit pas beaucoup de renseignements précis et authentiques sur les mœurs et les institutions du peuple qui en fait usage, sert-elle au moins à caractériser le type mental du groupe social qui la parle ? C'est une opinion assez généralement admise qu'une langue reflète le caractère psychologique d'une nation ; mais une objection très grave s'oppose à cette vue : un procédé linguistique n'est pas nécessairement déterminé par des causes psychiques.

Les langues sémitiques expriment le rapport de substantif déterminant à substantif déterminé (cf. franç. « la parole de Dieu »), par la simple juxtaposition, qui entraîne, il est vrai, une forme spéciale, dite « état construit », du déterminé placé devant le déterminant. Soit en hébreu *dābār* « parole » et *'elōhīm* [2] « Dieu : » *dbar, 'elōhīm* signifie : « la parole de Dieu ». Dirons-nous que ce type syntaxique révèle quelque chose de la mentalité sémitique ? L'affirmation serait bien téméraire, puisque l'ancien français a régulièrement employé une construction analogue : cf. *le cor Roland, les quatre fils Aymon,* etc. Or ce procédé est né en roman d'un pur hasard, morphologique autant que phonétique : la réduction extrême des cas, qui a imposé à la langue cette construction nouvelle. Pourquoi un hasard analogue n'aurait-il pas jeté le protosémite dans la même voie ? Ainsi un fait syntaxique qui semble être un de ses traits indélébiles n'offre aucun indice certain de la mentalité sémite.

Autre exemple : l'indo-européen primitif ne connaissait pas de composés à premier élément verbal. Si l'allemand en possède (cf. *Bethaus, Springbrunnen,* etc.) faut-il croire qu'à un moment donné les Germains ont modifié un mode de pensée hérité de leurs ancêtres ? Nous avons vu que cette innovation est due à un hasard non seulement matériel, mais encore négatif : la suppression de l'*a* dans *betahūs* (voir p. 195). Tout s'est passé hors de l'esprit, dans la sphère des mutations de sons, qui bientôt imposent un joug absolu à la pensée et la forcent à entrer dans la voie spéciale qui lui est ouverte par l'état matériel des signes. Une foule d'observations du même genre nous confirment dans cette opinion ; le caractère psychologique du groupe linguistique pèse peu devant un fait comme la suppression d'une voyelle ou une modification d'accent, et bien d'autres choses analogues capables de révolutionner à chaque instant le rapport du signe et de l'idée dans n'importe quelle forme de langue.

Il n'est jamais sans intérêt de déterminer le type grammatical des langues (qu'elles soient historiquement connues ou reconstruites) et de les classer d'après les procédés qu'elles emploient pour l'expression de la pensée ; mais de ces déterminations et de ces classements on ne saurait rien conclure avec certitude en dehors du domaine proprement linguistique.

Chapitre V
Familles de langues et types linguistiques

Nous venons de voir que la langue n'est pas soumise directement à l'esprit des sujets parlants : insistons en terminant sur une des conséquences de ce principe : aucune famille de langues n'appartient de droit et une fois pour toutes à un type linguistique.

Demander à quel type un groupe de langues se rattache, c'est oublier que les langues évoluent ; c'est sous-entendre qu'il y aurait dans cette évolution un élément de stabilité. Au nom de quoi prétendrait-on imposer des limites à une action qui n'en connaît aucune ?

Beaucoup, il est vrai, en parlant des caractères d'une famille, pensent plutôt à ceux de l'idiome primitif, et ce problème-là n'est pas insoluble, puisqu'il s'agit d'une langue et d'une époque. Mais dès qu'on suppose des traits permanents auxquels le temps ni l'espace ne peuvent rien changer, on heurte de front les principes fondamentaux de la linguistique évolutive. Aucun caractère n'est permanent de droit ; il ne peut persister que par hasard.

Soit, par exemple, la famille indo-européenne ; on connaît les caractères distinctifs de la langue dont elle est issue ; le système des sons est d'une grande sobriété ; pas de groupes compliqués de consonnes, pas de consonnes doubles ; un vocalisme monotone, mais qui donne lieu à un jeu d'alternances extrêmement régulières et profondément grammaticales (voir pp. 216, 302) ; un accent de hauteur, qui peut se placer, en principe, sur n'importe quelle syllabe du mot et contribue par conséquent au jeu des oppositions grammaticales ; un rythme quantitatif, reposant uniquement sur l'opposition des syllabes longues et brèves ; une grande facilité pour former des composés et des dérivés ; la flexion nominale et verbale est très riche ; le mot fléchi, portant en lui-même ses déterminations, est autonome dans la phrase, d'où grande liberté de construction et rareté des mots grammaticaux à valeur déterminative ou relationnelle (préverbes, prépositions, etc.).

Or on voit aisément qu'aucun de ces caractères ne s'est maintenu intégralement dans les diverses langues indo-européennes, que plusieurs (par exemple le rôle du rythme quantitatif et de l'accent de hauteur) ne se retrouvent dans aucune ; certaines d'entre elles ont même altéré l'aspect primitif de l'indo-européen au point de faire penser à un type linguistique entièrement différent, par exemple l'anglais, l'arménien, l'irlandais, etc.

Il serait plus légitime de parler de certaines transformations plus ou moins communes aux diverses langues d'une famille. Ainsi l'affaiblissement progressif du mécanisme flexionnel, signalé plus haut, est général dans les langues indo-européennes, bien qu'elles présentent sous ce rapport même des différences notables : c'est le slave qui a le mieux résisté, tandis que l'anglais a réduit la flexion à presque rien. Par contre-coup on a vu s'établir, assez généralement aussi, un ordre plus ou moins fixe pour la construction des phrases, et les procédés analytiques d'expression ont tendu à remplacer les procédés synthétiques valeurs casuelles rendues par des prépositions (voir p. 247), formes verbales composées au moyen d'auxiliaires, etc.).

On a vu qu'un trait du prototype peut ne pas se retrouver dans telle ou telle des langues dérivées : l'inverse est également vrai. Il n'est pas rare même de constater que les traits communs à tous les représentants d'une famille sont étrangers à l'idiome primitif ; c'est le cas de l'harmonie vocalique (c'est-à-dire d'une certaine assimilation du timbre de toutes les voyelles des suffixes d'un mot à la dernière voyelle de l'élément radical). Ce phénomène se rencontre en ouralo-altaïque, vaste groupe de langues parlées en Europe et en Asie depuis la Finlande jusqu'à la Mandchourie ; mais ce caractère remarquable est dû, selon toute probabilité, à des développements ultérieurs ; ce serait donc un trait commun sans être un trait originel, à tel point qu'il ne peut être invoqué pour prouver l'origine commune (très contestée) de ces langues, pas plus que leur caractère agglutinatif. On a reconnu également que le chinois n'a pas toujours été monosyllabique.

Quand on compare les langues sémitiques avec le protosémite reconstitué, on est frappé à première vue de la persistance de certains caractères ; plus que toutes les autres familles, celle-ci donne l'illusion d'un type immuable, permanent, inhérent à la famille. On le reconnaît aux traits suivants, dont plusieurs s'opposent d'une façon saisissante à ceux de l'indo-européen : absence presque totale de composés, usage restreint de la dérivation ; flexion peu développée (plus, cependant, en protosémite que dans les langues filles), d'où un ordre de mots lié à des règles strictes. Le trait le plus remarquable concerne la constitution des racines (voir p. 256) ; elles renferment régulièrement trois consonnes (par exemple *q-ṭ-l* « tuer »), qui persistent dans toutes les formes à l'intérieur d'un même idiome (cf. hébreu *qāṭal, qāṭlā, qṭōl, qiṭlī*, etc.), et d'un idiome à l'autre (cf. arabe *qatala, qutila,* etc.). Autrement dit, les consonnes expriment le « sens concret » des mots, leur valeur lexicologique, tandis que les voyelles, avec le concours, il est vrai, de certains préfixes et suffixes, marquent exclusivement les valeurs grammaticales par le jeu de leurs alternances (par exemple hébreu *qāṭal* « il a tué », *qṭōl* « tuer », avec suffixe *qṭāl-ū* « ils ont tué », avec préfixe, *ji-qṭōl* « il tuera », avec l'un et l'autre *ji-qṭl-ū* « ils tueront » etc.).

En face de ces faits et malgré les affirmations auxquelles ils ont donné lieu, il faut maintenir notre principe : il n'y a pas de caractères immuables ; la permanence est un effet du hasard ; si un caractère se maintient dans le temps, il peut tout aussi bien disparaître avec le temps. Pour nous en tenir au sémitique, on constate que la « loi » des trois consonnes n'est pas si caractéristique de cette famille, puisque d'autres présentent des phénomènes tout à fait analogues. En indo-européen aussi, le consonantisme des racines est soumis à des lois précises ; par exemple, elles n'ont jamais deux sons de la série *i, u, r, l, m, n* après leur *e* ; une racine telle que *serl est impossible, etc. Il en est de même, à un plus haut degré, du jeu des voyelles en sémitique ; l'indo-européen en présente un tout aussi précis, bien que moins riche ; des oppositions telles que hébreu *daḇar* « parole », *dḇār-īm* « paroles », *dibrē-hem* « leurs paroles » rappellent celles de l'allemand *Gast : Gäste, fliessen : floss,* etc. Dans les deux cas la genèse du procédé grammatical est la même. Il s'agit de modifications purement phonétiques, dues à une évolution aveugle ; mais les alternances qui en sont résultées ont été saisies par l'esprit, qui leur a attaché des valeurs grammaticales et a propagé par l'analogie des modèles fournis par le hasard de l'évolution phonétique. Quant à l'immutabilité des trois consonnes en sémitique, elle n'est qu'approximative, et n'a rien d'absolu. On pourrait en être certain *a priori* ; mais les faits confirment cette vue : en hébreu, par exemple, si la racine de *'anāš-īm* « hommes » présente les trois consonnes attendues, son singulier *'īš* n'en offre que deux ; c'est la réduction phonétique d'une forme plus ancienne qui en contenait trois. D'ailleurs, même en admettant cette quasi-immutabilité, doit-on y voir un caractère inhérent aux racines ? Non ; il se trouve simplement que les langues sémitiques ont moins subi d'altérations phonétiques que beaucoup d'autres et que les consonnes ont été mieux conservées dans ce groupe qu'ailleurs. Il s'agit donc d'un phénomène évolutif, phonétique, et non grammatical ni permanent. Proclamer l'immutabilité des racines, c'est dire qu'elles n'ont pas subi de changements phonétiques, rien de plus ; et l'on ne peut pas jurer que ces changements ne se produiront jamais. D'une manière générale, tout ce que le temps a fait, le temps peut le défaire ou le transformer.

Tout en reconnaissant que Schleicher faisait violence à la réalité en voyant dans la langue une chose organique qui porte en elle-même sa loi d'évolution, nous continuons, sans nous en douter, à vouloir en faire une chose organique dans un autre sens, en supposant que le « génie » d'une race ou d'un groupe ethnique tend à ramener sans cesse la langue dans certaines voies déterminées.

Des incursions que nous venons de faire dans les domaines limitrophes de notre science, il se dégage un enseignement tout négatif, mais d'autant plus intéressant qu'il concorde avec l'idée fondamentale de ce cours : *la linguistique a pour unique et véritable objet la langue envisagée en elle-même et pour elle-même.*

---

1. ↑ Cf. encore d'Arbois de Jubainville : *Les premiers habitants de l'Europe* (1877), O. Schrader : *Sprachwergleichung und Urgeschichte*, Id. : *Reallexikon der indogermanischen Allertumskunde* (ouvrages un peu

antérieurs à l'ouvrage de Hirt), S. Feist : *Europa im Lichte der Vorgerschichte* (1910).
2. ↑. Le signe ' désigne l'*aleph*, soit l'occlusive glottale qui correspond à l'esprit doux du grec.
3. ↑. Bien que ce chapitre ne traite pas de linguistique rétrospective, nous le plaçons ici parce qu'il peut servir de conclusion à l'ouvrage tout entier (*Ed.*).

INDEX

(Les chiffres renvoient aux pages)

Ablaut, 217 sv. ; 220.

Accent de syllabe, 89.

Accent latin et — français, 122 sv.

Agglutination, définition, 242 ; trois phases de l'—, 243 ; opposée à l'analogie, 243 sv. ; la précède toujours, 245 note.

Aires des faits dialectaux, 273 sv.

Alphabet, v. Écriture ; — emprunté, 49 sv. ; — grec, sa supériorité, 43, 64.

Altération du signe, 109 ; — linguistique, toujours partielle, 121, 124.

Alternance, 215 sv ; définition, 216 ; de nature non phonétique, 216 sv. ; lois d'—, synchroniques et grammaticales, 218 ; l'— resserre le lien grammatical, 219 sv.

Analogie, 221-237 ; son importance, 235 ; contrepoids aux changements phonétiques, 221 ; définition, 221 ; erreur des premiers linguistes à son sujet, 223 ; l'— est une création, non un changement, 224 sv. ; son mécanisme, 224 ; elle est d'ordre grammatical, 226 ; a son origine dans la parole, 226 sv., 231 ; forme analogique, quatrième terme d'une proportion, 222, 226, 228 ; deux théories à ce sujet,

228 sv. ; — et éléments formatifs, 223, 233 ; — facteur d'évolution, 232, 235 sv. ; indice des changements d'interprétation, 232 sv. ; — facteur de conversation, 236 sv. ; — opposée à l'étymologie populaire, 238 sv. ; — opposée à l'agglutination, 243 sv.

Analyse objective, 251 sv. ; — subjective, 251 sv. ; — subjective et délimitation des sous-uni tés, 253 sv.

Ancien, trois sens du mot — appliqué à la langue, 295 sv.

Anthropologie et linguistique, 21, 304.

Aperture, base de la classification des sons, 70 sv. ; — et sons ouvrants et fermants, 81.

Aphasie, 26 sv.

Appareil vocal, 66 sv.

Arbitraire du signe, définition, 100 ; arbitraire = immotivé, 101 ; — facteur d'immutabilité de la langue, 106 ; — facteur d'altération, 110 ; — absolu et — relatif, 180 sv. ; rapports avec le changement phonétique, 208, 221, avec l'analogie, 228.

Articulation et impression acoustique, 23 ; image de l'—. 98 note ; deux sens du mot —, 26, 156 sv. ; — buccale, sa diversité, 68 sv., sa valeur pour la classification des sons, 70 sv. ; — sistante ou tenue, 80 et note.

Aspects du verbe, 162.

Association, faculté d'—, 29.

Atlas linguistiques, 276 sv.

Bopp, 14, 46, 252, 295.
Broca, 27.

Cartographie linguistique, 276 sv.

Cavité buccale, — nasale, 67 sv.

Chaîne phonique (ou parlée), son analyse, 64 sv., 77 sv., 79 sv.

Chaînon explosivo-implosif, 83 sv. ; — implosivo-explosif, 84 ; — explosif, 84 sv. ; — implosif, 86 ; — rompu, 84 sv., 86, 89 sv.

Changements de la langue, ont leur origine dans la parole, 37, 138 ; sont toujours partiels, 121 sv., 124.

Changements phonétiques, 198, 220 ; étrangers au système de la langue, 36 sv. ; atteignent les sons, non les mots, 133 ; leur régularité, 198 ; — absolus et conditionnels, spontanés et com binatoires, 199 sv ; ; v. aussi Phonétique.

Changements sémantiques, 132, — morphologiques et syntaxiques, 132.

Circuit de la parole et ses subdivisions, 27 sv.

Climat et changements linguistiques, 203, 272.

Comparaison de langues non parentes, 263 ; de l. parentes, 264 ; — dans la parenté implique reconstruction, 16 sv., 272, 299.

Comparatiste, erreurs de l'école —, 16 sv., 46, 223, 252, 286 sv., 295.

Composés, produits de l'analogie, 244 sv., 245 note ; — germaniques, 195, 311 ; — indo-euro péens, 245 note, 311.

Concept, 28, 98 ; = signifié, 99, 144, 158 sv.

Consanguinité et communauté linguistique, 305.

Conservation des formes linguistiques, deux facteurs de —, 237.

Consonante, 87 sv.

Consonnes, 75, 87 sv. ; — moyennes ou « tenues », 58 sv.

Construction et structure, divers sens de ces mots, 244.

Coordination, faculté de —, 29.

Cordes vocales, 67.

Curtius, Georges, 16.

Degrés du vocalisme, 17.

Délimitation des unités linguistiques, 146 sv. ; — des phonèmes, 64.

Dentales, 71 sv.

Déplacement du rapport entre signifiant et signifié, 109 sv.

Dérivés, produits de l'analogie, 244.

Désinence, 254 ; — zéro, ibid.

Diachronie, 117 ; v. aussi Linguistique diachronique.

Dialectales, formes — empruntées, 214.

Dialectaux, caractères —, 276.

Dialectes naturels, inexistants, 276 ; distinction entre — et langues, 278 sv. ; — et langue littéraire, 41, 267 sv.

Diez, 18.

Différences, leur rôle dans la constitution de la valeur, 159 sv., 163 sv. ; il n'y a que des — dans la langue, 166.

Différenciation linguistique sur territoire continu, 272 sv. — sur territoires séparés, 285 sv.

Diphtongue, chaînon implosif, 92 ; — « ascendante », ibid.

Diversité des langues, 261 sv. ; — dans la parenté, 261, 270 ; — absolue, 263.

dominus, étymologie de — 309 sv.

Doublets, leur caractère non phonétique, 214 sv.
Dualités linguistiques, 23 sv.

Échecs, Jeu d'—, comparé au système de la langue, 43, 125 sv., 153.
Économie politique, 115.
Écriture et langue, 32 ; — comparée au système linguistique, 165 ; nécessité de son étude, 44 ; distincte de la langue, 45 ; n'est pas une condition de la stabilité linguistique, 45 ; son importance accrue par la langue littéraire, 47 ; change moins vite que la langue, 48 sv. ; empruntée, 49 sv. ; inconséquences de l'—, 50 sv. ; — étymologique, 50 ; interprétation de l'—, 58 sv. ; explosion et implosion marquées par l'—, 81, 82, 91, 93 ; — phonologique, 56 v. ; ne peut remplacer l'orthographe usuelle, 57.
Écriture, systèmes d'—, 47 sv. ; — idéographique (chinoise), phonétique, 48 ; syllabique (cypriote), 47, 65, 77 ; copsonantique (sémitique), 65.
Emprunts, 42, 60, 214, 308.
Enfants, leur rôle dans l'évolution phonétique, 205.
Entités concrètes de la langue, 144 sv. ; — abstraites, 189 sv.
Espèces phonologiques, 66 ; leur caractère abstrait, 82.
Esprit de clocher ou force particulariste, 281 sv. ; n'est que l'aspect négatif de l'intercourse, 285.
État de langue, 142 et passim.
Ethnisme, 305 sv. ; — italo-germanique, 310.
Ethnographie et linguistique, 21, 40, 304.

Étrusques et Latins, 306.

Étymologie, 259 sv. ; incertitude de l'—, 307 sv. ; — et orthographe, 50, 53.

Étymologie populaire, 238 sv. ; — sans déformation, 239 ; — avec déformation, ibid. ; incomplète, 239 sv. ; comparaison avec l'analogie, 238, 240 sv.

Évolution linguistique, 24 ; commence dans la parole, 37, 138 ; — des faits grammaticaux, 196 ; — phonétique, v. Changements phonétiques.

Exclamations, 102.

Expiration, 68 sv.

Explosion, 79 sv. ; sa durée, 90 sv.

Extension géographique des langues, 41 ; v. Linguistique géographique.

Faculté du langage, 25, 26 sv. ; — d'évoquer les signes, 29 ; — d'association, 27.

Faits de grammaire et unités linguistiques, 168.

Familles de langues, 20, 262 sv. ; n'ont pas de caractères permanents, 313 ; f. indo-européenne, 14, 279 sv., 286 sv. ; — bantoue, 262 ; — finno-ougrienne, 263.

Fortuit, caractère — d'un état de langue, 121 sv.

Fricatives, 72 sv.

Formules articulatoires des sons, 71.

Frontière de syllabe, 86 sv.

Furtifs, sons —, v. Sons.

Gilliéron, 276.

Glotte, 67 sv.

Gotique, 297.

Grammaire, définition, 185 ; — générale, 141 ; — comparée, 14 ; — traditionnelle ou classique, son caractère normatif, 13, et statique, 118 ; « historique », 185, 196, et 197 note.

Graphies indirectes, 51 ; — fluctuantes, 51 sv. ; v. aussi Écriture.

Grimm, Jacob, 15, 46.

Gutturales, 71 sv. ; — palatales, — vélaires, 72, 73 et note.

h aspiré, 76 ; — aspiré du français, 52 sv.

Harmonie vocalique des langues ouralo-altaïques, 315.

Hiatus, 89 sv.

Hirt, 307.

Histoire de la linguistique, 13 sv., 117 sv. ; — politique dans ses rapports avec la langue, 40 ; avec les changements phonétiques, 206.

Identité synchronique, 150 sv. ; — diachronique, 249 sv.

Idiome, 261 sv.

Image acoustique, 28, 32, 98 note ; sa nature psychique, 98 ; = signifiant, 99 ; — graphique, 32, 46.

Immotivé, v. Arbitraire,.

Immutabilité du signe, 104 sv.

Implosion, 79 sv. ; sa durée, 90 sv.

Inconséquences de l'écriture, 50 sv.

Indo-européen, ses caractères, 313 sv.

Institution sociale, la langue est une —, 26, 33.

Isoglosses, lignes —, 277.

Intercourse ou force unifiante, 281 sv. ; deux formes de son action, 282.

Jeu d'échecs, v. Échecs.
Jeu de mots et prononciation, 60 sv.
Jones, 14.

Koinè ou langue grecque littéraire, 268.
Kuhn, Adalbert, 15 sv., 307.

l dental, palatal, guttural, nasal, 74.
Labiales, 71 sv.
Labio-dentales, 73.
Langage, langue et parole, 112 ; caractère hétéroclite du —, 25 ; —, faculté naturelle, 25 ; — articulé, 26.
Langue, norme des faits de langage 25 ; ne peut être réduite à une nomenclature, 34, 97 ; de nature sociale, homogène et concrète, 31 sv. ; distincte de la parole, 30 sv., 36 sv., 112, 227 ; elle en est cependant solidaire, 37 ; mode d'existence de la —, 38 ; elle est une forme, non une substance, 157, 169 ; langues et dialectes, 278.
Langue littéraire et orthographe, 47 ; et dialecte local, 41, 267 sv. ; indépendante de l'écriture, 268 sv. ; sa stabilité relative, 193, 206 sv.
Langues, frontières entre les —, 278 sv. ; — superposées sur un même territoire, 265 sv. ; — « lexicologiques » et — « grammaticales », 183, 225 ; — spéciales, 41 ; — artificielles, 111.
Langues germaniques, 298 ; étude des — germaniques, 18 ; — romanes, 297 ; étude des —

romanes, 18, 292 ; — sémitiques, leurs caractères, 315 ; un de leurs caractères syntaxiques, 311.

Larynx, 67 sv.

Latérales, consonnes —, 74 sv.

Lautverschiebung, v. Mutation consonantique.

Lecture et écriture, 57.

Lexicologie, ne peut être exclue de la grammaire, 186.

Limitation de l'arbitraire, base, de l'étude de la langue, 183 sv.

Limite de syllabe, 86 sv.

Linguistique, relève de la sémiologie, 32 sv. ; — de la langue et — de la parole, v. Langue ; — externe et — interne, 40 sv. ; — synchronique ou statique, 117, 140, 141 sv. ; — « historique », 116 sv., ou évolutive ou dia chronique, 117, 140, 193 sv. ; — géographique, 261 sv.

Liquides, 70, 74 sv.

Lituanien, 45, 296.

Loi de Verner, 200 sv.

Lois linguistiques, 129 sv. ; — synchroniques, sont générales, mais non impératives, 131 sv. ; — diachroniques, sont impératives, mais non générales, 131 sv. ; — phonétiques, 132 sv. ; formu lation incorrecte des — pho nétiques, 200 sv. ; — d'alter nance, 217.

Longues de nature et — de posi tion, 90 sv.

Luette, 67.

Masse parlante, 112.

Mécanisme de la langue, 176 sv., 179, 226.

Métrique, v. Versification.

Méthode comparative, 16 sv. ; — de la linguistique externe et de la l. interne, 43 ; — de la lin guistique synchronique et de la l. diachronique, 127 sv. ; — pros pective et rétrospective, 291 sv.

Migrations, 279 sv. ; théorie des —, 286.

Mode (la), 110, 208.

Moindre effort, cause des change ments phonétiques, 204.

Morphologie, inséparable de la syntaxe, 185.

Motivation, motivé, 181 sv.

Mots, distincts des unités, 147 sv., 158.

Mouvements articulatoires d'ac commodation, 84.

Muller, Max, 16.

Mutabilité du signe, 108 sv.

Mutations consonantiques du ger manique, 46, 199, 282.

Nasales, 72 ; — sourdes, 72.

Nasalisé, son —, 70.

Néogrammairiens, 18 sv., 253.

Noms de parenté en indo-euro péen, 308 sv.

Occlusives, 71 sv.

Ondes d'innovation, 277, 282.

Onomatopée, 101 sv.

Opposition et différence, 167.

Orthographe, 47 ; v. aussi Écri ture et Graphie.

Osthoff, 19.

Ouvrants, sons —, 80.

Palais, 67.

Palatales, 70, 72 sv.

Paléontologie linguistique, 306 sv.

Paléoslave, 42, 297.

Panchronique, point de vue — en linguistique, 134 sv.

Paradigmes de flexion, types de rapports associatifs, 175.

Parole, acte individuel, 30 ; dis tincte de la langue, v. Langue ; mode d'existence de la —, 38 ; elle est le siège de tous les chan gements de la langue, 37, 138 sv., 197 note, 231.

Parole, circuit de la —, 27 sv.

Participe présent français, 136.

Parties du discours, 152, 190.

Paul, 18.

Pensée, son caractère amorphe, 155.

Permutation, synonyme d'alter nance, 219.

Perspective synchronique et — dia chronique, 117, 124 sv., 128 ; — prospective et — rétrospective, 291 sv.

Philologie, sa méthode, 13, 21 ; — comparative, 14.

Phonation, étrangère à la langue, 36.

Phonèmes, en nombre déterminé, 32, 58, 66, 164, 302 ; leur déli mitation fondée sur la donnée acoustique, 63, leur description sur l'acte articulatoire, 65 ; mode d'identification des —, 68 sv. ; leur caractère différentiel, 83, 164, 303 ; — et sons, 98 ; leurs rapports syntagmatiques et asso ciatifs, 180.

Phonétique, 55 sv. ; distincte de la phonologie, 55 sv. ; relève de la linguistique diachronique, 194 ; — et grammaire, 36 sv., 209 ; ce qui est — est non significatif, 36, 194.

Phonographiques, textes —, 44.

Phonologie, 55, 63-95 ; faussement appelée phonétique, 55 ; relève de la parole, 56 ; — combina toire, 78.

Phonologiques, espèces —, v. Es pèces.

Phrase, type de syntagme, 172 ; — considérée comme unité, 148 ; équivalents de —, 177.

Physiologie et linguistique, 21.

Physiologie des sons, v. Phono logie.

Pictet, Adolphe, 297, 306 sv.

Pluriel et duel, 161.

Point vocalique, 87.

Pott, 15.

Préfixe, 257.

Préhistoire et linguistique, 21, 306 sv.

Prépositions, inconnues de l'indo- européen, 247.

Préverbes, inconnus de l'indo-euro péen, 247.

Procédé, opposé à processus, 242.

Prononciation et écriture 51 sv. ; fixée par l'étymologie, 53 ; défor mée par l'écriture, 53 sv. ; liberté relative de la —, 164 sv.

Prospective, perspective —, v. Perspective.

Psychologie sociale et linguistique 21, 33.

r roulé et — grasseyé, 74.

Race, dans ses rapports avec la lan gue, 304 sv. ; — et changements phonétiques, 202 sv.

Racine, définition, 255 ; caractères de la — en allemand, 256, en français, 256 sv., en sémitique, 256, 315 sv.

Radical ou thème, 254.

Rapports syntagmatiques et asso ciatifs, 170 sv. ; leur interdépen dance, 177 sv. ; leur rôle dans la fixation des phonèmes, 180 ; ils sont la base des divisions de la grammaire, 187 sv. ; deux espè ces de — syntagmatiques, 172 ; deux caractères des rapports associatifs, 174.

Réalité synchronique, 152 ; — dia chronique, 249.

Reconstruction linguistique, 299 sv.

Résonance nasale, 68 sv.

Rétrospective, perspective, v. Pers pective.

Rotacisation en latin, 199, 201.

Sanscrit, découverte du —, sa valeur pour la linguistique indo- européenne, 14 sv. ; rôle exagéré accordé au —, 295, 297 ; son ancienneté, 296.

Schleicher, 16.

Schmidt, Johannes, 277, 287.

Sciences économiques, 115.

Sémantique, 34 note.

Sémiologie, définition, 33 ; se fonde essentiellement sur les systèmes de signes arbitraires, 100 sv.

Semi-vovelles, 75.

Séparation géographique et différenciation linguistique, 285 sv.

Sievers, 18, 88, 92, 94.

Signe linguistique, sa composition, 98 sv. ; son immutabilité, 104 ; sa mutabilité, 109 sv. ; — considéré dans sa totalité, 166 sv. ; — immotivé et — relativement motivé, 181. ; — zéro, 124, 163, 257, 254.

Signes de politesse, 101.

Signifiant, définition, 99 ; son carac tère linéaire, 103, 170 ; — n'existe que par le signifié et réciproquement, 144.

Signification, opposée à la valeur, 158 sv.

Signifié, 99 sv., 144 ; v. Signifiant.

Silbenbildend et *silbisch*, 89, 92.

Sociologie et linguistique, 21.

Solidarités syntagmatiques et associatives, 176, 182.

Son, caractère complexe du —, 24 ; — et impression acoustique, 63 sv. ; — et bruit, 75 ; — laryngé, 68 sv. ; — étranger à la langue, 164.

Sons, classification des —, 70 sv. ; — sonores, — sourds, 70 sv. ; — fermants et ouvrants, 80 ; — furtifs, 83, 84, 302 ; caractère amorphe des —, 155.

Sonante, 87.

Sonantes indo-européennes, 79, 95.

Sonorité des phonèmes, 70 ; son rôle dans la syllabation, 88.

Sous-unités du mot, 148, 176, 178, 253 sv.

Spirantes, 72 sv.

Stabilité politique et changements phonétiques, 206 sv.

Substrat linguistique antérieur et changements phonétiques, 207 sv.

Suffixe, 257 ; — zéro, 256.

Syllabe, 77, 86 sv.

Symbole, opposé au signe, 101.

Synchronie, 117 ; v. Linguistique synchronique.

Syntagme, définition, 170 ; v. Rapports.

Syntaxe, rapport avec la morphologie, 185, avec la syntagmatique, 188.

Système de la langue, 24, 43, 106 sv., 115, 157, 182 ; v. aussi Mé canisme.

Système phonologique, 58, 303.

Systèmes d'écriture, v. Écriture.

Temps, action du — sur la langue, 108, 113, 270 sv.

Temps du verbe, 161.

Temps homogènes de la chaîne parlée, 64.

Tenue, 80 et note.

Terminologie linguistique inexacte, 19 note ; — phonologique im parfaite, 70.

Thème ou radical, 254.

Tolérance de prononciation, 164 sv.

Trombetti, 263.

Type linguistique et mentalité du groupe social, 310 sv. ; — et famille de langues, 313.

Umlaut des langues germaniques, 45 sv., 120, 216.

Unité du mot et changements phonétiques, 133 sv.

Unités linguistiques, 145 sv. ; défi nition et délimitation, 146 sv. ; — complexes, 148, 172 ; problème des —, son importance, 154 ; caractère différentiel des —, 167 sv. ; - - et faits de gram maire, 168 sv. ; répartition nouvelle des —, 232, sv., 246 ; — diachroniques, 248.

unsilbisch, 92.

Valeur en général, 115 sv. ; facteurs constitutifs de la —, 159 sv.

Valeur linguistique, 153 sv., 155 sv. ; son aspect conceptuel, 158 sv. ; distincte de la signification, 158 ; son aspect matériel 163 sv.

Vélaires, 72, 73.
Versification, 60.
Verner, loi de —, 200 av.
Vibrantes, 74.
Vibrations laryngiennes, 68.
Voile du palais, 67.
Voyelles, opposées aux consonnes, 75 ; opposées aux sonantes, 87 sv. ; — ouvertes et — fermées, 76 ; — chuchotées, 76 ; — sourdes, 76.

Wellentheorie, 287.
Whitney, 18, 26, 110.
Wolf, Friedrich August, 13.

Zend, 42.
Zéro, v. désinence —, signe —, suffixe —.